海と風土

瀬戸内海地域の生活と交流

地方史研究協議会編

雄山閣

序文

本書は二〇〇一年十月二十日（土）と二十一日（日）に、書名の「海と風土―瀬戸内海地域の生活と交流―」を共通論題に掲げて、尾道市テアトルシェルネ（しまなみ会館）において開催した地方史研究協議会第五二回大会の講演と研究発表を編集した論集と記録である。

地方史研究協議会は一九六一年以来、首都圏と地方とで、隔年に大会を開催してきた。本会はかねて広島県評議員渡辺則文氏から広島県での大会開催のご意向を受け、一九九九年十一月に大会準備委員会を発足させ、適時に渡辺氏を中心とする広島県の会員と地元研究者との間で協議を継続した。二〇〇〇年七月には委員長渡辺氏、事務局長中山富広氏、事務局長補佐長谷川博史氏、新名一仁氏、引野亨輔氏を中心とする実行委員会が成立し、本会との密接な連携のもとに、首都圏と地方との隔年開催という歴史学会では希有な大会のかたちを実現できたのである。

大会では講演二本、自由論題五本、共通論題八本の発表があったが、本書は山口徹氏と頼祺一氏の講演と自由論題から一本、共通論題から七本の論考から成り立っている。本書が巻末に全文を掲載する問題提起がめざしたように、共通論題のキーワードは『多島海地域』と『ネットワーク』であった。講演と論考はこの切り口に、それぞれの観点と視角から、広島県が南面する瀬戸内海と内陸に展開した歴史の諸事象を、解明していただいた。

大会報告を通じて実行委員会の諸氏と発表者・討論参加者に横溢していた広島県の歴史への深い思いを感得したのは、私だけであろうか。広島大学の日本史研究が中国・四国地方の中心であるばかりでなく、地方史研究においてもセンターの役割を果たしている事実を、本書は明らかに反映しているのである。この成果が中国・四国地方における地方史研究のいっそうの発展に寄与することをせつに願いたい。

大会の開催について主催を共にした実行委員会のご努力に厚く感謝申し上げる。尾道市・同教育委員会はじめ、多数の地方史研究団体などの後援をいただいた。また事務局に参加した広島大学大学院の院生諸氏の献身的な助力を、とくに記して大会の成功のお礼に代えたい。

二〇〇二年八月

地方史研究協議会

会長　高島　緑雄

海と風土——瀬戸内海地域の生活と交流　目次

I

瀬戸内海の個性

地方文化の発展と瀬戸内海

頼　祺一

はじめに

地方史研究協議会第五二回大会の共通論題「海と風土――瀬戸内海地域の生活と交流――」に即して、同地域の地方文化の特質を明らかにすることが、今回私に与えられた課題である。

まず「文化」という言葉についていえば、たしかに私は広島県域を中心とする地方儒学者の研究――荻生徂徠のような「頂点思想家」ではなく、頼春水や頼杏坪のような「二流学者」の研究――に長年取り組んできた。ただし、これは、歴史学研究が社会経済史一色であった当時、そんななかで自分の祖先の研究でもしてみようかと安易に始めたものでもあり、私の考える文化は今思えばずいぶん狭義のものだったといえる。しかし、最近では、人間の生活の営みをすべて含み込んだ文化のとらえ方が一般的になっており、今回の大会のテーマも同様の意図に基づくものであろう。私がこれまで解釈してきた文化の定義で求められた期待に応え得るかやや心もとないが、社会的・経済的な要素を加味した、瀬戸内における広義の文化諸相を描き出せれば幸いである。

また「地方」という言葉についていえば――私自身いつまでも中央・地方の時代ではないという意識はつねにもっているが――江戸時代の地方文化を考える場合には、やはり大坂・京都といった上方の影響を無視するわけにはいかない。瀬戸内という場のもつ条件が、文化の中心である大坂・京都とのいかなる交流を可能にし、その後どのように発展していくのかを追求することが重要なポイントとなるだろう。現在のようなグローバルな時代に地方文化の研究などは地元研究者に任せておけばよいという声も聞こえてきそうだが、長年地方史研究に携わってきた者の自負からも、瀬戸内の文化的特質の一断面でも明らかにできればと考えている。

一、近世地方文化展開の背景

さて、瀬戸内といっても、いったいそれが正確にどこを指す表現なのかはなかなか難解な問題である。要するに瀬戸で内海の方に入ってくる所はすべて瀬戸内と呼ばれるわけで、これは九州にもあれば、おそらく全国各地に存在する名称と思われる。また、文献資料において瀬戸内という言葉が初めて使用されだすのはいつかという時期もはっきりしない。ただ、一般的には、東は淡路・伊勢、西は下関、南は豊後水道あたりまでを瀬戸内と呼んでいるようである。紀淡海峡から鳴門海峡までというのはたしかに太平洋から両方に対して水が入ってくる区域であり、潮流の関係からもだいたいこのあたりを瀬戸内ととらえるのが妥当であろう。そういう意味でも瀬戸内の文化という場合、大変広い範囲を考える必要がでてくる。

では、瀬戸内における地方文化展開の背景はというと、すでに述べたように上方、とくに天下の台所と呼ばれる大坂との結び付きを抜きには考えられない。よく知られるように、寛文期には河村瑞賢によって、西廻り航路・東廻り航路という全国的な海上交通網が整備される。それ以前の瀬戸内海運は沿岸部を経由する地乗り航路が中心であったが、大型船が沖乗り航路を通るようになると大量輸送が可能となり、瀬戸内と上方との経済的な結びつきは飛躍的に高まるわけである。

たとえば、竹原は、瀬戸内の代表的な在郷町――城下町と農村の結節点をなし、都市と農村の分業関係を補完する町――であるが、当初は広島藩の年貢米を集積して大坂へ輸送するというのが主たる役割であった。しかし、それと同時に近世の竹原では塩田の開発も進められる。広島藩は当初竹原に対して大規模な新田開発を行なおうとするが、海の埋め立てであるから塩気が多くて田畑に適さない。そのようなときに赤穂から塩田燃料用の薪を買い付けに来た者が竹原は塩田に向いていることを指摘し、赤穂から技術者を招いて芸備地域で最初の入浜式塩田を築調したのが、竹原塩田の始まりであるとされている。こうして発展した竹原の塩業は、西廻り航路によって大坂へと出荷されていく。つまり、年貢米輸送による結びつきだけではなく、地域特産物の販売先としても、竹原は中央市場である大坂との結びつきを強めていくのである。

これはなにも竹原の塩に限ったことではない。備後でいえば、畳表が地域特産物の代表であるが、これなどは西廻り航路を通って酒田辺りまで運ばれていく。また、沿岸部だけではなく、奥地でいえば、中国山地の鉄や材木といった地域特産物も、同じく瀬戸内海運によって中央市場へと輸送される。これについては、太田川などの河川水運の果たす役割も大きくなる。以上のように、全国的な流通機構のなかで、とくに地域特産物の輸送という面から、瀬戸内沿岸の各港はそれぞれに中央市場との経済的な繋がりを生み出していくといえる。

経済的な発展と文化的な活動とを連動させて考える私のとらえ方が、そもそも「文化」というものを狭義の意味に限定させる古い方法なのかもしれないが、やはり瀬戸内の文化的な展開を把握するうえでこのような背景は見逃せない。たとえば、竹原は、塩田の開発により、莫大な塩田燃料や浜子と呼ばれる塩田労働者の供給地として、背後地農村との結びつきを強化し、より広範な「竹原経済圏」とでも呼ぶべき地域を形成していく。こうした竹原の経済的な繁栄が、引いては竹原町人における学問の受容や文芸活動の展開をもたらしていくのである。

竹原町人の学問受容というのは、山崎闇斎の闇斎学、そのなかでもとくに垂加神道を中心とするもので、これは上京して闇斎やその直弟子玉木葦斎らに直接教えを受けるという本格的なものである（ただし、植田艮背という闇斎晩年の弟子が広島藩儒になった関係から、後には京都へ行かなくとも広島で闇斎学を学ぶことも可能となる）。頼春水・頼山陽といった人物を輩出することになる竹原町人の学問受容を、瀬戸内文化に一般化できるのかという問題もあるが、町人の学問受容というのはけっして竹原の特殊性ともいいきれない。十七世紀中期以降の三原・尾道・福山・広島などでは、やはり町人による闇斎学の受容が見られ、その次の段階には古学派伊藤仁斎の仁斎学が受容されていく。瀬戸内独自の経済的発展、地域特産物輸出港としての沿岸部の繁栄を背景にして、上方との経済的関係を強めた同地域が、この時期から徐々に文化的にも独特な展開を見せてくるということができよう。

二、文化の発展の諸相とその特質

前節では、瀬戸内文化展開の背景として、同地域の経済的な発展について触れた。では、そのような経済的発展を背景として、瀬戸内文化は具体的にどのような展開を見せていくのだろうか。まずはその文化流入ルートについて考えてみたい。

じつは私自身は、最近関わった『千代田町史』『加計町史』などの仕事から、安芸国北部では、瀬戸内沿岸はもちろん、出雲・石見などの文化的影響も無視できないという考えを強めている。ただ、基本的にはやはり瀬戸内海を通した上方からの影響が、もっとも大きなものとして想定し得るだろう。鎌倉時代の宗教なども、このルートを通って京都から伝わってくるわけである。

ところで、これも自治体史を執筆する関係から、私は俳諧・狂歌といった庶民文芸に興味をもち、俗流の堕落した文学という中央の評価を見直していきたいと考えている。そして、俳諧という素材は、上方からの文化伝播を考える際にも、大変興味深い事例といえるのである。

松尾芭蕉の死後にその門弟たちが自己流化した蕉風を各地に広げ勢力の扶植を図ることはよく知られている。各務支考（一六六五〜一七三一）という人物もそのような芭蕉門弟の一人であり、彼が蕉風普及のため元禄十一年（一六九八）に西国行脚した際の紀行文が『梟日記』である。この紀行文を見ると、元禄当時における中央の文人各務支考が瀬戸内海をいったいどういうふうに歩いたのか詳細にわかる。支考はまず姫路に入り、次に岡山、それから倉敷に行く。そして、次にどこへ行くかというと、今回の話でも触れることの多かった竹原に訪れている。竹原の人が郷土史を書くような場合には、たいてい『梟日記』のこの部分が引用されるわけである。さらに、竹原からは陸路を通って現在広島大学がある西条四日市へと向かい、山陽道を通って広島にも訪れる。このときの支考の最終目的地は九州なので、次に下関まで行って九州に渡り、中津→宇佐→日田というルートをとって帰ってくる。もちろん、ただ足を運ぶだけではなく、各地で句会を開き、地方で俳諧を学ぶ有力町人らに指導を行なう。これは支考の師である松尾芭蕉も同じで、『奥の細道』などではそういったかたちの旅行脚が各地で展開されるわけである。後の時代の頼山陽なども、京都から出かけて、淡路の方へ行ったり、九州へ遊んだりする際には、ちょっとひと稼ぎしてくるという意識をはっきりもっている。

『梟日記』は元禄十一年であるから、十八世紀の初頭には、瀬戸内の各地に都市とか在町とか呼ばれる拠点ができて、中央の文人を招き入れる条件が整っていたといえる。芭蕉にせよ支考にせよ、そういった拠点がないことには、ほとんど生計の手段がないわけで、この時期の地方にさまざまな文化活動を営む層が存在している事実は重要であろう。彼らこそ、中央の文人の存在を成り立たせる重要な要素であり、同時に地方文化のその後の発展に繫がる土台であった。

支考の来訪後、福山には芭蕉の系統を引く風羅堂という俳諧の拠点ができ、これは備後一円の俳諧文芸に大きな影響力を及ぼしていく。また、広島では多賀庵風律（一六九八〜一七八一）という傑出した俳諧師がでる。彼は、やはり芭蕉の門弟である志太野坡（一六六三〜一七四〇）が広島に来訪した際、その教えを受けた人物であり、広島だけでなく芸備俳壇の中心的存在となった。この多賀庵を拠点として、芸備の各地では歳旦集・やまかつらといった年間句集が編まれることになる。そして、残された句集からは、広範な地域の地方文人たち――多くは有力町人か村役人・豪農層――がこの呼びかけに積極的に応じたことがわかる。

以上のように十七世紀半ば以降の瀬戸内各地において、俳諧を熱心に学ぶ有力町人・豪農層の集団が形成され、上方から伝えられた文化というものを受容していく。これは、俳諧に限らず、狂歌・和歌でもそうであるし、私が専門とする儒学においても同様のことがいえる。そういう意味では経済の中心地上方は、文化の面でもやはり中心である。

しかし、江戸時代も中期以降になると、文化の中心としての上方の地位は徐々に低下してくる。では、逆に瀬戸内の文化が盛んになるかというと必ずしもそうではなく、地方文化というのは化政期を一つの頂点としてこちらもだんだんと衰退していく。天保期以降の激動期になると、地方文化は、もちろん命脈は保つが、広範な人々に積極的に顧みられるものではなくなる。そして、より実務的な個々の家の経営・存続こそ有力町人・豪農層にとっての重要課題となっていくのである。

たとえば、江戸時代の中期以降、備後神辺という山陽道の街道筋に菅茶山が廉塾を開き、そこには備後地域を中心として四国などからも多くの学生が集まってくる。しかし、茶山が亡くなると、今度は多くの人は豊後日田の咸宜園に出かけていく。そういう拠点が全国各地にできてくるわけで、人々はそこへ行って勉強し、地元に帰ってみずからも私塾を開いたりする。これは一見衰退したようであるが、徐々に地方文化が拡散していくというふうにもいえる。

地方文化拡散の例を一つ挙げると、私の専門とするところでは、寛政異学の禁を中心となって推進したグループがいずれも西国出身の学者によって形成されているということがある。一番の中心柴野栗山は、讃岐高松の出身である。それから、寛政三博士の一人である尾藤二洲もまた伊予川之江出身である。そして、今回触れることの多かった安芸竹原からは頼春水、備中鴨方からは西山拙斎が出ている。彼らはいずれも明和・安永期（一七六四〜八一）に大坂に遊学しており、そこで一種の党派を形成している。彼らがいずれも当時江戸で流行していた徂徠学などの古学派から、後に朱子学に転じているという事実は興味深い。そして、この西日本を中心とした朱子学グループは、田沼時代の政治腐敗と社会秩序の弛緩をもたらした元凶は徂徠学にあるとして、寛政異学の禁を実現させていくのである。

それでは、なぜこういった動きが西日本、とくに瀬戸内沿岸部を中心として起こるのか。これは、私の長年の研究テーマであるが、いまだに十分な答えはでていない。昔であれば生産力発展の差といった経済還元的な解釈がなされるのだろうが、それだけではなく、また別な視点も含めないことには結論はでないように思われる。

風土論という考えが万能だとは思わないが、それでも長年広島に住んでいる私がときどき関東方面に行くと、やはり風土が違う。最近若手研究者のなかで豊かな近世とか豊かな農村とかいった議論が盛んになされている。私自身は、これをあまりに強調することには危険も感じるが、それでも瀬戸内の人々の生活を見るとたしかにそういう側面がある。近世に陸上交通も海上交通も整備された瀬戸内、とくに山陽道筋あたりは、独特の生活空間を形成し、それが文化的な面にも大きな影響を及ぼしていると考えることができよう。今回のテーマである「海と風土」に即していえば、さまざまな文化というものが、城下町・港町などの沿岸部を中心に生み出されているわけであるから、とくに新しい文化の伝播といった視点からも海との繋がりは欠かすことのできない要素である。今回私が挙げた瀬戸内文化の事例はほんの一部であるが、沿岸部に形成された瀬戸内文化の諸相の解明は、今後も大きな研究素材となる可能性を有している。

（付記）本稿は、当日の講演をもとに、要旨をまとめなおしたものである。全面的にお力添えをいただいた引野亨輔氏に、感謝申し上げたい。

瀬戸内の社会と文化

山口　徹

はじめに

私はここ十数年、日本常民文化研究所の再建に参加し、同研究所の研究活動の主要な柱の一つである日本の漁業史・水産史研究を現在という時点において、神奈川大学という場で批判的に継承する研究を続けてきた。九十九里のイワシ地曳網漁業の調査を皮切りに東京内湾から西伊豆、さらに豆州内浦の海村の調査を続けてきた。また、瀬戸内の漁業や海村についても倉橋島や直島、とくに倉橋島については十数年間にわたって町史の編纂に参加し、具体的に史料と対話してきた。近年は吉川弘文館の「街道の日本史」の企画編集に加えられ、その中で『瀬戸内諸島と海の道』について編集を担当し、瀬戸内の歴史と民俗について多くを学び、瀬戸内文化の個性について考えることができた。

本稿は右の過程で学んだ房総半島・東京内湾・伊豆半島・豆州内浦の海村や海の世界と比較しながら、倉橋島や直島など瀬戸内の海村の史料と対話する過程で浮びあがってきた瀬戸内の歴史と文化の個性を素描したものである。

なお、本稿では拙著『近世海村の構造』（吉川弘文館、一九九八年）、『近世漁民の生業と生活』（吉川弘文館、一九九九年）、拙編著『瀬戸内諸島と海の道』（吉川弘文館、二〇〇一年）、および『倉橋町史』（倉橋町教育委員会、一九九二〜二〇〇一年）を主たる素材として検討したので、参照されたい。

一、瀬戸内の地域的個性――その自然と景観

今から一万数千年前、地球の温暖化がすすみ、海水の増加とともに紀伊水道や豊後水道から海水が流入しはじめ、七〜八〇〇〇年前になると山陽筋と北四国の間はすっかり海になり、瀬戸内海が形成された。低地部だったところは灘とよばれる海になり、高地部や山の頂上は島となり、今日みられる瀬戸内の景観がかたちづくられた。島は群島・諸島とよばれるように、いくつかのかたまりをみせている。灘もまた大小さまざまな海域を占めている。瀬戸内海は東から播磨灘・備讃瀬戸・燧灘・備後灘・芸予瀬戸・安藝灘・広島湾・伊予灘・周防灘の海域に区分することができる。

瀬戸内はおよそ東西二四〇海里、南北は三海里から三〇海里、その間に三〇〇〇余の島や岩礁があり、有人島は一六〇ほどであるという。

瀬戸内海の島々は花崗岩を基盤にして、その上を火成岩や安山岩がおおっているものが多い。砂質の土壌は保水力が低く、乾燥しやすいため、水田には適していない。乾燥に強いアカマツやネズなどの常緑針葉樹に適し、「白砂青松」とよばれる瀬戸内の代表的景観をかたちづくっている。

瀬戸内の気候は温暖であるが、表面水温は外洋に比べると変化が激しい。塩分濃度も降水量の多い夏に低く、河川の多い中国側で低い。こうした特徴は瀬戸内海が内湾的性格をもっていることを物語っている。

一方、瀬戸内海は紀伊水道・豊後水道・関門海峡を通して太平洋や日本海に接する開かれた海でもある。紀伊水道・豊後水道から流入した太平洋の海水は、およそ五時間ほどをかけて平坦な灘では静かに、島々の間や狭い瀬戸では急流となり、備讃瀬戸西部で出会う。そこで出会った二つの海流は逆流をはじめ、ふたたび瀬戸の流れを形成する。この地域の潮の干満差は二メートルにも達した。潮の流れは大潮・小潮や時間によって複雑な変化を示す。これは内海の特徴であると同時に、瀬戸内海が外洋に連なる開かれた海であることを物語っている。

このように多様な自然環境をもつ瀬戸内に浮び、接する島々、浦々、村々は時代の波に洗われながら、海に学び、海を利用しながら個性豊かな文化・歴史を形づくってきた。

ところで、房総や伊豆半島の海付の村々を見ていると、内陸の村々と異なり、一見同じような自然環境にありながら、隣り合う村でもまったくちがった姿・形を持つことが多く、何々地域の村とはとてもいえない、くくれない面があることを指摘してきた。

瀬戸内の場合は房総や伊豆の村々に比べると、自然環境の多様性に応じはるかにその傾向が強いように見える。海底環境も潮流の変化も激しく、内湾性と外洋性とを持つ瀬戸内海は魚種も房総や伊豆より多く、漁具や漁法も多種多様である。水鳥のアビを使ってイカナゴを海底に追い込み、海底に逃げるイカナゴを食うために集まってきたタイを釣りあげる倉橋島のトリモチ漁、毎年立春の四〇日後から、立夏の数日前まで、春先二か月ばかりの間、能地の浮幣神社の前の海に、激しい潮流に流され、海底の岩礁をさけるために急上昇させられ、水圧の激変のため浮袋が口の外にはみ出し波間に浮かび流されるタイを抄う能地の漁法、さらに家船生活を続ける能地の漂泊漁民などなど、瀬戸内にしか見られない、瀬戸内海の自然を利用した漁業・漁民の生活があった。

このように、瀬戸内には半島や内湾の海村ではくくれない個性があり、当然海と人々の関わり方も違ってくる。江戸時代に流人の島として重要な意味をもった伊豆の八丈島や離島のように海が他の世界の人々と結びつける意味よりも、他の地域と隔てる意味のほうがはるかに大きい場合もある。瀬戸内の場合は、逆に外界と隔てるよりは結びづける役割も果たす意味をもつことが多い。

このように、瀬戸内海に浮かぶ島々や、接する村々には自然環境に応じ、時代の流れに洗われながら豊かな個性をもった文化があった。

現在は小さな無人島であるが中世には瀬戸内を支配する海の領主の拠点として栄えた能島、沖乗航路の北前船の風待ち・潮待ちの寄港地として栄えた御手洗港、明治以来別子銅山の製錬所として栄えた四坂島、毒ガス兵器を製造するため、地図から消された大久野島などなど、ある時代の一面を現す形で生まれ消えた島々や村や街が瀬戸内にはあった。こうした点にも注目しながら瀬戸内文化の個性を見ることにしょう。

二、個性豊かな瀬戸内の島と集落

かつて、宮本常一氏は『瀬戸内海の研究1』（一九六五年、未来社）の総論において、土地利用と集落、生産様式と集落の関係を、それぞれの島のもつ自然環境と歴史とのかかわりのなかで考察し、瀬戸内の島々を(1)水田耕作を主とした島（淡路島・周防大島）、(2)畑作を主とした開発がすすめられ、後にさほど広くない水田をもつ島（伊予中島・倉橋島・能美島・両蒲刈島・大崎両島・大三島・越智大島・生口島・因島・小豆島）、(3)畑地のみの島（平郡島・二神島・津和地島・怒和島・野忽那島・柱島・佐々木島・弓削島・岩城島・田島・横島・神ノ島・白石島・北木島・真鍋島・塩飽諸島・雌雄島・家島）、(4)農耕の島に漁業を主目的とした者が定住し、家船のようにそこを基地したものが純漁業集落を形成している島

（下蒲刈島三ノ瀬・生口島戸田の福田浦・因島土生の箱崎・能美島鹿ノ川）、⑸船着場として発達したもの（岩城島・弓削島・地家室・安芸鹿老渡・三ノ瀬・御手洗・瀬戸田・備中白石島・備前大多府島）、⑹採石の島（周防大津島・黒髪島・浮島・安芸大黒島・倉橋島・備中北木島・白石島・讃岐小与島・小豆島・播馬男鹿島）、⑺島を牧場と利用しそこに集落の発達を見た島（周防祝島・八島・平郡島・忽那島・女木島・小豆島・淡路島）の七つのタイプに分類した。

その分類の基準や内容はともかくとして、瀬戸内に浮かぶ島々が七つのタイプに分けられるということは、瀬戸内の島々が一見同じような環境にあるように見えながら、それぞれの島のもつ自然環境や外界とのかかわり方によって、多様な形態をもち、性格の違った集落が混在していることを物語っている。それはいわゆる農村地帯ではあまり見られない瀬戸内の島々のもつ特徴であろう。

このような特徴は瀬戸内海に浮ぶ島々の間の違いとしてのみあるのではなく、一つの島の中にある海辺の集落、村々の間にも顕著に認められる特徴である。この点を広島県の最南端の音戸の瀬戸を挟んで呉市の南に位置する倉橋島を事例に見ることにしよう。

倉橋島の面積はおよそ七〇キロ平方メートル。標高二〇〇から五〇〇メートルの山が全島十数ほど点在し、山嶺が落ち込む海岸線に沿って、音戸町と倉橋町の集落が点在している。そのうち倉橋町は江戸時代には九つの集落をもつ村であった。この倉橋村は倉橋町の釣士田と音戸町の大江を結ぶ倉橋島のもっとも狭い部分を境に音戸町と接しているが、倉橋村はほぼ独立した島の景観をもっている。

倉橋町役場のある本浦は古代以来造船の盛んな地とされ、江戸時代から近代にかけて大型和船の建造の地としてにぎわい、幕末には日本で最初の洋式ドックが造られ、そのドックは現在も本浦桂浜に残されている。

本浦から海岸線を東に進むと尾立・室尾・海越といった集落が続く。尾立は海に面していながら農業を主として営む農業集落、室尾は漁業を主とする集落で、現在、倉橋町の漁業協同組合はここにある。海域から南へ進むと鹿老渡という集落がある。鹿老渡は沖乗航路を通る廻船が風待ち・潮待ちをする寄港地とし享保十五（一七三〇）年以降、本浦から三六名が移住してつくった集落である。

本浦から西へ転ずると、倉橋島でもっとも高い四九一メートルの岳浦山が落ち込む海岸線に沿って須川・西宇土・大向、そこから北に回りこんで重生・宇和木の集落が二キロから四キロの間隔をもってつづく。これらの村々は土地も狭く、家数も一〇戸〜三〇戸と少ない。西宇土・大向は明治に入って尾道方面から移り住んだ石工たちによってつくられた集落で、裏山から呉のドック、東京や京都の路面電車の敷石を切り出していた。

このように、倉橋島をとり巻く集落は海に面していながら、成立事情からみても、生業からみても一様ではない。それぞれの位置する自然環境、海とのかかわり方のちがいによって、隣り合う集落でありながらまったくちがった個性をもっている。こうした姿は私がここ十数年調査してきた房総半島や西伊豆、豆州内浦の海付の村々でも見られる。その意味では海付の集落の特徴かもしれない。

しかし、房総や伊豆の海村と比べてみると、房総や伊豆の海村のほうが、たとえば九十九里、安房、江戸外湾、江戸内湾の村々と地域的に類別される特徴がある。伊豆半島においても、東伊豆と西伊豆とではそれぞれちがった特徴があり、内浦湾に面した村々にも、それなりの共通した地域的特性が認められる。

これに比べると倉橋島の集落は成立事情も主たる生業もまったく違った特徴をもっている。しかも、それぞれの特徴は島、瀬戸内をとりまく外界の変化とかかわるなかで形式されたという特徴を読みとれる。沖乗航路が開かれ、風待ち・潮待ちの港として生まれ栄えた倉橋島の鹿老渡、近代に入って呉の軍港整備や京都や東京の路面電車の敷石を切り出すために生まれた倉橋島の灘地区の集落はその典型であろう。倉橋島に見られる、この傾向が瀬戸内の島全体に認められることを示したのが宮本常一の分類の意味するところであろう。

これまでしばしば指摘されてきたように、瀬戸内海は古代以来、北九州と畿内の文化を結び付ける主要な通路であり、中国や朝鮮からの大陸文化を受容する通路でもあった。

瀬戸内の海民達はこうした海運の担手として働き、変化に富んだ潮の流れや、海底環境の変化に応じた操船技術を身につけ、中世から戦国時代にかけては海賊衆として瀬戸内の政治を左右するほどの力をもつにいたった。

彼らのもつ海運力は近世にいたっても、統一権力の御用船方として組織化され、帆船時代を通して活躍した。とくに近世に入り、政治文化の中心が江戸・大坂に移っても、海運・塩業・漁業に占める瀬戸内海の重要性は落ちることはなかった。天下の台所、大坂をはじめ堺や畿内諸都市、瀬戸内海をとり囲む沿岸諸都市が発展してくると、瀬戸内海の航路としての重要性はもちろん、塩や魚の供給地としての重要性は増大し、瀬戸内に生きる人々の生業は多様化してくる。その過程で、人間の自然に対するかかわり方、自然の利用の仕方も変化し、それぞれの時代に合った産業や集落が時代を象徴する存在として登場する。

たとえば湧き出てくる海水のため農耕に不向きな土地として放置されていた浜地が、入浜塩田として利用され、沿岸部には製塩燃料として松が植えられ、「白砂青松」の瀬戸内の美観をつくりだした。また、北前船の発達とともに沖乗航路が開かれると風待ち・潮待ちの港として備後国田島、安芸国大崎下島の御手洗、倉橋島の鹿老渡、伊予国津和地島、周防大島の家室が栄えた。

近代に入り各地の港湾の整備や都市の近代化がすすむと、島々の石が見直され、倉橋島の灘地区のように海に迫る石山の狭い裾に石工の集落が形成された。灘地区の石工達は尾道方面や御調郡向島から移り住んだといわれている。

必ずしも農耕に適した環境ではない瀬戸内の島々に住む人々は、それぞれの時代の文化を象徴する情報を瀬戸内の海からとらえ、時には時代の流れを先き取りしながら生業や生活を変えていった。こうした進取の気風に富んだ地域が瀬戸内の個性豊かな文化を育んだといえよう。

古代の船運の展開のなかで歴史のなかに登場してくる藤原純友の拠点となった日振島、中世に塩の荘園として盛えた弓削島、中世末から戦国期にかけて能島村上氏の本拠となった能島、近世初頭、塩飽廻船の地として栄えた塩飽諸島、先に見た近世沖乗航路の寄港地として栄えた田島・御手洗、鹿老渡など、近代以前から外界を見通した目をもち、進取の気風に富み、移住と定住をくり返しながら生まれ、栄え、そして衰退する歴史を瀬戸内の島々はもっているといえよう。近代に入っても、その傾向は認められ、明治以降、ブラジル、ハワイなど海外移民が瀬戸内周辺に多く見られるのもその現われであろう。

それぞれの時代の歴史を象徴するものとして登場する瀬戸内の海民は、それぞれの時代の流れを象徴する脇役を演じてきたことを見落としてはならない。

三、瀬戸内の島社会

瀬戸内の島々に暮らす人々よって作り出される地域社会は、異なった島々に住む人々が自らの生活を維持する必要からお互いに関わり合うことによって作り出されたものである。その関わり方は漁場争いにみられるように、時には激しいものであった。しかし、漁民達は争いを通して、漁場共有の慣行、ルールを作り出し、漁民社会を作り出すのである。しかし、その社会は自己完結的なものではなく、つねに外に向かって開かれた社会であった。

そもそも、漁業は魚の生息する魚礁や回遊する魚群を追って、さまざまな漁具・漁法を使って採捕する生産活動である。したがって基本的には、その生産力は一人一人の漁民に受け継がれた技術に依存し、時には魚の生息する魚礁や漁場に関する知識として、親族の間でも秘密にされ、継承されないこともある。瀬戸内海のように漁場や水産資源が限られ、水産資源が枯渇しやすい条件のもとでは、漁民は魚を追って移動しなければならない。時には能地・二窓の漁民のように家船によって瀬戸内海を渡り歩いて魚を追い漁業をおこなう。こうした動きは舸子浦制が成立する過程で漁民の定住化がすすんでも変わることはなかった。明治八年の海面公有化にともなう混乱のなかで、瀬戸内の多くの漁民は北九州へ出漁し、対馬や沖縄などへの寄留と移住をくり返し、さらに朝鮮や台湾への版図の拡大にともない、この地域への瀬戸内漁民の出漁は急速に増大した。

外界を見通し、進取に富む漁民達の気風は瀬戸内の漁民や島民ばかりでなく、紀州漁民による各地への漁業技術の伝播、各地の漁場漁民集落の形成を基層で支える、海に生きる人々の個性であろう。

すでに指摘したように、漁業生産力の発展は資源枯渇をもたらす必然性をもっているが故に、その技術も知恵も社会的に管理されざるを得ない面をもっている。漁場を共有する人々が漁場利用の慣行を定め、自らの行動を規制するところに海を媒介とした地域社会が形成されたことを忘れてはならない。その社会はつねに流動的であり、開放的な面をもっている。それ故、進取の気風をもった島民の作りだす村や地域は島民を緊縛する力は弱く、島民の島や地域に対する帰属意識は薄いようにみえる。しかし、それが四辺を海に囲まれた日本の海辺の村々に住む人々の特徴であるとするならば、それは地域意識の存在を示すものと見ることができる。

戦後、近代化・工業化が進むなかで、瀬戸内海の環境は大きく変化してきた。とくに島をめぐる道路の整備、島を結ぶ本四架橋の整備に代表される橋によって結ばれる交通・運輸体系の変化は、廻船や小船によって結ばれた交通・運輸を変貌せしめ、廻船や小船によって結ばれた地域社会を消滅せしめ、瀬戸内海民のアイデンティティーを喪失せしめているように思われる。こうした状況のもとで、海によって隔てられ、結びつけられた瀬戸内の人々が、自治体をめぐる状況の変化のなかで、どのようにして未来に生きる地域社会を構成していったらよいのか、瀬戸内海の人々が培ってきた歴史との関わりのなかで考えることが必要であろう。本稿がその一助になれば幸いである。

（付記）本稿は大会当日、時間の制約もあり、話すことができなかった草稿に手を入れたものである。

芸予地域の民俗文化構造とその特質

森　正康

はじめに

瀬戸内海という海域が、ひとまとまりの地域概念として広く定着したのは、明治後期のことであるとされる。すなわち、近世から近代にかけた瀬戸内海についての概念整理を行なった西田正憲によると、紀淡海峡・鳴門海峡・関門海峡（早鞆瀬戸）および豊予海峡（速吸瀬戸）という瀬戸＝海峡に囲まれた海域が、一つの内海として認識されたところに瀬戸内海という概念が成立するという。そもそも瀬戸内海の用語は、地理的概念である The Inland Sea（内海）の訳語として明治初年に作られたもので、これ以前には海域全体を意味する用語がなかったと見られている。そして、明治後期のころから、瀬戸内海がひとつの海域と沿岸からなる一地域として他と区画されるようになったというのである。さらに西田は、こうした瀬戸内海観の形成が、人々の景観認識において、この地域を同質の区域ととらえて疑問を感じさせなくしたことを指摘している(1)。

このような瀬戸内海地域の一元的な認識は、ひとり景観論に限られるものではなく、民俗文化の理解においてもうかがうことができる。すなわち、近代の鉄道輸送に先行した内海航路の発達などを指標とした瀬戸内海の存在と理解とが、民俗文化などの領域研究においても大きく評価され、「環瀬戸内海」という価値観を一般化させた。たしかに、近代化を支えた陸上（鉄道）の視点に対して海（航路）からの視点によって新しく見えてきたことも少なくない。しかし、一方では、この「環瀬戸内海」という理解のなかに埋没してしまった地域認識が存在したことも事実である。それは、瀬戸内海というネットワーク化された社会が形成される以前からの、土着の地域認識とでもいうべきものである。本稿では、瀬戸内海中央部の芸予地域を中心に、瀬戸内海をめぐる民俗文化の地域構造について、いくつかの指標をもとに、いま少し詳細に検討するなかで、その特質について考察を加えようとするものである。

一、瀬戸内海地域の民俗文化構造

如上の景観的な概念形成を背景としてもつ瀬戸内海地域の民俗を考えようとするとき、そこでは、今日的な一つの地域概念としてのみではない、近代以前から認識されてきた海域や島嶼ごとの文化構造を含めて考えなければ十分な理解とはならない。この観点から、瀬戸内海地域の民俗文化構造を見ていくと、おおむね三つの物差しを当てはめて考えねばならないことがうかがえてくる。

まず一つは、すでにふれた「環瀬戸内海文化」という、大きな海域沿岸文化としての視点である。瀬戸内海の民俗文化については、長く漠然とした理解がなされてきたが、これを複数の民俗の束としてとらえることによって、一つの文化領域を描こうとしたのは、守屋毅であった。(2) 守屋は、石風呂や祭礼の太鼓台・ダンジリの民俗などを指標に、瀬戸内海の沿岸や島嶼に広域的に分布する民俗について指摘し、環瀬戸内海という文化枠組みを想定した。たとえば、指標の一つである石風呂は、石や煉瓦を積み上げて石室を造ったり、大きな岩場を掘鑿して横穴洞窟を設けて造られ、なかで火を焚いて石や岩を焼き暖めたのちに濡れ筵などを敷き並べて入り口を密閉した蒸し風呂形式のものである。伝統的な民間療法の一つとして、夏季を中心に瀬戸内海の沿岸島嶼に広く見られたが、その分布は概して燧灘以西であった。(3) 一方、太鼓台・ダンジリに代表される山車の文化は、祭礼の風流化に伴って近世後期以降に急速な発達を遂げ、安芸灘・斎灘より東を中心に広く分布する。なかでも燧灘以東でより発達し、愛媛県東部から香川県西部一帯、兵庫県南部および大阪府などに濃厚な分布を示すとともに、彫刻や刺繡装飾においてすぐれて意匠的な発展を見せている。(4)

さて、瀬戸内海を一つの文化領域として考えることの可能性については、民俗指標に基づく守屋の指摘と相前後して、地理学の立場から鈴木秀夫による言及もなされている。鈴木は、瀬戸内文化圏は、身体形質における短頭型の多さや生態学的条件に関わる溜め池の多さ、食べ物の早鮨やうどん食の文化領域であるとし、県民性としては分裂質地帯ではなく躁鬱質地帯に入るとした。(5) また、鈴木の仮説を受けた大林太良は、それは日本文化を東西や南北の日本、あるいは日本海側・太平洋側などと区分する大区分の下位区分として十分に成立するものである考え、杉本尚次の民家の地域分類などを引きながらこれを補足している。さらに大林は、瀬戸内海を一つの文化領域と考えながらも、それはこの地域がすべて等質であることを示すものではないとし、場合によってはアクセントや民家分類、憑き物信仰などを指標に、さらに小さな文化領域に区分することが可能であるという。(6) したがって、この環瀬戸内海という文化枠組みの内部に、より細かい文化領域を設定することが可能ということになる。これを文化の伝播ルートとして考えると、南北と東西に伸びる島伝いのルートが存在する。

まず「東西の文化ルート」は、近世以降の北前船など上方と内海の各地域を結ぶ島伝いの沖乗り沿岸航路の発達によって、歌舞伎・地芝居の上演や常設の農村舞台などが各地に不連続に連続して設けられるなどするなかで形成されたものと考えられている。また、瀬戸内の村々のなかでも、特に海運業の盛んな地域の社寺に掲げられた船絵馬の数々も、上方で描かれた江戸後期の吉本派や前期絵馬藤派などの作品が広く購入されており、こうした東西ルートの存在との関連をうかがわせる。また、小豆島から塩飽諸島を経て燧灘の魚島に至る地域には、稠密とはいえないが、盆行事における盆飯の民俗が東西に長く分布している。しかし、いずれの民俗事象も明確な文化領域を設定するには至らず、伝播ルートにおける点としての分布にとどまる。

そして、この東西の文化ルートと交差する形で淡路島・備讃瀬戸・芸予諸島・防予諸島などの何本かの「南北の文化ルート」が存在し、四国と山陽筋とを結んだ民俗文化交流を生み出してきた。このうち、瀬戸内海のちょうど真ん中に位置し、南北の文化ルートの要をなすものが芸予の島々の民俗である。すなわち、通称「しまなみ海道」と呼ばれる西瀬戸自動車道が結ぶ芸予諸島と周辺島嶼、これに続く安芸東部と備後および伊予東部の地域が、歴史的にも古くから「芸予民俗文化圏」という一つのまとまりをもった文化領域を形成してきたのである(7)。その意味では、昨今のしまなみ海道ルートを巡る行政主導的な地域間交流への取り組みなどは、かかる民俗文化的背景の所産でもあった。しかし、芸予諸島を中心としたこの地域の民俗文化領域としてのまとまりについては、あまり認識されているとはいえない。

二、芸予民俗文化圏の設定

一般に民俗文化の領域を設定しようとするとき、いくつかの指標となる民俗事象の分布を重ね合わせ、そこから一つの文化領域を導き出すことになる。その構成要素の多くは、実は近世以降に成立した民俗である。そこで、より基層的な民俗と考えられる生産活動に関する諸儀礼のうち、正月の予祝儀礼である「田打ち正月」について概観することで、芸予地域の民俗文化的なまとまりについてみておきたい。ちなみに、この地域の島々が基本的に農村であったことなどからも、それは有効な指標といえよう。

田打ち正月の儀礼は、一般に正月二日を中心とした大正月行事の枠内で行われる地域と、正月十一日を中心とした小正月行事として行なわれる地域に二分される。ここで取り上げようとする芸予地域、すなわち、しまなみ海道の沿線は、これの後者に当たり、一般に「地祝い」とか「大鍬初め」と称する小正月の予祝儀礼が発達してきたところである。いま、『日本民俗地図II』に示された正月の諸儀礼に関する資料(8)のほか、手元にある調査報告書や市町村史誌および県別民俗地図の報告からその大まかな分布域を探ってみると、四国では徳島県東部などに部分的に分布するほかは、愛媛県の新居浜市・西条市から周桑郡・東予市、そして越智郡・今治市・北条市および松山市北部の高縄半島地域を経て芸予諸島・上島諸島が総じて十一日に行なっており、さらには山陽筋に入って広島県東部の備後地方から岡山県西部の備中地方、さらに備後地方を含み、美作地方を経て山陰では島根県東部の出雲地方および隠岐地方、鳥取県西部の伯耆地方へと続きながらもかなり特徴的・限定的な分布を示す。(9)一方、鳥取県も因幡地方では二日となり、兵庫県では、淡路島のジマツリを除いて田打ち正月も盛んとはいえないなどの大雑把な分布傾向をうかがうことができる。なかでも愛媛県においては、年頭の予祝儀礼に関し筆者らが、こうした作業仮説を踏まえた民俗分布地図を作成したところ、きわめて顕著な偏在的分布の見られることは、(図1)に示した通りである。さらには、部分的に二つの儀礼が入り交じった重複構造の地域もあるが、田打ち正月の儀礼そのものが希薄である安芸や石見、長門・周防の真宗地帯を除く中・四国は、おおむね大正月に引き寄せられて正月二日に実施することの多い四国地方と十一日に行なうことの多い中国地方東部に二分されることになる。とくに四国および瀬戸内海地域に限定するならば、愛媛県東部から芸予諸島地域の特異性と中国筋との関係の深さがはっきりと浮かび上がってくる。このことからも、しまなみ海道を介した芸予地方が、古くから一つの文化領域を形成してきたらしいことがうかがえるとともに、現行の大正月よりも小正月を価値基準においた、その意味ではより古層とも考えられる民俗文化がこの地域に存在してきたことを示唆していることになる。

もっとも、備後・備中地方の一部では二つの田打ち正月の儀礼が重複する地域もあり、岡山県真庭郡落合町のように、二日ないしその後の数日に行なわれるものは畑作儀礼、十一日は稲作儀礼として解釈されると見られているところもある。落合町では、二日から六日の間にばらばらに行なわれる儀礼は鍬初めまたは小鍬初めと称され、これは畑作の仕事始めで早い時期に廃れたが、十一日の大鍬初めは、水田耕作の仕事始めで近頃まで行なわれたと指摘される。[10] なお、岡山県下では、同じ十一日の儀礼であっても大鍬初めといって鍬を打つところのほか、ヤレボーと称して牛の出し初めのあとに苗代田の鋤き初めをするところもあるなど、儀礼内容も多様であって定型化しがたい。

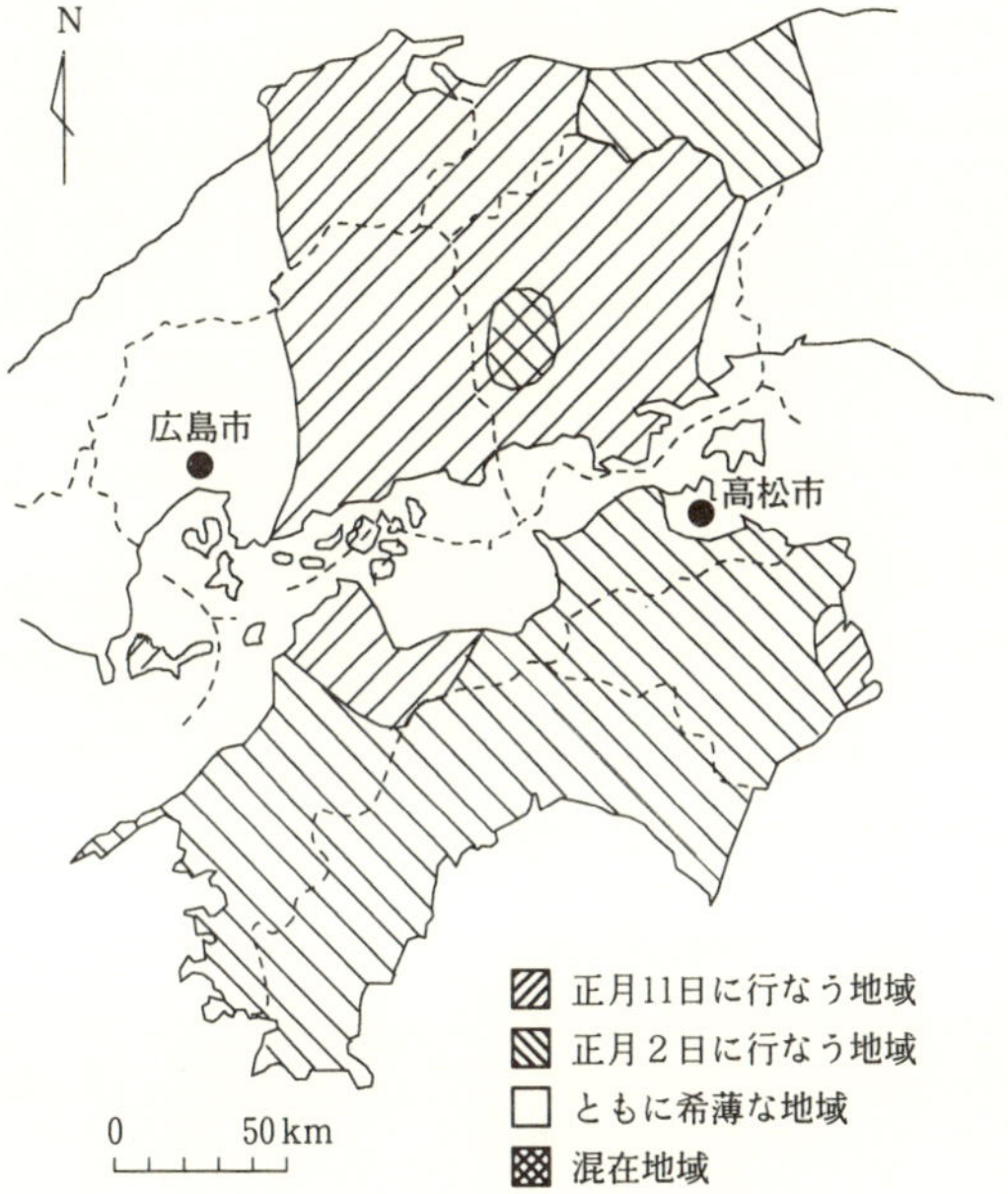

図１　中・四国の田打ち正月分布概念図

ところで、一度形成された古い文化領域は、その後の文化形成を規定する傾向の強いことが、大林太良などによる東・西日本の文化領域の形成過程の研究などによって指摘されている。(11)そうであるならば、しまなみ海道の沿線を中心とした芸予地域には、その後も共通した民俗文化が再生産され、存在することになる。たとえば、この地域の祭りの民俗に関しても、先ずは中世的要素として「宮座」や「トウヤ制度」の存在を示すことができる。この点に関連して、広島県下の中世宮座の分析事例によって芸備地域の民俗の地域差を論じたのは、藤井昭である。藤井によると、広島県史の編纂過程などで確認された県下の一七例の中世宮座うち一三例は備後国の事例であり、安芸国のものはわずかに四例にすぎないという。したがって、ともすれば近世初頭の浄土真宗の伸長と地域社会への浸透によって信仰に関する民俗の希薄化が進んだとも理解されてきた広島県西部の民俗について、真宗の広がる以前において、すでに安芸と備後の間には民俗の地域差が生じていたことになるというのである。(12)すなわち、小正月型の田打ち正月の分布に見られる芸備間の文化領域の差異が、宮座分布ともほぼ一致することになる。

こうした中世的祭祀構造のより典型的な形式は中国筋に認めることができるが、同様に四国側においても、越智郡島方・今治市や越智郡地方から東予市・周桑郡の一帯でトウヤ制度に基づいた、儀礼的な祭祀形態が色濃く残存する。トウヤ制分布の南端に当たる周桑平野では中世末の祭祀頭文を伝存し、今治市別宮町では慶長以来の帳面が引き継がれ、みだりに他見を許さない。今治市やその周辺の越智郡玉川町・朝倉村・大西町・波方町の付近では、この祭祀集団や行事のことをオトウ（御当）と呼び、概して講集団化したトウヤ制度が広く見られる。明治二（一八六九）年に作成された旧野間郡諸神社の年中祭事報告によると、いずれも「御講」と記される。内容的には、兵庫県播磨地方の「講頭」と類似したもので、構成メンバーは基本的に氏子集団と重なり、一同に会して酒食を行なうことと、トウワタシの儀礼を主たる行事とする。ところが、このなかには、玉川町を中心に宮座の変形ともとれる閉鎖的・特権的な株制度に支えられた「神人《じにん》のオトウ」の組織もいくつか見られた。神人の組織は、村の草分けの旧家であったり、庄屋などの一族であったりするが、おおむね数戸から十数戸で構成され、氏子一般のオトウとは重複して存在する。また、構成戸が、なんらかの理由で他出する場合にはその株が縁者などに譲り渡されるなど、概して排他的である。また、神社の遷座祭にも関わるなど、相応の特権性も有している。

そのほか、越智郡弓削町の弓削島・佐島に限定して、氏神祭りの宵宮を示すヨドノシキ（夜殿式）に対し、本祭りを経た後の後祭りとしてのミヤザシキ（宮座式）の語彙が残る。トウヤおよびトウモトの者たちが対面して列座し、順に杯を廻していくもので、いわゆる長床の行事との類似性もうかがえるが、畿内的な明確さを備えた宮座の存在を指摘することは困難である(13)。

さて、これらに続く近世的な要素としては、江戸中期以降、祭りの風流化・祝祭化の進展とともに、多様な民俗芸能や山車の文化の発達と伝播が見られる。たとえば、祭りにおいて神社を発してお旅所に向かう神輿の先祓いとしての「奴行列」の分布も、基本的にはトウヤ制度と重複して分布する。薙刀や鳥毛・熊毛・台傘・立傘などの道具を手に持ち、数名ないし十数名の青年たちが二列に並んで振りながら、あるいは交互に道具を受け渡ししながら行列するもので、その分布からもうかがえるように、芸予地域を特徴づける民俗の一つとなっており、高縄半島部とこれに続く島嶼部で発達した。

なおまた、小正月の火祭り行事であるトンド・トウドがトウヤ制によって行なわれ、さらには伊勢（神明）信仰と習合したり、環瀬戸内海文化としての山車の文化要素が付加された「神明祭り」も、東予市・今治市付近から芸予諸島を経て三原市・尾道市に至る地域に限り、点として分布する。今治市波止浜や大島の余所国、尾道市山波や三原市街などを始めとして、不連続な分布を示しながら、山車化したトウドを曳き廻す神明祭りが展開されるところもある。

このように、近世的な祭祀要素の多くもまた、芸予民俗文化圏の存在をより鮮明に描き出しているのである。

三、民俗文化の伝播とその方向性

以上に示したように、芸予諸島とこれに続く地域が、基本的に一つのまとまった民俗文化の領域を形成していることがうかがえたのであるが、その形成過程における文化の流れはどのように展開されたのであろうか。一般的な周圏論の立場から見れば、中国筋から四国側へという流れが想定されるが、実際には、それだけでは理解できない実態も存在する。

たとえば、年頭の小正月の「弓神事」「弓祈禱」「百手神事」も、この地域の特徴的な民俗文化の一つであり、これはむしろ四国側でより発達した。芸予諸島を中心とした愛媛・広島両県の弓祭りの分布は、図2の通りであり、西日本のモモテ祭りの一中心をなしている。関東地方のオビシャに対して、西日本のモモテ祭りは、モモテ・ユミギトウ・ハツギトウなどと呼ばれ、年頭または春先に村落および家内の安全と五穀豊饒・厄除け祈願として数本ないし千八筋の弓矢で、「鬼」という文字を書いた的などを射る歩射行事である。実施時期によっておおむね三分類することができ、香川県西部を中心とした二月モモテおよび徳島県祖谷地方やその周辺を中心した三月モモテに対して、芸予諸島を中心としたしまなみ地域は、大分県国東地方などとともに正月モモテに当たる。この地方の弓祭りに関する記録としては、愛媛県北条市の「池ノ内文書」に、熊野谷権現の社役に関する明応九（一五〇〇）年の史料の中に、「祝はふしゃの役也」とあるのを初見とするが、これが弓祈禱という年頭の村落祭祀に発展するのは、近世に入ってからのこととみられる。なかでも、大三島町肥海、上浦町盛、関前村岡村などでは、きびしい精進潔斎の励行や小笠原流の礼儀作法や独特の儀礼的な口上を取り込んで、当該村落における一人前の男子として認められる青年戒としての要素が濃厚であり、さらには、地域を二分して競い合うふうも顕著であったなど儀礼的要素が強く、芸予地域の弓祈禱・弓神事の中心地となってきた。

大三島町肥海では、寛文三（一六六三）年の「弓之次第」を所有し、旧正月十一日にトウヤ制により実施されてきた。地区を南北二つに区分して前弓・後弓六名ずつの射手（弓手）が選ばれ、潮垢離を取りながら弓宿に合宿し、弓の師匠から次第や作法の指導を受ける。前日には、射関・射太郎以下六人の序列が師匠によって決められ、当日を迎える。

図2　芸予地域の年頭の弓祭り分布（廃絶したところも含む）

射場となる氏神の八幡神社に参拝し、弓取り式ののち三度弓、千八筋のバラヤ、乙矢で神事を終了し、続いてトウヤで小笠原流による本膳がふるまわれた。なお、肥海では、一〇年を一区切りに射手が交替するドウビラキが行なわれるのが特徴であった。ヤダイワケとかヤダイヤアケとも称し、近世の地割り制度との関連が指摘されている。現在は休止状態にあるが、芸予地域の年頭の弓祭りのなかでは、もっとも古風を伝えてきたものと見られる。また、上浦町盛にも、延宝四（一六七六）年の「弓之次第」を伝存し、独自の口上を口伝として伝えるなど、肥海とともにこの地方の中心をなしていたと考えられる。したがって、大三島北端地域から離れるに伴い、愛媛・広島両県とも弓祭りの儀礼性が薄れたり娯楽性が増幅されるなどする傾向がうかがえる。(14) そこには、大三島をセンターとする民俗の伝播が見えてくる。ともすると、中国筋から四国側へという一方向のみの伝播経路が想定されがちであるが、それが近世社会における二次的伝播だとしても、芸予諸島のなかに一つの文化中心が存在してきたことは興味深い。

ちなみに、同じ大三島の中でも、大山祇神社では正月の歩射行事ではなく流鏑馬として行なわれ、古くは貞治三（一三六四）年の記録「伊予國第一宮三嶋社大祝職幷八節供祭礼等事」にも五月五日のお田植え祭と九月九日の抜き穂祭に行なわれたことが見えている。もっとも、近世には馬や乗り手の都合によって歩射で行なわれたこともあった。

さらに、芸備地方の「備後神楽」や「十二神祇神楽」も、かって芸予諸島から高縄半島部に広く見られたが、今日では、大三島の一部のみとなった。いったいに広島県は神楽の盛んな土地柄で、県西北部の芸北神楽、県西南部から島嶼部の十二神祇神楽、および県東部の備後神楽に大別され、これに神柱《しんばしら》への神懸かり託宣のある比婆荒神神楽や八《は》箇《つか》社神楽などを加えて構成される。備後神楽には、荒神神楽と五行祭系の神楽を含むが、これを受け入れた形の大三島町大見や明日・肥海の大三島神楽もまた荒神神楽の系統に属するもので、歴史的にも中世末まで溯り、神殿《こうどの》を設けて舞われたり、とぐろを巻いた藁蛇を作ることなどの特徴を伝えてきた。荒神神楽は、さらに西の忽那諸島の中島などにも痕跡を伝え、天井の梁から吊るした造花（天蓋）を上下・左右・前後に揺り動かす造花引きが、オミドリ神事として伝承されているなど、愛媛県側の内海島嶼へも広がりを見せた。

なお、大三島神楽と備後神楽の演目には、共通するものが少なくないが、神楽歌の詞章は随分と異同が見られる。さらに、近世の今治藩領で舞われた神楽は一般に十二神祇と称され、演目も「御祓・注連口・飛出・児舞・手草・神迎・奉幣・袖花・四神・大魔・長刀・猿田彦・弓舞・五行舞・異国・神功皇后・旺子・大臣・御祖・山之王・岩戸神楽・雷舞」などで構成され、大三島神楽とは異なる。こちらは、むしろ備後神楽の神事式における十二神祇の構成と類似する。また、松山藩領野間郡の神楽も、ほぼ同様の演目であった。しかし、愛媛県の神楽が早くに廃れたために、近代においては生口島瀬戸田町の名荷神楽や因島の田熊神代神楽などが芸予諸島各地を回っていた印象が強いが、むしろずっと以前から広域的な神楽文化の交流がなされていたというべきであろう。いずれにしろ、神楽に代表される民俗芸能における文化伝播も広範に進み、こちらは、島嶼部を介して中国筋から高縄半島部へ伝わった要素が多いと考えられる。(15)

もっとも、神楽とともに普遍的な芸能である獅子舞については、広島県での発達は見られず、分布も愛媛県側に片寄っている。祭礼の練り行列の行道面であった獅子頭が、近世中期以降に芸能として遣われるようになったものと見られる。島嶼部の二人立て一頭の獅子舞に対して、高縄半島東部では多人数立て二頭の獅子舞が発達し、獅子止め・なぶり子と呼ぶ子役がこれを操る。ところが、今治市周辺では、これが伊勢太神楽の影響を受けて立ち芸と称する二〜四段の継ぎ獅子を併せて行なうようになり、子役が最上段で獅子頭を被って演じるなど、地域的に独自の発達を遂げているが、守屋が指摘したような芸予にわたる広域的な文化伝播はうかがいにくい。

まとめ——島社会の開放性と民俗文化の交流

芸予諸島をめぐる民俗文化の多様な伝播の在り方は、畢竟、そこに一つのネットワーク化された社会が歴史的に存在してきたことを想定させる。本稿では、生産儀礼に基づく基層的民俗の分布をベースにして、そこに多少のずれを伴いながらも重層的に折り重なる民俗文化の構造を見出すなかで、瀬戸内海のなかでもとくに稠密な多島海地域を南北に横断する「芸予民俗文化圏」という領域設定が成立することを確認した。

ところで、この芸予諸島の地域は、すでにふれたように、海に面しながらも基本的には農村であった。このことは、瀬戸内の島々全体についていえることであり、「海に背を向けた」という宮本常一による形容はよく知られている。したがって、そこには漂泊漁民の定住化の余地もあったが、農民と漁民の居住空間はオカとハマに二分され、両者の日常的な接触は活発とはいえなかった。しかし、島社会が閉鎖的かといえば、一方では、この芸予の島々が海に向かって存在してきたことも事実である。

島の行政区画上の位置付けと日常的な所属生活圏のずれの問題も、そのことをよく物語っている。たとえば、愛媛県大三島の北端に位置する上浦町盛の集落からは、中国本土を指呼の間に望み、広島県竹原市ほかの商店の広告看板が目立つなど、行政的なつながりとは異質な、山陽筋をにらんだ北向きの暮らしぶりが存在してきたことがうかがえる。あるいは、燧灘の孤島である魚島や高井神島も同様で、太平洋戦争下において統制経済が実施されるまでは、県東北部の中心都市である今治市よりも、もっぱら県境を越えた尾道市や福山市鞆ノ浦との生活関連性が深かった。

すなわち、瀬戸内の島々は、内へ向かっての島社会を形成してきただけでなく、海を媒介として外に向かって開かれた社会でもあった。わけても、十九世紀から二十世紀初頭にかけた近代化の一時期は、島の人口が飛躍的に増加するなかで限られた耕地面積に対応するために、ヤマデンマと称する農船を操った他島への出作り耕作に加え、杜氏や石工・大工など多くの職人集団を生み出したり、農閑余業としての行商に活路を求める地域も少なくなかった。さらには、漁村における明治中期以降の東シナ海や朝鮮半島海域への長期出漁も盛んであったが、こうしたことどもの背景には、島社会の開放性と海を媒介としたネットワーク化を育む風土性が関わっていたと考えられるのである。(16)

註および文献

（1）　西田正憲『瀬戸内海の発見』（一九九九年）一三八〜一四七頁を参照した。なお、瀬戸内海の法律上の区域については地理的概念とも異なり、漁業法と領海法が紀伊水道・豊予海峡・関門海峡を境界とするのに対し、瀬戸内海環境保全特別措置法では、紀伊水道・響灘・豊後水道を境界としているなど、その区域の取り方は少しく異なっている。

（2）　環瀬戸内海文化圏の可能性について言及したものに、守屋毅『愛媛の祭りと民俗』一九七八年、がある。このなかで守屋は、環瀬戸内海文化を南北ルートと東西ルートの複合したものとして捉え、近代の鉄路に対する海上と舟運の文化の再認識の必要性を説いている。

（3）　小口千明「石風呂入浴慣行の分布とその衛生観」『「社会科」学研究』八、一九八四年。

（4）　環瀬戸内海文化としての太鼓台・ダンジリについては、成願寺整「太鼓台のふるさと」『新居浜太鼓台』（一九九〇年）一二七〜一七七頁に詳しい。

（5）　鈴木秀夫『森林の思考・砂漠の思考』（一九七九年）一五九〜一七〇頁を参照。なお鈴木は、「瀬戸内文化圏」の用語を用いるとともに、その成立を四世紀ころと想定しており、当時の東アジア情勢を加味するなかで、北部朝鮮や中国の民族や文化の混入が高まった時代であったと考えられることにも言及している。たとえば、先に挙げた石風呂の分布も、環瀬戸内海文化圏のほかは朝鮮半島のソウル以北に集中分布することなども、鈴木の仮説を補強する材料となっていると考えられる。

（6）　大林太良「内海の文化」『瀬戸内の海人文化』（一九九一年）二五〜八頁を参照。

（7）　『愛媛県史―民俗上』（一九八三年）においても、愛媛県下の民俗の地域区分と特性について論じたなかで、守屋の仮説を補強するかたちで、瀬戸内海の東西と南北の民俗伝播ルートが大三島で交わっていることなどについて言及している。同書（森正史執筆）四七〜五五頁を参照。

（8）　文化庁編『日本民俗地図II』（一九七一年）第四八図および正月行事の県別調査報告を参照した。しかし、周知のように、本調査は民俗地図の作成を目的として実施されたものではないため、当該事項に関する記述漏れも多く、同書の資料のみからでは、ここに示した分布状況を読み取ることはできない。

（9）　中国地方の田打ち正月については、石塚尊俊が分布図を作成して言及している。しかし、石塚の論考では、浄土真宗の浸透が民俗文化の変化に与えた影響に関心の多くが注がれていたためか、これを田打ち正月として一括して議論するに止まり、正月二日を中心とした儀礼と十一日を中心とした儀礼の差異については、触れていない。石塚尊俊「在来信仰の消長と地域の宗旨—中国地方における浄土真宗浸透の社会的背景—」『山陰民俗研究』一、一九九五年。のちに『山陰民俗叢書2—民俗の地域性』（一九九六年）に再録。

（10）『落合町史—民俗編』（一九八〇年）二三三〜七頁を参照。『岡山県史—民俗II』（一九八三年）においては、二日は畑の仕事はじめ、十一日は水田耕作の仕事はじめではないかとの考えを示しながらも、断定を避けている。同書第八章（次田圭介執筆）一五三〜五頁を参照。

なお、この問題を積極的に取り上げて論じたのは小野重朗である。小野は、正月の仕事始めの鍬入れ儀礼に正月二日から四日ごろまでに行なうものと、十一日に行なうものとの二つの型の同時存在について言及し、中国地方の事例も含めて前者は畑の鍬入れ、後者は田の鍬入れとして理解するとともに、前者の畑作正月がモデルとなって後者の稲作正月が成立したとの仮説を示している。小野「畑の神の祭り・稲の神の祭り」『月刊歴史公論』七巻八号（一九八一年）。

（11）　大林太良『東と西　海と山』（一九九〇年）二七〜八頁を参照。同書のなかで大林は、「文化領域は一度成立してしまうと継続し固定化する傾向がある。境界が一度できてしまうと、その後の伝播もなかなかこの境界線を越えていくことができなくなる。」と指摘している。

（12）　藤井昭「芸備の地域差とその背景」『山陰民俗』四三（一九八四年）。のちに『山陰民俗叢書』2（前掲、注9参照）

に再録。

(13)　詳細については、森正康「トウヤの祭り」『しまなみ水軍浪漫のみち文化財調査報告書（民俗）』愛媛県教育委員会（二〇〇二年）において述べているので参照されたい。

(14)　森正史編『愛媛の弓祭り』（一九六七年）、愛媛県教育委員会『越智郡島嶼部地区民俗資料調査報告書』（一九六八年）および大三島町教育委員会編『大三島町の祭り』（一九九九年）を参照した。

(15)　牛尾三千夫「神楽」『広島県史―民俗編』（一九七八年）、田中重雄『備後神楽』（二〇〇〇年）などを参照した。また、渡辺友千代も、芸予諸島やこれに続く一帯の神楽は、元来十二神祇系神楽を本幹として舞われていた旨を指摘しており、この地域が神楽を通しても一つの民俗文化圏を形成してきたことがうかがえる（同「備後三原地方の妙見神楽について」『日本民俗学』一三九（一九八二年））。

(16)　森正康「魚島の社会史」『瀬戸内の海人文化』（一九九一年）のなかでも少しく触れたので、併せて参照されたい。

II　瀬戸内海地域の特質と生活

九世紀の海賊について

下向井龍彦・稲葉　靖司

はじめに

九世紀の承和年間以降、とりわけ貞観・元慶年間、正史に頻繁に海賊記事が出てくる。これまでの研究では、それらの記事から、九世紀後半、海賊が瀬戸内海全域を横行し、京上官物を略奪し、公私の航行を妨害していたとされ、十世紀前半に起こった藤原純友の乱の前史、また承平年間の海賊と基本的に同一性格の海賊とみなされてきた(1)。そのような海賊の正体は、王臣家に組織された海民または海運業者とされ、また海賊活動の目的は、自給経済をめざす王臣家が運京途上の調庸を先取りしようとする動きであったとか(2)、海運交易権の独占をめざす海運業者の活動であった(3)といわれてきた。

ところで奈良平安時代、「海賊」は、「海上で盗を犯す、之を海賊と謂う」(『政事要略』糺弾雑事)といわれたように、海を舞台とする盗犯という法的概念であり、海賊活動を専業とする社会集団を指す概念ではなかった。一般に強窃盗は、賊盗律強盗条・同窃盗条の規定に明らかなように、罪状の程度により死罪から笞杖罪まで幅があった。したがって海上を舞台とする強窃盗である「海賊」の場合も、笞杖罪相当の軽微な海賊から、謀叛・殺害など死罪相当の重大な海賊まで、相当の幅があったことになる。笞杖罪相当の軽微な海賊は、政府が深刻な政治課題として受けとめることはないが、死罪・流罪に相当するような海賊は、国家秩序や国家財政に直接打撃を与えるものであり、政府は本格的な海賊対策を構築して対応しなければならない。

一方、奈良・平安時代の瀬戸内海は海運業者や海賊が自由に活動できる自由な海ではなかった。奈良時代、九州・瀬戸内諸国から京へのぼる船は国司から「過所」という通行証の発行を受け、長門（または豊前門司）・摂津難波で「過所」のチェックを受けなければならなかったし（関市令）、通過する諸国の港湾では国司が「津守」を置いて入港する船舶をチェックするなど、(4)国家による中央集権的な海運管理が行なわれていた。それは一面では対外的緊張関係を背景とする国防的観点からの海運管理であったが、宝亀十一（七八〇）年二月の対新羅外交の解消とそれに連動する軍団兵士制廃止にともなう緊張緩和・規制緩和の流れのなかで、長門でのチェック緩和、諸国港湾の警備廃止など、国家的海運管理もまた緩和されていった。(5)しかし大輪田泊に入港する諸国船舶の通行証チェックが防波堤修築費徴収を主目的に行なわれるなど、(6)九世紀になって緩和されながらも依然として国家的海運管理は維持されていた。このように瀬戸内海運が国家によって管理され、海賊が犯罪として追捕されるという状況のもとで、「海運業者」が犯罪者として追捕される危険を犯し国家的海運管理に挑戦して、海賊活動によって「海運交易権」の独占をめざす、というような問題の立て方が成り立つのか。われわれは通説的な九世紀海賊論に対して、根本的な疑問を抱くものである。

そもそも瀬戸内海運は、西から東への、沿岸諸国から京への、調庸雑米とりわけ米の運漕が中心であった。本稿では、調庸雑米運京過程で発生した海賊被害が政府によってどのように認定され、海賊被害額がどのように処理されたかという問題に着目し、九世紀の海賊問題を調庸運京請負に寄生する沿海諸国富豪層の横領・脱税闘争、王臣家人化運動の一環としてとらえ、十世紀初頭の財政構造改革によって海賊発生の構造的要因が除去され、海賊問題がいったん解消した、という論点を提示してみたい。

なお本稿は、稲葉が一九九七年に広島大学大学院学校教育研究科に提出した修士論文『平安時代の海賊問題』（指導教官下向井）と密接に関連しており、稲葉と下向井の共同研究の成果であるということをあらかじめ断っておく。したがって本稿の署名は下向井・稲葉両名連記とする。ただし本稿の内容については、大会シンポジウムで報告し本稿を執筆した下向井が責任を負うものである。(7)

一、貞観四年五月備前国官米運京船掠奪事件から

貞観四（八六二）年五月二十日、政府は備前国司から、進官米八〇斛を積んだ船が海賊に襲撃され、全額略奪されて百姓一一人が殺害されたという報告を受け、ただちに山陽・南海道一三カ国に海賊追捕を指令する追捕官符を出した（『三代実録』同日条）。この事件からいくつかの点について確認しておきたい。

まず事件が五月に起こったということに注目しよう。表によれば備前国の庸米の納期は五月三十日、年料舂米の納期は六月三十日であった。すなわち備前国の進官米運京船は、庸米か舂米を納期に間に合うよう京をめざして航行する途上、海賊に襲撃されたのである。

表に示したとおり、瀬戸内諸国は、庸米・年料舂米・年料租舂米などの税目で、京に米を供給する国に指定されていた。これら運京する米を総称して雑米または官米という。「官米を運漕するは船をもって宗となす」（『類聚三代格』寛平六（八九四）年七月十六日官符）とあるとおり、重量のある米（重貨）は、建前としての調庸の陸路人担方式によって

表　諸国雑米納期と海賊追捕官符発給月

	庸米納期	年料春米納期	海賊追捕官符
1月			
2月		播磨	承和5
3月			貞観9
4月			貞観8
5月	播磨・美作・備前・淡路		貞観4, 元慶5
6月	備中・備後・阿波・讃岐	美作・備前・讃岐	貞観7
7月	安芸・周防・長門・伊予・土佐		
8月		備中・備後・安芸・伊予・土佐	
9月			
10月			
11月			貞観9
12月			

ではなく、おそらく律令制の出発当初から大量輸送のできる船で運ばれていたと思われる。(8)

九世紀には瀬戸内沿海諸国の年料春米の納期は、『延喜式』民部上によれば、二月三十日播磨、六月三十日美作・備前・讃岐、八月三十日備中・備後・安芸・伊予・土佐となっていた（表参照）。また庸米の納期は、『延喜式』民部上に「凡諸国調庸米塩者、令条期後、七箇月内納訖」とあるように、賦役令に規定された納期(9)より七ヶ月のちに設定されたことから、同じく表に示したとおり五月三十日が近国の播磨・美作・備前・淡路、六月三十日が中国の備中・備後・阿波・讃岐、七月三十日が遠国の安芸・周防・長門・伊予・土佐ということになる。なお年料租春米は特定の納期は設定されず、官符による請求に応じて随時運京することになっていた。(10)

すなわち播磨の年料春米の納期二月を除くと、瀬戸内沿海諸国の年料春米・庸米の納期は、五月～八月に集中しているのである。しかし天長三年（八二六）ごろ、八月を納期とする備中国が秋の収納時に舂き（脱穀し）、春初めに年料春米として進納していたというから（『貞観交替式』所収天長三（八二六）年九月十六日官符）、納期ぎりぎりに運京していたとは限らず、春初めから八月の納期までが雑米運京の季節であったということになる。この時期、瀬戸内海航路を多数の雑米運京船が、潮待ち風待ちのために途中の港湾に立ち寄りながら、摂津国大輪田泊・河尻、山城国山崎などを目指して東に向かって航行したのである。

一方、表によって政府が海賊追捕官符を出した月を見ると、二月〜六月に集中している。(11) 京をめざす諸国雑米運京船が航路と港湾にひしめき合う、まさにその季節である。ということは、九世紀の海賊は、主として諸国雑米運京船を狙ったものであり、その被害に対応して政府は海賊追捕官符を出していたということになる。このことは、九世紀海賊研究が諸国雑米運京問題、さらにひろげて調庸雑米運京問題と関係づけて行なわれなければならないことを示唆するものである。

次に山陽南海道一三カ国に追捕官符が出されていることに注目してみよう。このことから通説では、海賊行為が日常化し、瀬戸内海全域で武装海賊集団が猛威を振るっていた、といわれている。しかしここで政府が直接問題にしているのは、この一三カ国が備前国雑米を掠奪したまさにその海賊が逃亡する可能性がある諸国である、ということである。

たとえば天慶二(九三九)年十二月二十一日、藤原純友が突如伊予を出奔し海へ出たとの伊予国解を受けた政府は、純友召喚官符を摂津・丹波・但馬・播磨・備前・備中・備後国等に下している。ここに列挙された諸国は純友勢力が現に活動している国々ではなく、出奔した純友が次に姿を現わす可能性のある諸国ということである(『本朝世紀』)。また天慶四年九月二十日、大宰府での決戦で敗れた純友勢の武将藤原文元らの一行が逃げのびてきたことを探知した備前国司の馳駅言上に対して、政府はただちに山城・大和・河内・和泉・摂津・丹波・播磨・美作・備前・淡路・周防等諸国に追捕官符を下している(『本朝世紀』)。これら諸国は、文元等に同調した海賊集団が現実に蜂起しているのではなく、今後、文元ら一行が逃亡する可能性のある諸国ということである。

すなわち貞観四年五月二十日、追捕海賊官符が出された一三カ国は、これらの例と同様に備前国官米八〇斛を奪った犯人集団が逃亡するかもしれない諸国なのであり、一三カ国に追捕官符が出されたことをもって、山陽・南海道諸国全域で実際に海賊が猛威を振るっていたということはできないのである。

したがって次に、このような事件が頻繁に起こっていたのか、ということに注目しなければいけない。この事件は備前国司が「国解」で事件を太政官に報告し、太政官が「追捕官符」で一三カ国に広域捜査令を出したもので、後にも先にもこのような具体的海賊事件に対して政府が追捕官符を出した例はない。この追捕令に続いて出された貞観八（八六六）年四月十一日の追捕官符は追捕対象を特定しているわけではなく、「賊党群起、掠奪無レ息」という一般的状況に対して出され、同九年十一月十日の追捕官符は「近来伊予国宮崎村、海賊群居、掠奪尤切、公私海行、為レ之隔絶、……今寇盗難レ休、流聞如レ此」と、海賊の根拠地として伊予国宮崎村という具体的地名をあげてはいるがあくまで「流聞」（噂）にすぎず、追捕対象とする海賊も前者と同様に特定しているわけではない。元慶五（八八一）年五月十一日の追捕官符も「近者海賊成レ群、殺二略諸人一、多致二掠奪一、往帰之輩、頻被二侵害一」と、対象を特定していない（以上『三代実録』）。貞観四（八六二）年の備前国官米海賊事件は政府にとってきわめて衝撃的な特別な事件だったのであり、このような事件が日常的に起こっていたわけではないのである。

貞観四年五月の場合を除き追捕対象を特定していないといっても、政府は海賊問題を深刻に受け止めていた。貞観四年五月の海賊追捕官符でも、その冒頭では「近者、海賊往々成レ群、殺二害往還之諸人一、掠二奪公私之雑物一」と、政府の一般的な海賊認識が語られている。これにつづく前記の一連の海賊追捕官符にみえる状況認識と同じである。たとえば貞観八（八六六）年の海賊追捕官符で「是則国司不レ勤二粛清一也、若不二捜捕一、猶致二残暴一、科二罪牧宰一、曽無レ在レ宥」といっているように、政府は国司が海賊を取り締まらないから海賊が発生するのだと、国司の責任を追及している。国司が海賊の発生を政府に報告していないからこそ、政府は苛立って国司の「不勤粛清」責任を追及しているのである。盗賊の「不勤粛清」は国司の勤務成績を貶めるものであり（考課令最条）、国司としては海賊問題を表沙汰にはしたくないのである。国司が海賊問題を政府に報告することはほとんどなかったといってよい。政府の一般的海賊認識が国解による海賊被害報告を受けて形作られたのではないとすれば、政府の海賊認識は何にもとづいているのだろうか。この点に注目してみたいと思う。

二、調庸雑米の海賊被害認定・被害額免除手続きと政府の海賊認識

まず九世紀に調庸雑米がどのように運京されていたのか、次にあげる寛平八（八九六）年閏正月一日官符（『類聚三代格』）に引用された讃岐国解の記事をもとに、『延喜式』の規定などで補いながらみてみよう。

調庸并例進雑物、依二倉庫令一、国明注二載進物色数一、付二綱丁等一各送二所司一、此号二門文一、須下任二門文一全進納上、而頃年綱丁等不レ出二門文一、私作二自解一、折二留物数一進二納所司一、々々不レ知二其奸一、随レ進偏放二日収一、其所二折留一皆宛二私用一、或自望二官職一宛二贖労之料一、或偷二買雑物一求二貿易之利一、綱丁之奸触レ類多端、望請、仰二検納所司一将レ絶二綱丁奸一、但有レ称二非常漂失之類一、令レ進二公験一随レ状被レ定、

これによれば本来、国司は「調庸雑物」を運京するにあたって、現物とその明細を記した「門文」というものを綱領（この記事では綱丁）に預けていた。入京した綱領は民部省に出向いて到着したことを告げ、民部省の録とともに大蔵省に行って、大蔵丞・民部録の立ち会いのもとで門文記載の品目・数量と現物の照合検査を受けて大蔵省（米は大炊

寮）の倉庫に納め（『延喜式』民部上）、「収文」という領収証をもらい、貢調使として在京中の国司または雑掌にそれを渡して帰国する、ということになっていた。(12) 現物検査規定が民部省式にあるということは、民部省が検査責任を負っていたことを示している。綱領とは調庸雑米を預かって京まで運ぶ責任者のことで、『延喜式』（民部下 綱領条）によれば、米三〇〇石以上ならば国司史生以上が綱領となるが、それ以下の場合、郡司や富豪層を綱領とすると規定されており、九世紀には調庸雑米の運京は郡司や富豪層が請け負っていたのである。

ところが右の官符によれば、九世紀末の寛平年間には、綱領は民部省に「門文」を提出せず、現物の一部分を着服して、その残りを「自解」すなわち勝手に作った納品書とともに官司に納め、官司はその不正を知らずに受け取った額に応じて「日収」すなわち仮領収証を渡すという状況になっていた。綱領は着服した物を「私用」にあて、希望する官職の任料にしたり、商品購入資本にするなどしていた、という。この史料にはないが、横領分を王臣家に献上して家人になり、王臣家の保護のもとに国司に対して脱税闘争を展開していく。このような綱領の不正横領が調庸雑米未進の大きな要因であったのである。このような不正が罷り通るのは、綱領が預かった調庸雑米を一括して大蔵省に納めるという本来の方式が崩れ、本来なら大蔵省から現物を受け取るはずの諸官司に綱領が直接納入するようになったからであろう。綱領の作る「自解」と受納官司が出す「日収」はこのような調庸雑米納入のあり方の変化に対応している。

このような納入段階での綱領の不正横領に対し、政府は讃岐国司の提案を受け、「検納所司」に対して綱領の不正を摘発するよう命じている。「検納所司」を綱領が到着確認を受け門文検査を受ける民部省とするなら、政府は綱領が到着を告げる窓口である民部省での「門文」と現物との厳正検査によって、綱領の不正横領を阻止しようとしていることになる。しかしこの綱領の不正阻止策で私が注目したいのは、讃岐国司が但し書きで、「非常漂失」の場合は「公験」

を提出させ、「公験」を審査して定めてほしい、と提案していることである。

さて「非常漂失」とはいったい何なのか。『類聚三代格』から「非常」の事例を拾ってみよう。

a筑紫大宰、僻二居西海一、諸蕃朝貢、船楫相望、由レ是簡二練士馬一、精二鋭甲兵一、以示二威武一、以備二非常一、
（宝亀十一年七月二十六日勅）

b夫兵士之設備二於非常一、
（延暦十一年六月七日勅）

c簡二練士馬一、慎備二非常一、爰新羅海賊侵掠之日、……
（貞観十一年十二月五日官符）

d軍旅之儲、烽燧是切、而数十年来国無二機警一、因レ斯雖レ有二件備一、未レ知二調用一、若有二非常一、何以通知、
（貞観十二年二月二十三日官符）

e（能登）国独出二北海一東西不レ隣、若有二非常一誰備二防禦一、
（寛平六年八月二十一日官符）

これをみると、戦争や突然の海外からの侵略を「非常」といっている。とくにc～eは新羅海賊であるが、次の記事にみえるように瀬戸内海の海賊も「非常」といっている。

勅令下備前国割二国司公廨稲二万束一別出挙、以二其息利一得上宛二禦賊兵士二百廿四人粮一、先レ是国宰言、境内海畔別島、是多為二奸賊之所一レ聚、非二公私之易一レ制、常殺二略人民一、掠二奪財物一、往還之輩、被二侵害一者衆、由レ是、択下浪人有二勇幹一者二百廿四人上、造二宿舎於要害之処一、給二兵器船楫一、守二禦非常一、望請、依レ件出挙、以宛二其粮食一、至是レ聴レ之、
（『三代実録』元慶七年十月十七日条）

すなわち、ここで備前国司は国衙財源（国司公廨）を支出して「禦賊兵士」二二四人を要害に配属し「非常」を「守禦」したいと要請しているが、ここでいう「非常」が「常殺二略人民一、掠二奪財物一、往還之輩、被二侵害一者衆」という海賊被害であることはいうまでもない。

また時代は降るが、十世紀末〜十一世紀前半の書札礼（書状の文例集）である『高山寺本古往来』[13]は、国衙から兵船を提供するから官米押領使＝綱領[14]になるよう指名された松影なる「武者子孫」の、「非常の事に臨んだとき」恥をかくから辞退したいという返報を載せている。松影書状にみえる「非常の事」とは、海賊の襲撃のことである。

とすれば、先の寛平八年官符の「非常漂失之類」とは、「非常」すなわち海賊被害と「漂失」すなわち海難事故による損害ということになる。

そこで史料に恵まれた海難事故の場合についてみてみよう。唐雑律茹船不如法条は、船の積荷が損失した場合、故犯ならば贓物に準じて弁償させるが、風浪による損失ならば弁償を免除すると規定している。また日本雑律水火有所損敗条逸文でも、「水火」で財物が損失した場合、それが故犯ならば弁償、「誤失」ならば弁償免除としている。「水」による損失とは主として漂損であるから、雑律規定に従えば、漂損は弁償免除ということになる。調庸雑米の漂損もはじめは全額弁償免除だったと推定される。しかし膨大な損害額に達する漂損を規定どおり全額免除していたら、補塡不要の未進額が増大して国家財政に打撃を与える。そこで政府は律規定を改め、漂損に対して弁償させる方針を打ち出すことになる。[15]すなわち霊亀元（七一五）年五月十四日、政府は庸米の漂損に対して国司に塡納させることにし（『続日本紀』）、天平八（七三六）年五月と天平勝宝八（七五六）年十月七日には、舂米漂損の五分の三は運京責任者である綱領に、五分の二は運夫たちに弁償させることに改め（『続日本紀』）、さらに貞観十二（八七〇）年十二月二十五日には、漂損のうち乗員の半分以上が死亡した場合に限って弁償を免除することとした（『三代実録』）。天平勝宝八年の弁償配分規定と貞観十二年の弁償免除規定はそのまま『延喜式』に踏襲されており、貞観十二年以降、政府は漂損について『延喜式』の規定のように処理したのである。

『延喜式』は漂損の場合の被害証明について、「漂失物者、惣二計所レ乗之人一、半分已上死者、経二告随近官司一、請二証験証署一、分明乃従二免除一、送三承告一之司、検レ実与レ験、若不レ加二勘知一、輒与二公験一者、並与同罪」と、詳細に規定している。すなわち、乗員の半数以上が死んだ場合、綱領は事故現場を管轄する郡司刀祢に事故届を出し（「経三告随近官司二」）、事故証明（「証験証署」＝「公験」）を出してもらい、間違いなければ弁償は免除される。だから事故届けを受理した郡司刀祢は厳密に検査したうえで事故証明（「漂失公験」と呼ぶことにする）を与えること、事故届を鵜呑みにして検査しないまま「漂失公験」を与えた場合、それが偽装事故だったら「漂失公験」を与えた郡司刀祢も同罪とする、というのである。院政期、官物運漕中に海難事故を偽装して積み荷を横領しようとした備中国の内蔵安行という人物が、検非違使庁で裁判を受け窃盗罪として懲役六年の刑を言い渡されている（『朝野群載』永久三（一一一五）年十二月二十日着鈦勘文）。九世紀にも同様に、綱領たちはしばしば海難事故を偽装し、預かった官米を漂失と称して着服したのである。

それでは綱領は、郡司刀祢に発行してもらった「漂失公験」をどこに提出し、どこで弁償免除かどうかの審査を受けたのだろうか。この規定が延喜民部省式にあることから、漂損事故にあった綱領は民部省に到着を報告するとき、「漂失公験」を民部省に提出し、民部省が受理・審査したとみてよい。こうして寛平八年讃岐国解の「公験を進ましめ、状に従い定められよ」という記事が、どういうことなのか明らかになった。すなわち海難事故の場合、「綱領に事故証明（「漂失公験」）を民部省へ提出させ、民部省で乗員の半分以上が死んだかどうか、不正申告であるかないか厳密な審査を経たうえで、弁償を免除するか否か判定して下さい」といっているのである。

さて本題の海賊被害分の免除についてであるが、このことについて直接示す史料はない。しかし、「非常漂失」とあるように海賊被害と海難事故が並べられているのだから、海難事故の手続きはそのまま海賊被害の手続でもあったとみてよい。すなわち海賊被害にあった場合、綱領は、被害地点を管轄する郡司刀祢に被害届を出し、郡司刀祢は被害届に間違いない旨証明することになっていたのである。この海賊被害証明が「公験」であり、ここでは「賊害公験」と呼ぶことにする。綱領は、この「賊害公験」をもって上京し、民部省に提出して審査を受け、間違いないと認められたら、弁償を免除されることになる。郡司刀祢は厳密に検査したうえで「賊害公験」を与えること、被害届を鵜呑みにして検査しないまま「賊害公験」を与えた場合、それが偽装海賊被害だったら「賊害公験」を与えた郡司刀祢も同罪とする、ということになる。

なお、被害届の提出についての規定は捕亡令亡失家人条にある。「家人・奴婢・雑畜・貨物」を「亡失」した場合、みな官司に報告し「案記」せよ、亡失物が見つかったとき、「券証分明」だったら、みな本主に返還する、という規定である。「亡失」とは、雑律の疏によれば、うっかり忘れたり落としたりすることと、盗まれることである。すなわち「貨物」の「亡失」のなかには、調庸雑米の漂失も海賊被害も含まれる。漂失・海賊被害を想定した場合、亡失家人条の「案記」に関する義解は、被害者は被害地で被害状況・被害物品を記録して官司（＝郡司）に申告するといっているのである。『延喜式』民部上の漂失規定でみた漂失届・海賊被害届の提出手続きと基本的に同じである。捕亡令では、「案記」するのは「亡失」物が発見された場合、返還を受けるための証拠とするためであるが、調庸雑米運京過程で漂失・海賊被害にあった場合、弁償免除を求める被害証明（「公験」）となるのである。

以上から、綱領の郡司刀祢への海賊被害届の提出、郡司刀祢による被害証明（「賊害公験」発給）、綱領の民部省への弁償免除を求める「賊害公験」の提出が、捕亡令亡失家人条にもとづいて行なわれたものであることがわかった。

舂米運京の納期である春から夏にかけて、瀬戸内海諸国から入京した綱領らは民部省の受付窓口で、海賊被害にあったといって盛んに「賊害公験」を提出して被害分の免除を求める。それに対応して政府は海賊追捕官符を瀬戸内海諸国に対して出す。「近者、海賊往々成㆑群、殺㆓害往還之諸人㆒、掠㆓奪公私之雑物㆒」という政府の海賊認識は、国司からの被害報告によってではなく、このような綱領から提出された被害届によって形作られたのだった。だからこそ政府は国司の「不勤粛清」責任を追及することになるのである。そして私が重視したいのは、綱領たちが海賊被害を装って調庸雑米を着服する問題である。

三、調庸雑米運京過程からみた九世紀の海賊発生のメカニズム

諸国綱領が海賊被害届けを民部省に提出して被害額の弁償が免除されるという事態はいつごろから起こってきたのだろうか。はじめて山陽・南海道等諸国に海賊追捕官符が出されたのは承和五（八三八）年二月であり（『続日本後紀』）、貞観年間に入ると、頻繁に海賊追捕令が出されるようになる。おそらく承和年間から瀬戸内縁海国の調庸雑米綱領らの海賊被害届提出が目立ちはじめ、弁償を免除される事態が増加し始めたのであろう。弁償を免除されるとはいえ「未進」であることに変わりはない。弁償免除は、政府にとって回収不能な調庸雑米未進なのである。「調庸雑米未進」が深刻な政治問題になるのは承和年間からであり[16]、海賊が政治問題化する時期が「調庸未進」問題が深刻化する時期と時を同じくしているのは、海賊問題が政府にとっては未進問題の特殊なケースでもあったからである。

そこで調庸雑米未進問題という観点から、海賊発生のメカニズムを図式的にとらえてみよう。九世紀の調庸は、八世紀のように実際に公民正丁（二一歳から六〇歳までの男子）から直接個別に規定額を徴収しそれを集積して運京されたのではなかった。綱領に指名され調庸雑米運京を請け負った富豪層は、一般民衆に対する私出挙＝貸付の利息分から請負額を捻出し、京に行き、諸司諸家に所定額を届けていた。このプロセスのなかで海賊は発生するのである。想定される海賊発生の第一の原因は、富豪層から貸付を受けたまま経営破綻した一般民衆が、調庸雑米運京船を襲撃する

ケースである。実例は検出できない。第二は、一般農民に貸し付けた債権の回収に失敗して経営破綻した富豪層が調庸雑米運京船を襲撃するケースである。実例は検出できない。この二つの場合だと、盗んだ雑米を債務返済や経営再建に充てることになるが、雑米は脱穀精米した米であるから飯米にしかならず、種籾として生産過程に投入することはできない。したがって経営再建のために雑米運京船に対して海賊行為に及ぶということはあまりなかったのではなかろうか。

　第三は、富豪層が請負額を調達できず、そのまま運京すれば「未進」となり、民部省・受納官司・国司から責任を追及されることになる場合である。国司が単年度分の調庸雑米だけでなく、厖大な累積未進分を上乗せして富豪層に割り当てるとすれば、富豪層ははじめから調達できる見込みのない、請負能力を超えた額を引き受けることになる。富豪層ははじめから未進を抱えて京へと向かうことになる。それが海賊の原因になるのである。

　この場合、三つのケースが考えられる。すなわち①綱領がどうせ「未進」責任を追及されるのならと、集めた額を着服して逃亡するケースである。九世紀末～十世紀初頭の国制改革の時期、諸国から報告された国内状況のなかに「部内百姓差二預綱領一之日、若レ此濫悪（＝覆二奪運船一）逃二竄他境一」（『類聚三代格』寛平六（八九四）年七月十六日官符）、「輸貢之物無レ人二付預一、纔随二箇得一差二宛貧民一、而或未レ出二境外一盗二犯官物一」（延喜二（九〇二）年四月十一日官符）などとみえるのがその具体例であるが、海賊被害が深刻になってきていた貞観年間には、すでに「年中輸貢調庸雑物、色数非レ少、而民弊人奸、未進猥積、実是綱丁盗犯、使者懈緩之所レ致也」（『三代実録』貞観四年三月二十日条）というように、綱領による盗犯は重大な問題になっていた。海上での盗犯を海賊というのなら、このような着服・逃亡は海賊と認定されてよい。しかし国司は綱領による盗犯に対して、「凡諸国例……駈二役土浪一差二進レ官雑物綱丁一、若有レ損二失官物一、取二預人私物一、塡二納其欠負一」（『類聚三代格』寛平七（八九五）年九月二十七日官符）とあるように、請け負った富豪層から私物で補塡させようとはしても、海賊事件として政府に報告していなかったのである。前記のように、部内「不勤粛清」と成績評価されたくないからであった。②不足分＝未進分を、海賊行為すなわち他国の調庸雑米運京船を襲撃・掠奪することによって補塡して届けるケース。実例は検出できない。③海賊被害を偽装して不足分＝未進分の弁償責任を免れようとしたり、もっと積極的に請負額の全部または一部を押領・着服するケースである。①で国司から着服逃亡したとされた綱領は、着服＝盗犯を合法化するために海賊被害を偽装することになる。実例は検出できないが、前節の海賊被害証明・被害届の手続から、このような事態が、実は非常に多かったことがうかがわれる。

第四は、特定の国から封物（＝調庸雑米）を受け取る側の王臣家の使が大輪田泊・河尻・淀・山崎あたりでその国の調庸雑米運京船を待ち伏せして、当年分封物に相当する額または累積未進分を暴力的に先取するケースである。寛平八（八九六）年七月十六日官符にみえる「諸院等（諸宮諸司諸家）使、結二党路頭一追二妨駄馬一、率二類津辺一覆二奪運船一」の記事は、このような王臣家による海賊活動を想像させるし、元慶五（八八一）年五月十三日、衛門府官人を山城・摂津・播磨等諸国に派遣し海賊を追捕させているのは、山城国山崎・摂津国河尻・播磨国大輪田泊などでの王臣家人による暴力的先取を海賊行為とみなしてのことであろう（『三代実録』）。

以上みてきた種々のケースで実際に襲撃された綱領も、被害を偽装した綱領も、ともに民部省に海賊被害届を提出し、被害額を免除されることになるのである。以上はあくまで、被害届・弁償免除という海賊被害処理のあり方から、論理的に想定した海賊について示したものであり、必ずしも実例を検出したものではないが、調庸雑米運京が瀬戸内海運の中心であった以上、これらが海賊の中心であったとみてよいと思う。私のこのような想定からは九世紀には職業的海賊は存在しないことになる。しかし調庸雑米運京船から略奪した舂米をひそかに集積し、請負額を何とか納入しようとする綱領らに高利で融資＝出挙する富豪経営（表向きは普通の富豪経営だが裏で海賊活動）が存在したことを否定するものではない。そうなれば調庸雑米運京過程に寄生する職業的海賊が存在したことになる。

四、貞観四年事件以後の政府の海賊対策

備前国官米掠奪事件が起こった貞観四（八六二）年から貞観九年までの六年間に、政府は「頃年捜二捕海賊一、督二察姧盗一之状、頒下数度」（『三代実録』貞観九年三月二十七日条）とか、「凡可レ捕二件賊一之状、頻繁仰下」（同十一月十日条）といわれるほど頻繁に、海賊追捕官符を出したようである（確認できるのは三回であるが）。貞観八年四月の追捕官符では「捕獲の数」を具体的に報告するよう指令した（同四月十一日条）。この指令に対応して翌九年十一月までに播磨・備中・備後・阿波等諸国から（同十一月十日条）、そして同十一年七月には讃岐国から（同七月五日条）、それぞれ海賊捕獲が報告された。しかし政府が期待したほどの効果はあがらず、「而今寇盗難レ休」（同九年十一月十日条）と、海賊が鎮静することはなかった。すなわち政府がいかに海賊追捕官符を出そうが、国司が捕獲数を言上しようが、綱領たちはあいかわらず民部省に被害届を提出し続けたのである。

追捕官符と捕獲報告だけで海賊が鎮静するのではないことを悟った政府は、貞観九（八六七）年十一月十日、伊予国宮崎村に群居している海賊が公私の船舶を略奪しているという「流聞」＝噂に接したのを契機に、より本格的な海賊対策を打ち出す。

実是国司等欲レ消二一境之咎一、不レ慮二天下之憂一、无レ尽二謀略一、不レ精二捜捕一之所レ致也、夫海賊之徒、萍二浮南北一、唯殉二其利一、不レ恤二其居一、追捕則烏散、寛縦即烏合、仍須下縁海諸国勠レ力同レ謀、具記二往来之舟航一、勤詳二去就之人物一、儻聞レ有二姧謀一、則彼我相移、差二発人兵一、招二募俘囚一、捜二其崖穴一、尋二其風声一、窮討尽捕、令上レ无二遺類一。

（『三代実録』）

すなわち政府は、追捕官符が効果をあげえないのは、国司が自分の任国一国の責任を果たすことしか考えないからであり、広域性・機動性という特性をもつ海賊活動を制圧するためには、縁海諸国の連携が必要であるとし、以下のような包括的対策を命じたのである。[17]

(1)　国内を通過する船舶とその乗員乗客・積荷を検査せよ（「具記二往来之舟航一、勤詳二去就之人物一」）。具体的には港湾を管理する郡司刀祢が入港した船舶を臨検し、「過所」（通行証）を提示させて所属国・行き先・乗員・積荷などを確認し、国司に報告させるのであろう。この臨検強化は、八ヶ月前に諸国に出された、港湾に「偵羅」を置き「捕獲の賞」を約束することによって港湾管理を強化させようとする指令と対応する（『三代実録』貞観九年三月二十七日条）。「偵羅」は、実際には港湾管理を任せられた郡司刀祢ということになるだろう。このような一国単位の海運管理のあり方は、十世紀以降さらに強化され、国衙船所による国内港湾所属の船舶の管理と運用、国内個別港湾の管理を委託された「津刀祢」による通過船舶の検査と勝載料（勘過料）徴収、国衙勝載所による一国全体の通過船舶記録と徴収勝載料の管理などが行なわれるようになる。

(2)　検査によって海賊情報をキャッチしたら、縁海諸国は互通文書「移」によって相互に通報しあい（「彼我相移」）、協同で海賊の拠点を捜しだし、一網打尽にせよ（「捜二其崖穴一、尋二其風声一、窮討尽捕、令レ无二遺類一」）。

(3)　海賊を追捕する武力として「人兵」「俘囚」を動員せよ（「差二発人兵一、招二募俘囚一」）。「人兵」とは捕亡令追捕罪人条の武装・非武装を包括する追捕要員を表す法概念であるが、海賊追捕に動員されるのは、武芸に優れた富豪層（勇敢富豪層）であった。[18]

「俘囚」とは諸国に強制移住させられた帰服蝦夷であり、騎馬戦に長じた俘囚は、国司が国衙財源（俘囚料）によって扶養し、国司の忠実な武力になっていた。東北の蝦夷たちは積石塚という石積みの墳墓を作り、その墓に蕨手刀という反りのある刀や銭などを副葬していたが、同じような副葬品を持つ積石塚古墳群が山口県萩沖の見島にある。新羅海賊に備えて配備された長門国の俘囚のものだと思われる。[19]広島県では大崎下島沖友地区にある積石塚古墳群が注目される。『豊町史』[20]は中世のものと推定しているが、中世における二次的利用を想定するなら、俘囚の墳墓とみる余地はある。大崎下島は中世には伊予国に属していたが、古代でも同様であったとすれば、伊予国の俘囚は海賊追捕のために宮崎村の対岸に位置する大崎下島に配置されていたことになる。

政府は、以上のような包括的な海賊対策を出したが、この海賊対策によって、港湾を管理する郡司刀祢の責任が強化されると、郡司刀祢らは、綱領から偽装海賊被害届を受け取っても、発覚して与同罪に処せられることをおそれて簡単には被害証明（「賊害公験」）を出さなくなる。むしろ偽装海賊被害を海賊として摘発すれば「捕獲の賞」に預かれることになる。貞観九年以後、海賊追捕官符が出されたのが元慶五年（八八一）だけというのは、この包括的海賊対策が一定の効果をあげたからとみるべきである。

しかし反面、政府は元慶五年の追捕官符で「近ごろ海賊群をなし」云々といっているように、綱領らは懲りることなく民部省に海賊被害届を出していたのである。だが元慶七（八八三）年十月を最後に、承平元（九三一）年までの半世紀の間、海賊が記録に登場することはない。史料が乏しい時期であるとはいえ、寛平・延喜年間の東国群盗や新羅海賊については『日本紀略』『扶桑略記』に多くの記事がみられるのに、海賊に関する記事はないのである。政府にとって深刻な政治課題としての海賊問題はいったん消滅したのである。では、貞観九年の海賊対策によって海賊は鎮静したのだろうか。そうではない。

五、寛平・延喜の財政構造改革と九世紀海賊の消滅

第三節で明らかにしたように、九世紀、綱領らは調庸雑米運京にかこつけて、しばしば請負額を着服する手段として偽りの海賊被害届を民部省に提出していたのであるが、九世紀後半まで、民部省は綱領が提出する被害届をほとんどそのまま鵜呑みにして届出被害額の弁償を免責してきたのであった。貞観・元慶年間に政府が頻繁に海賊追捕官符を出して内海諸国に海賊取り締まりを督励したのは、このように海賊被害届によって免責される未進額の増大という現実に対する危機意識からであった。だが九世紀末の寛平年間に入って、政府は海賊の正体をはっきり認識した。国制改革に乗り出した政府は、諸国司に地方政治の実態を報告させ、改革政策を次々に打ち出していったが、そのなかで綱領たちの調庸雑米着服の実態が暴露されていったからである。

政府がそのことを明確に認識し、受納する側の対策を講じたのは、第二節で詳しくみた讃岐国解にもとづく寛平八(九九六)年閏正月一日官符であった。入京した綱領が民部省でチェックを受ける段階での摘発を主眼とするこの官符は、但し書きで海賊被害と海難事故による場合、民部省に被害届を厳正に審査させ弁償を免除するかどうか定める、としている。それまで民部省が被害届を鵜呑みにしてきた背景には、綱領が民部省のチェック担当官に贈賄していたことが当然予想されるが、そのような腐敗した審査をやめさせ、厳格に審査させることが、綱領が調庸雑米運京を請負う方式のもとでは、最上の解決策だったのである。

しかし九世紀の海賊問題は、より抜本的な財政改革によって解消された。最後に寛平・延喜の国制改革の一環として行なわれたと想定される財政改革の内容について、十世紀後期の国家財政の実態を明らかにした大津透・佐藤泰弘

両氏らの研究[21]をもとにしながら見通しを簡単に述べ、海賊問題の解決との関わりをみてみよう。

律令制的財政構造のもとでは、①国衙は正丁数（成年男子の人数）を基礎に計算し徴収した調庸額を大蔵省・大炊寮など保管官司に全部まとめて納め、保管官司は消費官司や貴族官人に現物をまとめて配給する。②国司が納めた額が正丁数をもとに計算した所定額に達しない場合、その差額が政府に対する国司の「未進」額である。その未進額は年々累積していった。③国司は郡司富豪層を綱領とし、所定額の運京を請け負わせるが、実際の納入額が請負額に達しない場合、郡司富豪層が「未進」責任を負うことになる。この未進は必ずしも郡司富豪層の悪意によるわけではない。九世紀になると、綱領に指名された郡司富豪層は、請負額を自分の責任で集めなければならないが、集めきれなかったとき、不足分が「未進」となるのである。④そこで綱領は「未進」責任を回避するため、運京過程で海賊被害・海難事故を偽装したり、王臣家の家人となったり、田宅を王臣家に寄進したりして、ますます政府に対する国司の「未進」は増大する。海賊問題は律令制的財政構造が生み出す「未進」問題と不可分の関係にあり、九世紀後半には「未進」問題によって律令制的財政システムは構造的危機に直面するのである。

そこで政府は、九世紀末から十世紀初頭にかけて財政構造を根本的に転換する財政改革を行なった。すなわち①累積未進の切り捨てである[22]。仁和四（八八八）年には毎年、所定額に累積未進の一〇分の一を加えて進納させ（『類聚三代格』仁和四年七月二十三日官符）、一〇年間で累積未進を解消しようとしたが、その胸算用はすぐに破綻し、寛平五（八九三）年には年間所定額にその一〇分の一を加えた額を進納させることにして（『類聚三代格』寛平五年五月十七日官符）、累積未進に見切りを付けた。

②政府は、すべての消費官司に年間必要経費を申告させて政府の年間必要経費総量を確定し、それを諸国に割り当てて国ごとの実質納入額を固定した。それが『延喜式』に載せられた「式数」である。この転換は、課税対象である

公民正丁数をもとに「下から」税額を決定する財政構造から、政府総支出額をもとに「上から」税額を諸国に割り当てる財政構造への原理的転換であり、同時にそれは地方諸国支配における人身課税から土地課税への原理的転換と対応するものである。

③政府は消費官司に支出の必要が発生するたびに随時、負担国名・物品・数量を書いただけの「手形」(国宛ての「官符」や「宣旨」)をその官司に渡し、消費官司はその「手形」を指定国司に渡し、国司から必要経費を受け取る。政府はもはや、大蔵省に現物を蓄積して消費官司に現物を分配するということはせず、「手形」によって国司と消費官司とのモノの授受を取り次ぐだけになった。これも律令制的財政構造からの原理的転換である。それは綱領が調庸雑米運京を請負い民部省でチェックを受けて大蔵省へ納入するという律令制的方式をやめることであり、綱領と王臣家による調庸雑米横領・略取の温床を断つことであった。

④国司は京内外の倉庫に現物を蓄積して「手形」による随時納入に対応する。消費官司と国司のモノの授受は京内で完結する。ここでは要求期日に要求品目・品質を納入できるかが問題になる。十世紀に入って政府の国司に対する調庸雑米対策が、「未進」よりも「合期精好」(期日と品質)になっていくのはそのためである。特定の儀式の日程までに費用が間に合わない、あるいは納入したものの品質が粗悪で使いものにならないというときの緊急支出用に、政府にはある程度のストックが必要である。率分所に納められる「正蔵率分」や蔵人所に納められる「臨時交易絹」はそのような財源であった(23)。

⑤国司は、国内富豪層に随時、京内外の倉庫に物資を運送させる。運送を請け負った富豪層はここでも綱領と呼ばれるが、この運送過程は国司と富豪層の私的関係によるものであり、政府が関知するものではない。したがってこの運送過程で海賊被害・海難事故にあったからといって被害届が民部省に出されたり、政府が被害額の弁償を免除した

りすることはありえない。

たとえば次のような事例がある。康保三（九六六）年四月、周防官米運京船が播磨大輪田と摂津河尻の間で波をかぶって漂損したので、綱領五百井有材は河尻に着くとただちに京の周防国弁済使（国司の在京税務代理人）清胤王のもとに来て事態を報告した。清胤王が乗船していた梶取を呼び出して尋問したところ、梶取は河尻近辺の人々に漂損米を俵別一四〇文の価格で売り払ったと答えた。そこで梶取に売却代金を要求したが、梶取はあれこれ言って返済しようとしないので清胤王は使者を河尻に派遣して売却代金を没収させ、ことの顚末を周防国の受領のもとに報告した。(24)このように官米綱領は在京弁済使のもとに被害を報告し、弁済使は損害を最小限に食い止めようと漂損米売却代金の確保に躍起になっている。漂損は周防国在京弁済使と綱領・梶取との間で処理されており、九世紀のように綱領が民部省に被害証明（「公験」）を提出して、被害額の免除を求めようとした形跡はない。

以上のような財政構造改革によって、綱領から海賊被害届が民部省に提出されることはなくなり、政府にとっての海賊問題はいったん消滅するのである。ただし海賊行為が消滅したというわけではない。

承平元年（九三一）、瀬戸内海でふたたび海賊の活動が活発化し始める。しかしそれは九世紀海賊とはまったく異なる政治状況のもとで起こったものである。すなわち承平南海賊は、九世紀末～十世紀初頭の国制改革の一環として行なわれた衛府舎人（天皇親衛軍）大量削減政策のなかで、解雇され大粮米取得権などの特権を剝奪された内海諸国居住衛府舎人（実態は富豪層）による政治的抗議運動であった。また藤原純友の乱は、承平南海賊平定に功績をあげ縁海諸国に土着した純友ら承平勲功者＝武士たちが、恩賞を棚上げされたことに対する不満と国司への反発を背景に蜂起した反乱であった。これらの点については別稿を参照されたい。(25)

（付記）　九世紀の海賊は極悪非道の徒でもなければ英雄でもなかった。偽装海賊によって調庸雑米を着服したのはごく普通の富豪層であった。それは、九世紀の財政構造の矛盾が生みだした構造的なものであった。本稿を、政治家（党派を問わず）・財務官僚・経済評論家の方々にも読んでいただきたい。九世紀海賊問題とその決着過程の現実が、今日の改革構想の議論のなかでなにがしかのヒントになればありがたいと思う。歴史学はこのようなかたちでも現実的課題に対して寄与しなければならないのではなかろうか。

註

（1）河合正治『瀬戸内海の歴史』（至文堂、一九六七年）、同「海賊の系譜」（『古代の日本④中国四国』角川書店、一九七〇年）、小林昌二「藤原純友の乱」（『古代の地方史2　山陰山陽南海編』朝倉書店、一九七七年）、松原弘宣「漁民・海賊、純友の乱」（『「社会科」学研究』一四号、一九八七年）、同『藤原純友』（吉川弘文館、一九九九年）

（2）小林前掲論文。

（3）松原前掲論文。

（4）国内港湾に津守が置かれていたことについては、天平六（七三四）年出雲国計会帳（『大日本古文書　正倉院文書』巻二）に「津守帳一巻」がみえる。

（5）拙稿「国衙支配の再編成」（『新版古代の日本④中国・四国』角川書店、一九九二年）。諸国港湾の警備廃止については、『日本後紀』大同元（八〇六）年三月二十二日条「其諸国関津、宜レ停二其守一、……固三絶関津一、令二人擁滞一、煩レ民害レ農、無レ深二於此一、宜下下二所司一、咸以開通上」。

（6）『類聚三代格』弘仁七（八一六）年十月二十一日官符、承和五（八三八）年三月二十三日官符。

（7）本稿は、下向井龍彦「平安時代の国家と海賊」（『瀬戸内海の文化と環境』瀬戸内海環境保全協会、一九九九年）の

第一節「九世紀の海賊」に新知見を加えて詳論したものである。また稲葉は修士論文をもとに論文「九世紀瀬戸内海地域の海賊問題」（『伊予史談』三二三号、二〇〇一年）を公表した。参照されたい。

（8）杉山宏『日本古代海運史の研究』第三章「律令制確立期の海運」（法政大学出版局　一九七八年）、栄原永遠男「海路と舟運」（『古代の地方史2』朝倉書店、一九七七年）、加藤友康「日本古代における輸送に関する一試論」（『原始古代社会研究5』校倉書房一九七九年）、松原弘宣『日本古代水上交通史の研究』第二編第三章「奈良時代における海運政策」（吉川弘文館、一九八五年）。本稿では、律令制当初から海路運京であったという立場をとる。

（9）賦役令調庸物条は「凡調庸物、……近国十月卅日、中国十一月卅日、遠国十二月卅日以前納訖、……」と規定している。

（10）『延喜式』（民部下）に「年料租舂米……右十八国各以二租穀内一舂収、随二官符到一進レ之」と規定している。

（11）貞観九（八六七）年の海賊追捕令だけが十一月であるが、この官符は追捕だけを指令したものではなく、国司の海運管理に関する包括的政策であり、むしろ翌年の運京が始まる春までに、国司に海運管理体制を構築させようと、十一月に指令されたのではなかろうか。

（12）調庸運京・検納の仕組みについては、北條秀樹「文書行政より見たる国司受領化」（同『日本古代国家の地方支配』吉川弘文館、二〇〇〇年、初出は『史学雑誌』八四編六号　一九七五年）を参照。

（13）『高山寺本古往来　表白集』（『高山寺資料叢書2』東京大学出版会、一九七二年）。

（14）運上物押領使が綱領の別称であることについては、下向井龍彦「押領使・追捕使の諸類型」（『ヒストリア』九四号、一九八二年）。

（15）霊亀元年以後の漂損弁償法の展開については、註（8）にあげた諸研究が詳しく論じている。

（16）長山泰孝『律令負担体系の研究』第八章「調庸違反と対国司策」（塙書房、一九七六年）、北条前掲論文。

(17)　下向井龍彦「国衙支配の再編成」(『新版古代の日本④中国・四国』角川書店、一九九二年）参照。

(18)　下向井龍彦「捕亡令『臨時発兵』規定の適用からみた国衙軍制の形成過程」(『内海文化研究紀要』二二・二三号、一九九四年)。

(19)　下向井龍彦「武士形成における俘囚の役割」(『史学研究』二二八号、二〇〇〇年)。

(20)　『豊町史』(広島県豊町　二〇〇〇年)「コラム4　沖友地区の中世積石塚群」(古瀬清秀氏執筆)。

(21)　大津透「平安時代収取制度の研究」(『律令国家支配構造の研究』岩波書店、一九九三年)、佐藤泰弘「一一世紀日本の国家財政・徴税と商業」(『新しい歴史学のために』二〇九号、一九九三年)。

(22)　北條秀樹前掲註（13）論文。

(23)　川本龍市「正蔵率分制と率分所」(『国史研究』七五号、一九八三年)、長沢洋「王朝国家期の財政政策」(坂本賞三編『王朝国家国政史の研究』吉川弘文館、一九八七年)。

(24)　九条家本延喜式裏文書康保三年五月三日清胤王書状(『平安遺文』二九〇号)。なお寺内浩・北條秀樹「『清胤王書状』の研究」(『山口県史研究』六号、一九九八年）は、原本調査を踏まえた厳密な釈文に、詳細な訳文と用語解説を付けており便利である。

(25)　下向井龍彦「部内居住衛府舎人問題と承平南海賊」(『内海文化研究紀要』一八号、一九九〇年)、同「天慶藤原純友の乱についての政治史的考察」(『日本史研究』三四八号　一九九一年)。

中世後期の瀬戸内海水運と海賊――西瀬戸内海を中心に

松井　輝昭

はじめに

応仁・文明の乱は瀬戸内海地域にとっても、歴史の大きな転換点になったと考えられる。在京していた守護や有力武将らが次々に帰国し、地域分権化の大きなうねりが広がりそれぞれの国で戦国の乱世が始まることになったのである。南北朝の動乱が終息したのち室町幕府や守護に従っていた瀬戸内海の海賊も、このような歴史の流れのなかで沿岸部の大名らと独自に等距離外交を進め勢力の拡大に努めた(1)。そして、戦国時代の後期には全盛期を迎えることになったのである。その最有力者が能島村上氏ということになる。

しかし、海賊が全盛期を迎えた戦国時代後期の瀬戸内海水運の有様、瀬戸内海水運と海賊との関わりについても不明なところが少なくない。さて、本稿ではこれらの基本的な問題について能島村上氏との関わりを中心に検討を行ない、全盛期における能島村上氏の海上支配の特質を明らかにするとともに、応仁・文明の乱以降の瀬戸内海水運の変化にも触れることにしたいと思う(2)。

一、能島村上氏の海上支配伝承と問題点

能島村上氏の末裔に当たる村上図書元敬が明和二（一七六五）年ごろ毛利藩に差し出した記録のなかに、自分の先祖について誇らしく述べた次のような文章が見られる。(3)

(ア)往古より海上の儀は能島よりの掟をもって治め申すに付き、将軍義輝の台聞に達し、(イ)往来の船別まねきに定紋付きの船験をあい渡し、異国の商船までも右の相験をもって入津致し来り候。大船へは家来の者上乗致させ、通路その障りなきの由。元就公へもたびたび上乗御馳走仕り候由。

能島村上氏の「家」では天正十五（一五八六）年六月に豊臣秀吉の初度の海賊禁止令が出されたあとも、(4)百数十年ものあいだこのようなことが語り伝えられていたのである。

まず前半部分の(ア)の文面について検討を加えることにする。これは能島村上氏が往古から「海上の儀」について「掟」を定め、その「掟」によって海に生きる人々を治めてきたため、このことがのちに「将軍義輝」からも正当な権限として承認されたという意味であろう。能島村上氏の「家」に伝えられた以上のような伝承に従うならば、海上は往古から陸地の法が及ばない特別な領域ということになる。そのため、能島村上氏の定めた「掟」が海上の法ということになり、その「掟」によって広い海域が支配されてきたと理解できる。

たしかに毛利氏や大友氏などの戦国大名は能島村上氏が海上を往来する廻船に課税することを自明のこととしていたし、かつて幕府を動かし海上交易の特権を有していた大内氏さえも、後述するように能島村上氏の海上支配権を公的に保証することになったのである。二度にわたる豊臣秀吉の海賊禁止令もまた、能島村上氏の海上支配権を自らの

掌中に収めるものであったとされる。(5) 少なくとも戦国時代においては陸地の大名たちは、「海上の儀」「海上の事」は自分たちの権力が及ばない独自の世界と考えていたようである。

しかし、能島村上氏の定めた「掟」が海上の法として機能するには、それを船頭や水夫など海上に生きる人々に守らせる権威と権力が必要である。村上武吉が天文十八（一五四九）年に後奈良天皇から「海内将軍」に任命されたとの伝承があり、偽作された同年八月二十八日付けの口宣案なども同家に伝えられている。(6) イエズス会の宣教師ルイス・フロイスが書き残したものによると、能島村上氏や来島村上氏は往昔の国主たちから「特許状」を得て「全海賊と海国の最高指揮官」に任じられていたという。(7) このことは彼ら海賊が活躍した戦国時代の後期には、海上交易に関わる多くの人々に信じられていた可能性が高い。これで能島村上氏の定めた「掟」についての権威付けは十分であろう。

また、能島村上氏の「掟」を守らせるための権力の裏付けについては、天正十（一五八二）年春の広島湾頭における「沖家騒動」を用いて説明することができるだろう。能島村上氏や来島村上氏が織田氏方に寝返るとのうわさが天正九年十二月中旬ごろから広島湾頭に広がり始めると、その襲撃を恐れた厳島の住人たちは続々と陸地部に避難するようになり、翌年三月には毛利氏一族や重臣たちが厳島神社に奉納した刀剣の類までも対岸の桜尾城に疎開させるという有様であった。また、このおりに海賊襲撃のうわさにおびえる「五ヶ村」の住民たちを、防御施設のある「箱島」の正観寺に入れて保護するなどの措置を取ったことが知られる。(8) 能島村上氏や来島村上氏、とくに能島村上氏の激しい襲撃を恐れて、広島湾頭の人々はこのようにパニック状態に陥ったのである。

以上のことからすれば能島村上氏の「掟」に背くことは、廻船人だけでなく島嶼部や沿岸部に住む人々にとっても決して容易なことではなかったと考えられる。かくして、能島村上氏の「掟」は戦国時代の後期において、権威の上でも権力の面でも守らざるをえない法に値するものであったといえる。

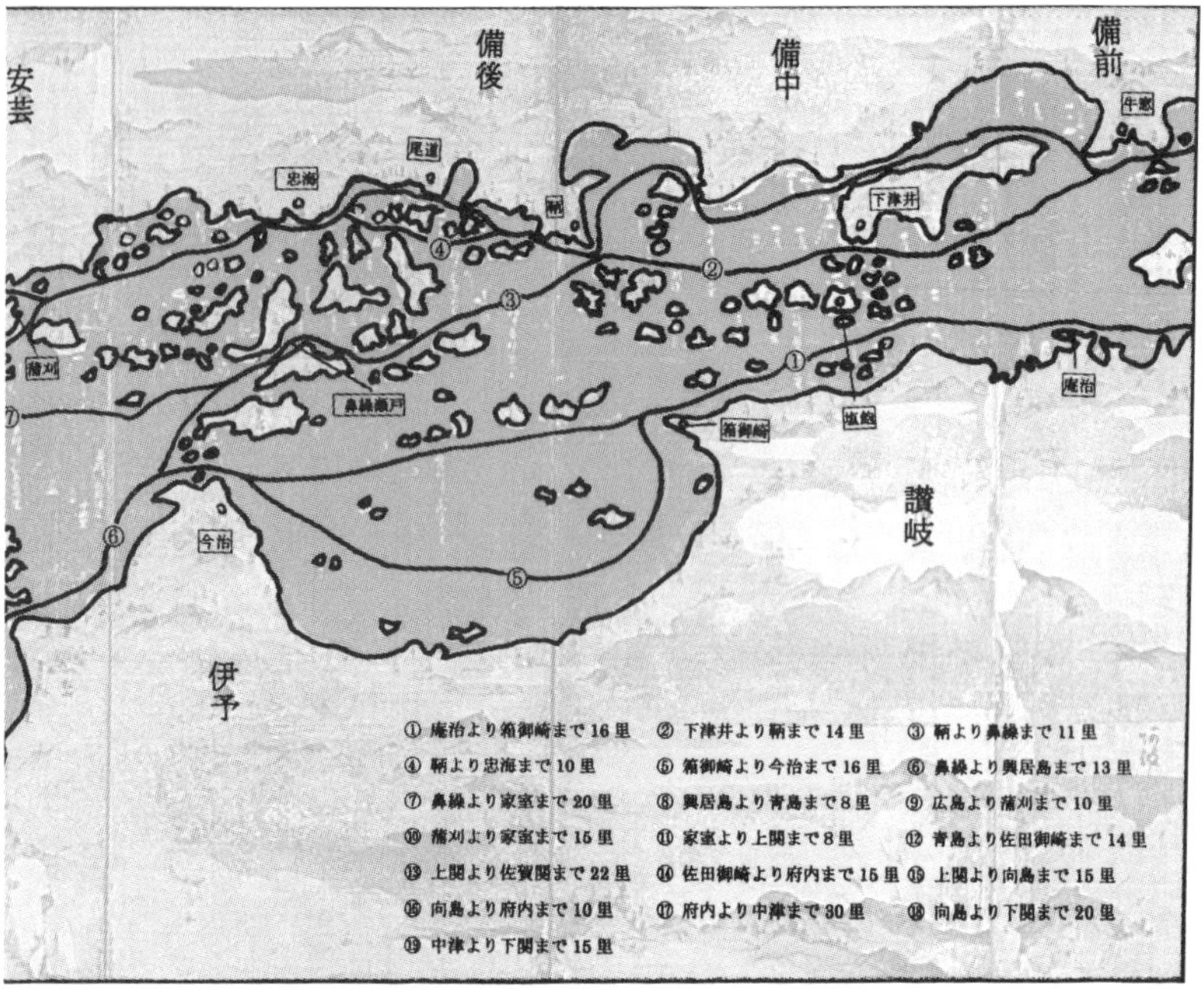

（この図は「西海航路図」より作成）

ところが、海上の法としての能島村上氏の「掟」がどのような内容のものであり、いかなる領域で有効に機能していたのか、またいつ成立したものであるかについては、これまであまり検討がなされていないように思われる。(9)

そこで、江戸時代の初期に成立した航路図や海賊に関する記録などを手掛かりとして、まずは海賊の収奪の対象となった戦国時代の瀬戸内海水運の有様を探ることにする。

二、西瀬戸内海の航路とその運行状況

(1) 戦国時代後期の西瀬戸内海の航路

私はかつて戦国時代における瀬戸内海の海賊の生態について検討を行ない、戦国時代の後期には塩飽が能島村上氏のナワバリの東端となっていたことを明らかにした。(10) 私がここで「西瀬

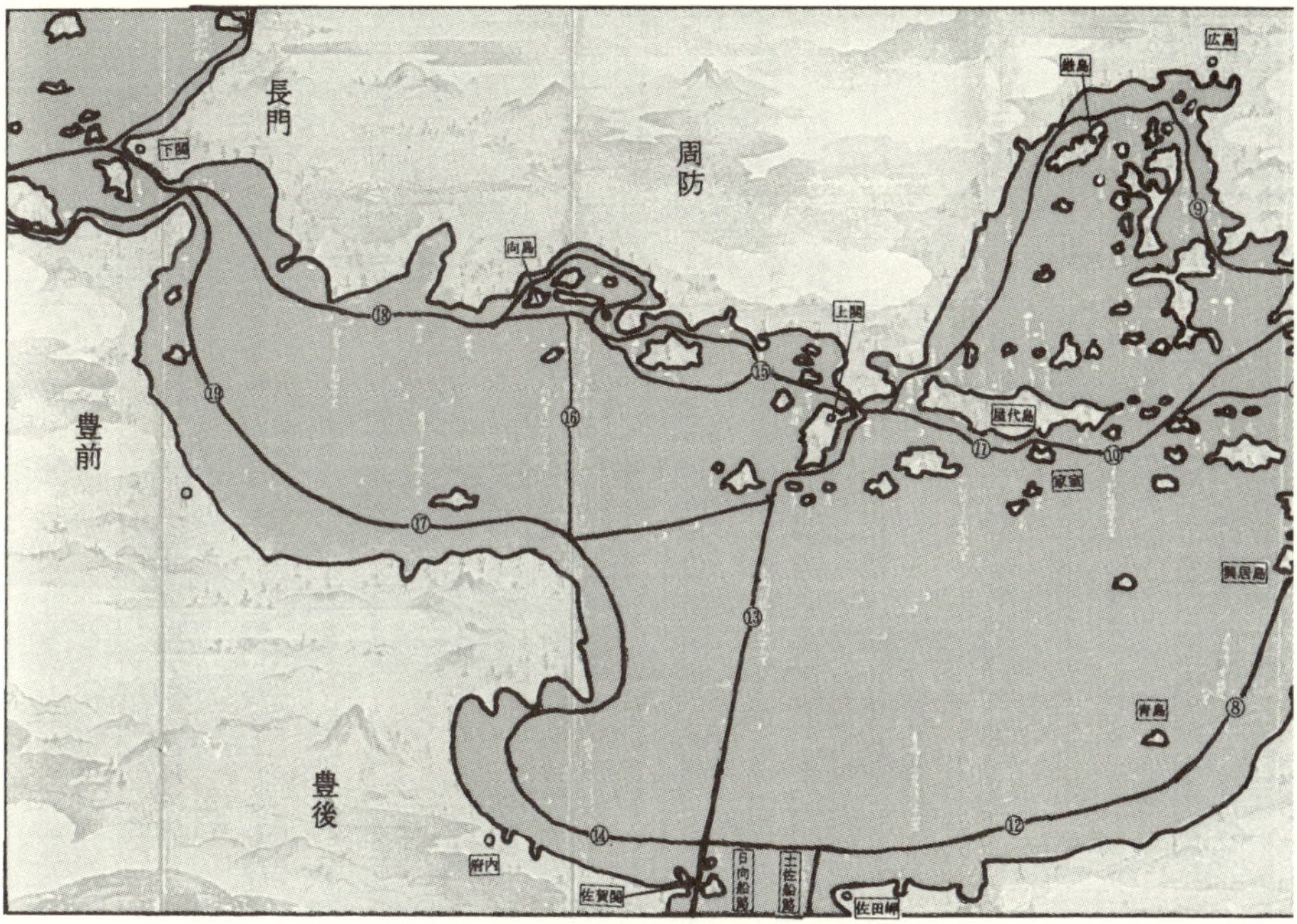

図　江戸時代初期における西瀬戸内海の航路

戸内海」というのは塩飽以西の、かつて能島村上氏のナワバリとなっていた広範な海域である。[11]ここに掲げた航路図は元和二（一六一六）年から寛永十一（一六三四）年のあいだに描かれた「西海航路図」をもとに作成したもので、[12]この航路図によって江戸時代初期における塩飽以西の西瀬戸内海の主要航路が確認でき、またそれぞれの航路の拠点となっている港町も知ることができる。なお、江戸時代の中・後期に作られた他の航路図においても、これらのいずれの航路もほとんど変化が見られない。[13]

では、この航路図に書き上げられている航路のうちの何本が、能島村上氏が活躍した戦国時代の後期にまで遡ることができるのであろうか。「西海航路図」は既存のものを改訂した可能性が高いということであるから、[14]これらの航路自体が戦国時代の後期にまで遡りえる可能性は少なくないであろう。事実、ほとんどの航路を戦国時代末期までの史料のなかに見出すことができる。[15]

たとえば、イエズス会の宣教師らが豊後国の府内と和泉国堺とのあいだを往復するのに用いた航路は、四国の西岸を北上し鼻繰瀬戸を通る③のコースか来島海峡の北を通る①のコースであったことが知られる。[16] 再度の海賊禁止令で問題となっている「いつきしま」での盗船は、鼻繰瀬戸から⑥もしくは⑦のコースを取った船、あるいはその逆のコースを通った船が対象になったものであろう。[17] この「いつきしま」に隣接している大崎下島の沖友には、大門寺など室町時代の立派な仏教遺跡が見られる。[18] おそらく、これらの航路は室町時代まで遡ることができるだろう。

蒲刈以西の⑨並びに⑩・⑪・⑮のコースもまた、将軍足利義満が康応元（一三八九）年に西国の瀬戸内の国々を巡航したときの航路とほぼ同じであった。いずれのコースも戦国時代以前にまで遡ることが可能であると考えられる。さらに、備後国鞆を通って東西する②のコース、四国の沿岸に沿って東西する①のコース、どちらも塩飽の近辺を通っているのがわかる。したがって、塩飽は海賊が近くを通る廻船を捕獲することのできる絶好の場所であったといえる。戦国時代の後期に塩飽が能島村上氏のナワバリの東端となっていたのもうなずける。

なお、海賊が海上交易に寄生する存在であったとするならば、収益の多少はそれぞれの航路の運行状況と密接に関わることになる。次は戦国時代の廻船の運行状況について検討することにしたい。

(2)　戦国時代の西瀬戸内海における廻船の運行状況

手始めに能島村上氏のナワバリの東端に位置した塩飽を取り上げる。戦国時代の後期に塩飽より東に航行する廻船は、本島（塩飽島）の泊浦に寄港し能島村上氏の代官に「津公事」を支払うのが習わしになっていた。また、西瀬戸内海で活動する廻船の大半が、塩飽本島の泊浦を終着地としていたと推測される。

岩国でカブラル神父を乗せた海賊「九郎右衛門」の船は、塩飽までしか行くことができなかった。[19] 豊後国の府内と和泉国堺とのあいだを往来したイエズス会の宣教師たちも、塩飽に着いたあと何度か別の船に乗り換えている。[20] そして、このように西瀬戸内海で活動する廻船の大半が塩飽を終着地としていたと考えるならば、宣教師の乗った船だけでなくその類例が少なくないことに気付くであろう。

大友宗麟の家来本田鎮秀が永禄十三（一五七〇）年に堺に赴くとき、村上武吉が「塩飽島廻船」に便船の手配を命じている。これは本田鎮秀の乗った廻船が塩飽止まりであり、塩飽からは堺行きの別の船に乗り換えざるをえなかったためであろう。[21] 氏が天正十（一五八二）年春ごろに織田方の廻船の船留をしたおりに、鞆の河井源左衛門大尉の船が鞆・塩飽のあいだを往来するのを止めただけでなく、柳井や大畠や上関の廻船人に対しても塩飽に出向いてはならないとの命令を出している。[22] これも上関あたりの廻船人が塩飽とのあいだをしばしば往来していたことに由来するものといえよう。

また、毛利氏と敵対していた織田氏や羽柴氏に関する史料においても、塩飽が瀬戸内海航路の分岐点であったことがうかがえる。織田信長は天正五（一五七七）年三月二十六日付けで朱印状を出し、塩飽船が堺津へ上り下りするのを安堵している。[23] 小西行長が天正十二（一五八四）年八月ごろ、「海の司令官で、塩飽より堺に至るまでの船を監督する」地位にあったことも知られる。[24] これは塩飽以西の海域で活動していた廻船の大半が、塩飽を越えて堺など上方に出向くことがなかったことを示すものといえよう。

ところが、毛利氏が天正十（一五八二）年春ごろ船留を行なったおりに、「姫路より商いのため船数多く罷り下り候」とも述べられている。このときに毛利氏の船留の対象になったのは、「商い」のため西国に下向していた織田氏方の廻船であった。能島村上氏のナワバリである西瀬戸内海で活動する廻船の大半が塩飽止まりであったのに対して、姫路などの東瀬戸内海地域からは多くの廻船が境界を越えて、「商い」のために西瀬戸内海地域に出向いていたことが知られる。しかも、これらの廻船に能島村上氏の家来（「浦人」）が塩飽から「上乗」として乗り組み、航海の安全を保証する役割を果たしていたのである。(25)

なお、毛利氏奉行人がこのとき上関方面の廻船人などに船留を指示するに当たり、織田氏方の廻船が軍事物資調達のため西国に下向しているかのような書き方をしている。(26)上方の廻船はこれ以外の目的で上関より西に下ることはなかったのであろうか。

東福寺の僧梅霖守龍は得地保から年貢を徴集するため、天文十九（一五五〇）年七月に周防国に下向したことが知られる。(27)このおりの梅霖守龍の下向日記によると、堺に着いて七日後にようやく塩飽の源三の船に乗ることができた。その一一端帆の廻船には三〇〇人余もの人々が乗り組み寸土なき有様であったという。これらの乗客は「商い」などの目的で西国に赴くのであろうか、備前国の牛窓に着いても下船する様子は見られなかった。彼らの多くは次の停泊地である塩飽か、終着地の厳島で船を降りたものと推測される。梅霖守龍も厳島で塩飽の源三の船を降りて、「小船」に乗り換え周防国へ向かった。また、梅霖守龍は翌年三月に周防国での任務を終えて厳島まで戻ると、ここで室津の五郎大夫の船に乗り堺に向かうことになったのである。室津の五郎大夫の船は厳島を発ったあと、音戸・蒲刈・竹原・鞆・塩飽の港に停泊したことが知られる。梅霖守龍の下向日記に従うならば、戦国時代の中ごろには塩飽や室津の「大船」が堺と厳島のあいだを往来しており、上方の商人たちはこれらの廻船を利用して西瀬戸内海地域に「商い」に出向いていたということになる。

ところで、永禄年間（一五五八〜七〇）の初めごろであろうか、豊後国の大友氏のもとに下った飛鳥井雅綱や飛鳥井雅教も、厳島で船を乗り継いで豊後国とのあいだを行き来している。(28)彼らもまた堺から厳島まで下向し、厳島から上洛するときも、梅霖守龍と同じくこのあいだを往来していた「大船」を利用したものであろう。また、天文年間（一五三一〜五五）の末ごろ、陶隆房が尊敬する天眼寺、大内氏のもとに来ていた「唐人」が上洛したおりも、別の船で厳島まで来てここから堺に向かう船に乗る手はずであった。(29) 小早川弘平は大内義興のもとに赴く醍醐寺の使僧を厳島まで送り届けているが、(30) 彼の僧はここから別便で山口方面に向かったものと推測される。むろん、醍醐寺の使僧が下向したのは大内義興が没する享禄三（一五二八）年十二月以前のことである。

かくして、厳島を中心とする戦国時代の廻船の運行状況を見るならば、次のような三つの特色を指摘できる。（A）厳島は堺などからくる「大船」の終着点となつている。（B）厳島には周防国や豊後国などからたびたび廻船が来ており、上方に向かう人々はここで堺行きの「大船」に乗り換えることが少なくなかった。（C）厳島より周防国や豊後国などの国々に赴く人々は、それぞれの国から厳島にやって来る廻船を利用して下ることになった。これが厳島から西に向かう廻船の一般的な運行状況であったとすれば、上関より西に上方の廻船が下だることはそれほど多くはなかったということになる。

また、戦国時代の西瀬戸内海地域の代表的な貿易港であった尾道についても、厳島と同じく「大船」が就航する堺・尾道航路のようなものを想定できる。毛利氏の祈願寺である満願寺の住持が天正年間（一五七三〜九二）の末ごろ高野山に急いで登らざるをえなくなったとき、毛利輝元から尾道の船持商人である渋谷与右衛門尉に堺まで上る「二百石船」を急いで手配するようにとの命令が出されている。(31) なお、渋谷与右衛門尉は戦国大名毛利氏の指示を受ければ、火薬などの武器を急いで調達することも可能であったと考えられる。(32) これは渋谷与右衛門尉のような尾道の船持商人が、堺とのあいだを往復する「大船」の廻船の便を介して、同所の武器商人らと親しい関係を取り結ぶことができたためであろう。尾道の船持商人と堺の商人とのこのような結び付きも、戦国時代以前から尾道が果たしてきた中

継貿易港としての役割を前提とせざるをえない。(33)

したがって、戦国時代に入って能島村上氏が「海の支配者」として君臨するようになると、西瀬戸内海の廻船の運行状況は室町時代の中ごろとはかなり様変わりしていることがわかる。つまり、能島村上氏のナワバリである西瀬戸内海で活動している廻船の多くは塩飽より東に行かなくなったのに対して、塩飽や室津などの「大船」はナワバリを越えて堺と厳島、あるいは尾道などの主要都市のあいだを往来していたのである。上方の商人たちはこの幹線航路を利用して西瀬戸内海地域の国々に「商い」に出向き、またこれらの国々で品物を買い付けて上方に運んだものと考えられる。西瀬戸内海地域の国々で買い付けた品物を上方に運ぶのに、堺に向かう塩飽や室津の「大船」だけでなく、能島村上氏のナワバリ内で活動する廻船も利用されたものと推測される。

上方の商人たちがこのような塩飽までしか行かない廻船を利用した場合、塩飽は能島村上氏のナワバリから出る品物の積出港としての役割をも担うことになったといえる。なお、塩飽止まりの西瀬戸内海の水運を補完するものとして、塩飽と堺とのあいだを往来する廻船が大きな役割を果たしたと考えられる。小西行長が天正十二年八月ごろ「塩飽より堺に至る」廻船の監督を命じられているのは、塩飽から堺に向けて積み出される品物や人が少なくなかったからであろう。

それでは、能島村上氏はナワバリとなっている西瀬戸内海で活動している廻船、あるいは境界となっている塩飽を東西する廻船をいかなる「掟」で縛り、どのようにして収益を得ていたのであろうか。次は、能島村上氏の厳島における「唐荷駄別役銭」の徴集をも含めて、能島村上氏の海上支配の「掟」について検討することにしたい。

三、能島村上氏の海上支配と駄別銭の徴集

(1) 能島村上氏の海上支配の「掟」

能島村上氏は戦国時代になると西瀬戸内海において、海上の支配者としての地位をより強固なものにしたと考えられる。しかし、能島村上氏が定めた海上支配の「掟」がいかなるものであったのか、その詳細は必ずしも明らかではないように思われる。戦国時代の関係史料に「警固米」「礼銭」「上乗」「駄別銭」「関公事」「札浦」などの言葉が散見するけれども、これらの言葉がどのような性格のもので、それぞれがいかなる関係にあったのかも曖昧なままである。これらの未解決の問題を明らかにする手掛かりとして、「武家万代記」の関係記事を取り上げることにする。「武家万代記」は村上喜兵衛が毛利秀元の求めにより「高麗御陣之後」に認めたものと伝えられる。また、著者の村上喜兵衛は戦国時代後期の因島村上氏の当主吉充の甥に当たるという(34)。したがって、能島村上氏が定めた海上の支配の「掟」に当たるものを、「武家万代記」の関係記事から見出すことは可能であろう。次に、「武家万代記」の関係記事の要点を述べることにする(35)。

能島村上氏を始めとする三島村上氏にとって、陸地の大名である大内氏や大友氏が設置した海上の関はあくまでも「私の関」であって、自分たちの「家」の権益を侵すものであるから認めることができない。互いに協議して三島村上氏のナワバリを航行する「西国船」を襲撃したので、大内氏や大友氏が設置した海上の関は無意味なものになった。大内氏や大友氏がこれらの海上の関を存続させるには、海上の支配者としての三島村上氏の権益を認めざるをえなかったのである。その後、三島村上氏は「西国船」の航路の要衝にある大内氏方の上関、大友氏方の佐賀関をそれぞ

れ攻め落とし、これらの関を自らの勢力下に置くことに成功した。そして、三島村上氏が設けた海上の関を無視するものがあれば、誰であれこれを厳しく処罰することにした。

なお、「西国船」からの関銭の徴集は「帆別」で行なうことになっており、廻船の出所によって徴集する場所は次の四ヵ所に分かれていた。(a)筑後・筑前・肥後の廻船は赤間関、(b)周防・長門・豊前の廻船は上関、(c)伊予方面に向かった豊後・日向の廻船は来島村上氏の関、(d)周防大島方面に向かった廻船は因島村上氏の関である。これらの海上の関に立ち寄り関銭を支払った証拠として、それぞれの廻船に「免符」が渡されることになっていた。三島村上氏のこれらの関で発行された「免符」を持っていなければ、同氏の警固船に出会ったとき襲撃・略奪されることになる。また、三島村上氏の「切手」を持たない海賊が「上乗」として乗船していても、同氏の警固船に出会ったとき襲撃を免れることはできない。

能島村上氏の定めた海上の支配の「掟」がどのようなものか、「武家万代記」のこれらの記事からおぼろげながら見えてくるように思う。能島村上氏を始めとする三島村上氏にとって、「海上の儀」は陸地の大名の権力が及ばない独自の世界であり、自分たちのナワバリに足を踏み入れた他国船は必ず関銭を支払わねばならなかったのである。関銭は航路の入口付近に設けられた海上の関で支払うことになっており、三島村上氏のあいだで関銭を徴集する場所が決められていた。関銭を支払った廻船にはその証拠として「免符」が渡された。「関公事」とはこのように廻船から関銭を徴集することをいうのであろう。また、関銭の高は廻船の積荷の量ではなく、船の規模を示す「帆別」によって決められていたことも注目してよい。一般的な「関公事」と考えられる帆別銭は、能島村上氏が厳島で徴集しようとした「駄別銭」とは異質なものであったのである。

それでは、三島村上氏のナワバリに足を踏み入れた他国船が支払うべき帆別銭は、「警固米」や「礼銭」の類に当たるのであろうか。「警固米」というのはある海賊のナワバリに入ったとき、襲われないようにあらかじめそのナワバリの主に差し出す米銭のことである。「礼銭」もまたある海賊のナワバリに入ったとき、ナワバリの主に服従の意を示す証として差し出す銭ということができる。(36)このように考えることができるならば、三島村上氏が設けた海上の関で支払う帆別銭は「警固米」や「礼銭」と同類のものということができるであろう。

海賊が「上乗」として乗船していても、三島村上氏の「切手」を所持していなければ襲撃を免れることはできなかったという。ここで「切手」というのは三島村上氏の配下であることを示す身分証明書に当たると推測される。なお、三島村上氏のナワバリのなかを航行する廻船はその入口付近で関銭を支払うことになるが、そのおりに支払う帆別銭と「上乗」とはどのような関係にあるのだろうか。三島村上氏の海上の関に立ち寄り帆別銭を支払うと「免符」を渡されるわけだから、「免符」を持っていれば「上乗」の乗船は不要であったとも考えられる。

私は別稿において能島村上氏のナワバリである西瀬戸内海では、戦国時代の後期には「上乗」の制度が社会的なシステムとして機能していたと述べたことがある。(37)このことはさきに見た能島村上氏の家伝の(イ)からもうかがい知ることができる。つまり、能島村上氏のナワバリである西瀬戸内海を安全に航行するためには、たんに帆別銭を支払った証である「免符」を所持するだけでなく、三島村上氏などの「切手」を所持する「上乗」を一人雇って乗船させねばならなかったのである。(38)

それでは、能島村上氏のナワバリである西瀬戸内海で活動している廻船の場合、関銭としての帆別銭の支払いや「上乗」についてどのように考えたらよいのであろうか。廻船のなかには三島村上氏などの海賊の配下に組み入れられていたもの、あるいは海賊に毎年一定の役銭を支払って保護を受けていたものも少なくなかったと考えられるが、(39)いかんせん史料の乏しさもあってその詳細はわからない。ところで、三島村上氏などの海賊が所持していた「札浦」の性格であるが、帆別銭を始めとする海上からの種々の納入物を受け入れ、その代りに「免符」などを発行する場として位置付けられていたといえよう。廻船の「上乗」を勤めている浦人たちも、「札浦」に礼銭を納めて「切手」を手に入れていた可能性がある。三島村上氏などの海賊が海上から収益を得るため設けた「札浦」は、「御判の地」や「私領」のなかだけに置かれていたわけではなかった。(40)「札浦」は海賊が収益を上げるのに好都合な水運の要衝に置かれていたと考えられる。

(2)　能島村上氏の厳島進出と駄別銭徴集

西瀬戸内海における貿易港としての厳島の地位は、戦国時代になると飛躍的に上昇したものと考えられる。厳島と堺とのあいだを塩飽や室の「大船」が往来しており、周防・豊後などの国々からも廻船がたびたび来航していた。そして、厳島神社の四季の大祭には各地から多くの人々が集まり、盛大な市が立って大変な賑わいを見せるようになっていたのである。能島村上氏がこのような厳島に注目するのは自然の成り行きであろう。

能島村上氏は戦国時代の前期に厳島をも含む広島湾頭に急速にナワバリを拡大し、天文十二（一五四三）年ごろには「宮島表」から大内氏方の警固衆白井氏の勢力を追い、その本拠である安芸国仁保島のあたりまでも「上乗」圏に取り込む勢いであった。(41)しかし、天文十二年秋の厳島神社の大祭のおりには、伊予国からの参詣者が途絶えてしまった。(42)これは大内氏と敵対していた能島村上氏の一族からの強い働きかけ、あるいは無言の圧力によるものと推測される。ところが、大内義隆から新たに厳島社神主に任命された杉景教が、天文十六（一五四七）年の春ごろ能島村上氏の本拠である能島城を訪れたことが知られる。(43)これは能島村上氏が足場の安定しない新神主杉景教の抱き込みを図ったためと考えられる。おそらく能島村上氏は西瀬戸内海地域の海上交易の要衝として栄える厳島をナワバリのなかに取り込もうとしていたのであろう。

能島村上氏がこのような大きな目論見を実現させようとするとき、西国の大大名である大内義隆の存在が大きな意味を持つことになったと考えられる。大内義隆は西国の大大名に相応しい権威と権力を兼ね備えており、貿易港として栄えていた厳島の支配者でもあった。能島村上氏は自らの海上支配権を梃子として大内義隆と交渉を行ない、薩摩や日向などから九州の東岸を北上し厳島まで運ばれる唐荷に駄別銭を課す特権を手にしたのである。最初は唐荷駄別銭の徴集場所も決められず混乱が生じたため、京・堺の商人が大内義隆に働きかけてこれを唐荷の終着点である堺で支払うという取り決めにした。ところが、堺での唐荷駄別銭の徴集は能島村上氏にとって不都合であったので、能島村上氏からの申し出により利便性の高い厳島で徴集することに改められたのである。これは大内義隆の末年のことと推測される。(44)

なお、このように厳島が唐荷駄別銭の徴集場となったのには、いま一つ次のような理由が考えられる。京・堺の商人が薩摩や日向などで買い入れた唐荷を厳島まで別の廻船(「小船」)で運び、これを塩飽や室の「大船」に積み替えて堺に持ち込んだものと推測される。また、薩摩や日向などの商人が厳島神社の大祭のおりに唐荷を厳島まで運び、このおりに下って来た京・堺の商人がこれを仕入れたことも十分に想定できる。(45)いずれにしろ、厳島は能島村上氏が唐荷の駄別銭を徴集するのに最も好都合な場所であったということになる。また、唐荷を扱う京・堺の商人らにとっても、厳島で能島村上氏に唐荷駄別銭を支払うことで、買い入れた品物を堺まで安全に運ぶことができるならば、それも致し方のないことと考えられていたようである。このことは京・堺の商人と陶氏との仲介をしていた大願寺円海の書状の一節に、唐荷駄別銭は厳島の町で「諸国上下の商人衆が内談せしめ相調え申す事候」とあることからも首肯できる。(46)

かくして、能島村上氏は厳島の支配者である大内義隆の承認を得ることで、当島において堂々と唐荷に駄別銭を課すことができるようになったのである。能島村上氏が厳島で新たに徴収することになった唐荷駄別銭は、従来のように廻船の規模を示す帆別に懸けられた税とは異なり、海上の支配者としての同氏に認められた新しい形の税ということができるであろう。

大内義隆は能島村上氏が厳島で唐荷駄別銭を徴集することを公的に認めたわけであるが、陶晴賢（興房）のクーデターによって天文二十（一五五一）年九月一日に滅ぶことになった。陶晴賢はこのクーデターのあと翌年二月に厳島に掟書を出し、能島村上氏が大内義隆から許されていた同島での警固米などの徴集の権限をすべて否定した。また、廻船を着岸させ船留することも禁止した。(47) 能島村上氏は陶氏のこれらの方策によって大きな収益源を失うことになったと考えられる。その結果、唐荷を積んだ室津・塩飽の船がたびたび海賊の襲撃を受けるようになり、京・堺の商人たちも少なからず迷惑を被ることになったのである。(48) 毛利氏は天文二十四（一五五五）年九月末の厳島合戦で陶晴賢を滅ぼし新たに厳島を手に入れたが、能島村上氏が大内義隆時代のような権限を回復し、厳島で唐荷駄別銭を徴集するようになったという徴証はまったく認められない。毛利氏も陶晴賢の厳島町支配の方式を踏襲したものと推測できる。厳島の町衆らも能島村上氏の家来が警固米などを徴集するため、厳島や廿日市に出向くのを容易に認めようとはしなかったのである。(49)

しかし、毛利氏は陶晴賢のように厳島における能島村上氏の権益を完全に否定することはせず、大願寺や荒夷社への一族の関与を認めたことが知られる。(50) つまり、能島村上氏は厳島において唐荷駄別銭の徴集のみならず、その他の警固米なども徴集することもできなくなったが、陶晴賢の時代に京・堺の商人との仲介をしていた大願寺を介して、厳島を発着する「大船」に対して「上乗」を手配することなどは可能であったようである。

能島村上氏は厳島で唐荷駄別銭を徴集できなくなったあと、自らのナワバリの東端である塩飽に課税の場所を移したものと考えられる。能島村上氏が天正九（一五八一）年ごろ塩飽より東へ行く廻船から徴集していた「津公事」は、船の規模を示す帆別銭ではなく荷物の多少によって懸けられる駄別銭であった。しかも、「上乗」としての海賊の仲間を乗せていたにもかかわらず、この「津公事」はいやおうなく徴集された。[51] なお、能島村上氏の一族が元亀二（一五七一）年二月ごろ、大友氏と結んで塩飽で再び反毛利の旗を揚げたことが知られる。さらに、同年七月末には本拠の能島城さえも落城寸前まで追い込められた。[52] このころは能島村上氏の塩飽での「津公事」の徴集は困難であったと思われる。しかし、能島村上氏が翌元亀三年末ごろに毛利氏との関係を修復すると、小早川隆景に塩飽で駄別銭を徴集できるように訴え、天正元（一五七三）年四月ごろこの特権を回復することができた。[53] 能島村上氏はこれ以後長く毛利氏方の警固衆として活躍することになるが、塩飽における「津公事」（駄別銭の徴集）の安堵はその反対給付の一つと考えることができる。能島村上氏は西瀬戸内海の海上の支配者として、毛利氏からも引き続き駄別銭の徴集という特権を認められたのである。

以上のように理解することができるならば、毛利氏は厳島の町支配について陶氏の方策をほぼ踏襲しており、能島村上氏がこの島をナワバリのなかに取り込み、その町支配に深く関わることを拒否したものの、同氏が海上の支配者として塩飽で駄別銭を徴集することは認めて妥協を図ったものと考えられる。その結果、毛利氏はたとい間接的ではあろうと、能島村上氏の海上支配権を手のうちに取り込むことができたといえる。そして、毛利氏が天正十年春に塩飽でも織田氏方の廻船、織田氏方と取引のために上方に出向く廻船の船留ができたのは、その象徴的な出来事ということができるであろう。[54] しかし、逆に能島村上氏の側に立つならば、厳島のように海上交通の要衝に位置し、貿易港として栄えている港湾都市をナワバリに取り込むことができなかったのは大きな痛手といわざるをえない。

ところで、戦国時代の西瀬戸内海地域には厳島のほかにも、尾道を始めとして貿易港として栄えている港湾都市は幾つもあったが、能島村上氏はこれらの港湾都市といかなる関わりをもったのであろうか。尾道と蒲刈を例としてこれらの問題について簡単な見通しを述べ、このささやかな海賊論の結びにかえることにしたいと思う。

結びにかえて――能島村上氏が進出できなかった尾道・蒲刈

尾道は戦国時代においても西瀬戸内海地域の代表的な港湾都市の一つであり、さまざま々な荷を積んだ「大船」や「小船」が盛んに出入りしていたと考えられる。この尾道の対岸に位置する「宇賀島」（歌島の属島）には、室町時代以前から海上の関が置かれていた。この海上の関を本拠とする海賊「関之大将」のナワバリは、戦国時代の中ごろには国境を越えて安芸国の竹原あたりまで延びていたようである。[55]隆盛を誇っていた「関之大将」も小早川隆景の攻撃によって、天文二十三（一五五四）年十一月十七日についに滅ぶことになった。[56]小早川隆景は宇賀島の海賊の攻撃に先立って、因島村上氏に「向島一円」を与える約束をしているが、[57]同島が因島村上氏に与えられたという徴証はまったく認められない。海賊の本拠があった宇賀島もその後長く毛利氏方に留められたと考えられる。[58]能島村上氏はいうまでもなく因島村上氏もまた、西瀬戸内海地域有数の貿易港である尾道をナワバリに取り込むことができなかったのである。

蒲刈は厳島と尾道のあいだに位置する海上交通の要衝であり、戦国時代においても瀬戸内海を東西する廻船のほとんどがこの島のあたりを通過していた（前掲の航路図参照）。梅霖守龍が乗った室津の五郎大夫の船も天文二十（一五五一）年三月二十九日に蒲刈に停泊しており、彼はこのとき上陸して同島で宿を取ったことが知られる。また、蒲刈の港には室津の五郎大夫の船だけでなく類船が三艘いたという。[59]蒲刈は戦国時代の中ごろには港湾都市の装いを持っていたと考えてよいであろう。

ところで、蒲刈は室町時代の中ごろからすでに中継貿易の基地としての役割を担っていたと考えられる。文安二（一四四五）年の「兵庫北関入船納帳」によれば、蒲刈籍の廻船が豊前枡・豊後枡で測った大量の米・マメ・アズキとともに、輸入品と考えられる布の九割強をも兵庫に運んでおり、西瀬戸内海地域の廻船のなかでは特異な地位を占めていることが知られる。[60]当時の廻船の航行能力や経済効率などの条件を勘案するならば、これは豊前国や豊後国から運ばれてきた品物を蒲刈籍の廻船に積み替え兵庫に運んだ結果と考えられる。

なお、長らく蒲刈を治めてきた多賀谷氏が戦国時代の前期に滅ぶと、そのあとに竹原小早川氏が進出し戦国時代の末期までこの地を支配したことが知られる。[61]能島村上氏は海上交通の要衝に位置する蒲刈についても、尾道の場合と同じく戦国時代を通して最後までそのナワバリに取り込むことができなかったのである。

かくして、能島村上氏は早くから西瀬戸内海の幹線航路に進出し、その要衝をナワバリに取り込もうとしていたが、忽那諸島、さらに上関を勢力下に置くことに成功したものの、その東側にある厳島・蒲刈・尾道などの拠点都市を最後まで掌握できなかったことがわかる。陸地の大名である毛利氏や小早川氏が、貿易都市・中継貿易の基地として栄えるこれらの港湾都市を手放そうとはしなかったのである。能島村上氏が以上のような不利な状況を克服して、海上の支配者として多くの収益を手に入れる手段としたのが、ナワバリの東端に位置する塩飽での駄別銭の徴収であり、家来を使った「上乗」の制度であったということができる。その結果、戦国時代後期の西瀬戸内海では、能島村上氏の「掟」に従い徴税に応じていれば、安全に航行できるという「海の平和」が生まれることになった。しかし、この「海の平和」は能島村上氏の海上支配の「掟」に従わなければ、配下の賊船の襲撃を受け略奪されるという危険性をはらんだものであった。

註

（1）岸田裕之「海の大名能島村上氏の海上支配権の構造」（『大名領国の経済構造』、二〇〇一年）を参照。岸田氏はこの論文で「海の大名」としての能島村上氏の固有の性格に言及している。

（2）松岡久人氏は十五世紀の中ごろから上方の商人たちが物資の購入や販売のために西国に下向するようになったことをもって、「内海水運の質的変化の萌し」と指摘している（「中世後期内海水運の性格」、福尾猛市郎編『内海産業と水運の史的研究』、一九六六年）。しかし、松岡氏のこの指摘を踏まえた研究は、史料の乏しさもあってあまり進展していない。

（3）「譜録　村上図書元敬」（山口県文書館）。

（4）藤田達生氏によると、初度の海賊禁止令は天正十五（一五八六）年六月七日から十五日のあいだに出されたものとされる（「海賊禁止令の成立課程」、三鬼清一郎編『織豊期の政治構造』、二〇〇〇年）。

（5）藤木久志「海の平和＝海賊停止令」（『豊臣平和令と戦国社会』、一九八五年）を参照。

（6）福川一徳「戦国期における伊予と豊後」（地方史研究協議会編『瀬戸内社会の形成と展開』、一九八三年）、金谷匡人『海賊たちの中世』（一九九八年）、六八～七四頁をあわせて参照。

（7）ルイス・フロイス『日本史』（西九州編）第六〇章を参照。

（8）（天正十年）四月二十日棚守房顕同元行連署書状案（「厳島野坂文書」一五八七号、『広島県史　古代中世史料編II』）、（天正十年）四月十四日毛利輝元書状写（「閥閲録」巻三三山県四郎三郎）を参照。

（9）山内譲「海賊と関所」（『海賊と海城』、一九九七年）を参照。山内氏はこの論文のなかで海賊の性格について総括的な検討を行なっている。しかし、後述する「駄別銭」など能島村上氏の海上支配の在り方についてはまだ未解決のところが少なくないと考えられる。

(10)　松井輝昭「中世の瀬戸内海の海賊の生態と海の秩序」(白幡洋三郎編『瀬戸内海の文化と環境』、一九九九年)参照。

(11)　武藤直氏は「兵庫北関入船納帳」の分析によって、兵庫に入港する一〇〇石積み以下の「小船」が優勢か否かで、「備讃以東(東瀬戸内)と芸予以西(西瀬戸内)」の区分を行なっている(「中世兵庫津と瀬戸内海水運」、林屋辰三郎編『兵庫北関入船納帳』、一九八〇年)。なお、私の瀬戸内海の東西の区分は戦国時代後期における能島村上氏のナワバリを勘案したもので、塩飽が東西の分岐点(境界)となっている。

(12)　この航路図は中村拓監修『日本古地図大成』(一九七二年)収載の「西海航路図」の一部をトレースして作成したものであり、同書にある海野一隆氏の解説をもあわせて参照した。

(13)　金指正三「潮流と航路と水軍城跡について」(『瀬戸内水軍資料調査報告書』、一九七六年)を参照。(12)の『日本古地図大成』にある近世の海路図もあわせて参照。

(14)　(12)の海野一隆氏の解説を参照。

(15)　中世の瀬戸内海における航路の推移について、山内譲「中世瀬戸内海航路の変遷」(『地方史研究』第五一―四号、二〇〇一年)に適切な要約が見られる。

(16)　一五六五年十月二十五日ルイス・ダルメイグ書簡(『耶蘇会士日本通信』上巻)、ルイス・フロイス『日本史』(畿内編)第三章、第一七章、一五八六年十月十七日ルイス・フロイス書簡(『イエズス会日本年報』上)などを参照。

(17)　天正十六年七月八日豊臣秀吉法度(「小早川家文書」五〇二号)。

(18)　松井輝昭「争奪された島」(『豊町史　本文編』、二〇〇〇年)を参照。

(19)　(10)の松井論文を参照。

(20)　(16)のルイス・ダルメイグ書簡、(一五八四年)七月十三日フランシスコ・バショ書簡(『イエズス会日本年報』下)を参照。なお、これらの「塩飽止り」の廻船について、新城常三『中世水運史の研究』(一九九四年)、三九〇頁にもすでに同様の指摘がある。

(21)（永禄十三年）六月十五日村上武吉書状（「野間文書」、『香川県史　8　古代・中世史料』）。

(22)三月七日毛利奉行人連署書状写（「閥閲録」巻一三五高井小左衛門）。

(23)天正五年三月二十六日織田信長朱印状（「塩飽人名共有文書」、『香川県史　8　古代・中世史料』）。

(24)一五八四年九月三日ルイス・フロイス書簡（『イエズス会日本年報』上）。

(25)能島村上氏のナワバリである西瀬戸内海では「上乗」の制度が社会的システムとして機能しており、「上乗」を一人雇うことで航海の安全がある程度保証されていたといえる（(10)の松井論文参照）。そのため、安全な西瀬戸内海だけで活動している廻船は、つねに海賊に襲われる危険性を孕んだ東瀬戸内海を航行する廻船に比べて、船の規模・装備・乗員のいずれの点でも見劣りしたようである（一五七八年九月十三日ルイス・フロイス書簡、『耶蘇会日本通信』下巻、一五八一年四月十四日ルイス・フロイス書簡、『イエズス会日本年報』上を参照）。

(26)(22)として掲げた文書及びこれと一連のものである三月十七日毛利輝元袖判同奉行人連署書状写（「閥閲録」巻一三五高井小左衛門）を参照。

(27)「梅霖守龍周防下向日記」（『山口県史　史料編　中世1』）。

(28)「房顕覚書」三十三（『広島県史　古代中世史料編III』）。

(29)九月十九日江良房栄書状（「厳島野坂文書」六六号、『広島県史　古代中世史料編II』）、五月二日大内氏奉行人連署書状（「厳島野坂文書」七〇号、『広島県史　古代中世史料編II』）を参照。

(30)七月十三日小早川弘平書状写（「乃美文書正写」一七号、『広島県史　古代中世史料編V』）。

(31)八月六日毛利氏奉行人書状（「渋谷文書」一七号、『広島県史　古代中世史料編IV』）。

(32)松井輝昭「戦国大名毛利氏の尾道町支配と渋谷氏」（『広島県立文書館紀要』四号、一九九七年）を参照。

(33)　(11)の武藤論文、神木哲男「一五世紀なかば瀬戸内海における商品輸送と港湾」(柚木学編『瀬戸内海水上交通史』、一九八九年)を参照。
(34)　山内譲「山陽進出の拠点」(『海賊と海城』、一九九七年)を参照。
(35)　「武家万代記」は米原正義校注『中国史料集』(『戦国史料叢書』七)に収載されたテキストを用いる。
(36)　金子拓氏によると、「礼」は相手を「自らの支配者」と認識したときに送るものであり、「礼」を送ることで自らの権益を保証してもらうことを期待することができるという。しかし、これは贈与であって公事ではないとされる(『中世武家政権と政治秩序』、一九九九年)。なお、廻船などが海賊から解放されるために支払う「礼銭」は、桜井英治氏のいう中世の商品押収慣行における「礼物」・「礼銭」と本質的に同じものと考えられる(「中世商業における慣習と秩序」、『日本中世の経済構造』、一九九六年)。
(37)　(10)の松井論文を参照。
(38)　(25)のルイス・フロイス書簡。
(39)　(10)の松井論文を参照。
(40)　因島村上氏が文明十五年(一四八三)ごろ所持していた「札浦」は、「御判の地」でもなければ「私領」でもなかった(「因島村上家文書」一一号、『広島県史　古代中世史料編Ⅳ』)。また、能島村上氏が天正十五年(一五八六)ごろ「札浦」としていた周防国深浦も「御判形の内」ではない(「屋代島村上家文書」二九七号、(1)岸田論文を参照)。海賊が他人の所領に「札浦」を設けたにしても、それが直ちに陸地の権益を侵すことにはならなかったからであろう。
(41)　(天文十二年)九月十六日白井氏連署書状(「厳島野坂文書」八五号、『広島県史　古代中世史料編Ⅱ』)、九月二十六日小早川弘平書状写(「乃美文書正写」一九号)(『広島県史　古代中世史料編Ⅴ』)を参照。
(42)　(天文十二年)九月十六日白井氏連署書状(「厳島野坂文書」八五号、『広島県史　古代中世史料編Ⅱ』)、(天文十二年）九月十四日来島通康書状（「野坂文書」三八三号、『広島県史　古代中世史料編III』）を参照。

（43）（天文十六年）四月二十五日大内氏奉行人連署書状（「大願寺文書」四七号、『広島県史古代中世史料編III』）。

（44）五月二十一日大内氏奉行人連署奉書（「厳島野坂文書」四四号、『広島県史　古代中世史料編II』）、四月二十日陶晴賢書状案（「大願寺文書」六七号、『広島県史　古代中世史料編III』）を参照。

（45）豊臣秀吉は天正十五年五月八日に島津氏を降伏させるとまもなく、同氏の領内に来る外国船からの生糸の先買権を認めさせており（「島津家文書」三八四号）、また浅野長勝は同年七月八日に「清右衛門尉」の海賊行為について村上武吉・元吉父子に書状を送り、島津氏から秀吉に訴えが出たら「迷惑」なことになると脅している（岸田裕之「能島村上武吉・元吉と統一政権」、『大名領国の経済構造』、二〇〇一年を参照）。このことからも島津氏方の廻船が厳島に来ていた可能性は否定できないだろう。

（46）（天文二十一年）八月二十六日大願寺円海書状（「大願寺文書」六八号、『広島県史　古代中世史料編III』）。

（47）天文二十一年二月二十八日陶晴賢厳島掟書写（「大願寺文書」六五号、『広島県史　古代中世史料編III』）。

（48）（46）の文書に同じ。

（49）十月八日村上武吉書状（「厳島野坂文書」一四三八号、『広島県史　古代中世史料編II』）。

（50）二十六日棚守房顕・同元行連署書状案（「野坂文書」一〇〇号、『広島県史　古代中世史料編III』）、十二月八日毛利輝元書状（「大願寺文書」二七九号、『広島県史　古代中世史料編III』）を参照。

（51）（25）のルイス・フロイス書簡。

（52）（元亀二年）七月二十七日毛利輝元書状写（「閥閲録」巻一四八内藤六郎右衛門）、四月十七日小早川隆景書状写（「閥閲録」巻二二一村上図書）を参照。

（53）（天正元年）四月七日小早川隆景書状写（「閥閲録」巻二二一村上図書）。

(54)（天正十年）四月四日毛利輝元書状写（「閥閲録」巻五〇飯田与一右衛門）。
(55) 松井輝昭「室町から戦国時代にかけての歌島の海賊」（『向島町史』、二〇〇〇年）を参照。
(56)（天文二十三年）十一月二十五日小早川隆景書状（「厳島野坂文書」八五四号、『広島県史　古代中世史料編Ⅱ』）。
(57)（天文二十三年）四月十日小早川隆景書状（「因島村上文書」二〇号、『広島県史　古代中世史料編Ⅳ』）。
(58)「輝元公御上洛日記」（『広島県史　古代中世史料編Ⅰ』）。
(59)（27）の「梅霖守龍周防下向日記」を参照。
(60) 能島正美「内海水運の発達と多賀谷氏の海上活動」（『蒲刈町誌』、二〇〇〇年）を参照。ただし、能島氏は蒲刈の中継貿易基地としての性格には触れていない。なお、武藤氏が（11）の論文で蒲刈を「単純置籍港」と規定するのは当たらないだろう。
(61) 十月二十二日小早川氏奉行人連署書状（「譜録　白井友之進」八号、『広島県史　古代中世史料編Ⅴ』）。竹原小早川氏は戦国時代の前期に大内氏から蒲刈を手に入れたものと推測される。（慶長元年）四月十五日明使宿泊地付立（「閥閲録遺漏」三—一重見孫右衛門）によると、蒲刈における明使の接待はすべて小早川氏の責任で行なわれている。

鎌倉後期一円領創出としての下地分割——伊予国弓削島庄の事例

畑野　順子

はじめに

ここで取り上げようとしている地頭と領家との下地分割は、かつて地頭領主制の進展の問題としてとらえられてきたことは周知のとおりである。(1) しかしすでに早く網野善彦氏は「これを（下地分割を）単に『地頭の荘園侵略』と考え、また『地域的一円支配にもとづく封建的領主制』の成立をただちにここに求めることは、事態を正しくとらえた見解とはいえず」「むしろ重要なことは（中略）、職の重層的体系がここで崩れ（中略）、均質な『一円領』になってきた点にある。」「こうした一円化の途上で起こる激しい摩擦こそ、鎌倉末・南北朝期の動乱を呼び起こした究極の原因にほかならない。」として、(2) 下地分割を一円領形成の問題としてとらえるべきことを主張している。

近年は鎌倉後期の公武徳政と一円領形成との関係が注目されている。本稿ではとくに、公家徳政や神領興行法が終局的には一円領形成へと収斂されていったという西谷正浩氏や村井章介氏、海津一朗氏、井上聡氏らの指摘に注目したい。(3)

一円領とは、中世成立期以来の庄園制の本質である重層的な職の体系（本家職—領家職—預所職—下司職）によって支配領有されていた状態が崩れていき、このうちのいずれか一者が、排他的に庄務権を掌握して支配領有していく形態を指すといえるだろう。前掲の諸氏らが説くように、鎌倉後期にこのような一円化の方向に向けての重層的散在的所領の整理統合が進行したのは確かだと考えられ、一円化への動きは公家領での本家・領家（預所）の対立の結果としても[4]、寺社領内での別相伝否定という形でも[5]、また領家・地頭の対立の結果としても生じ、さまざまなレベルで所領の整理統合、集中化が進むと考えられる。

本稿は伊予国弓削島庄に舞台をとりながら、弓削島の下地分割がどのような政治的背景のもとに、どのような力のイニシアチブによって成立したかを明らかにし、それによって、下地分割を一円化という全社会的な所領構造改革の一環としてとらえ直したい。そのうえでこの一円化という支配者層の改革が現地にどのように受けとめられたか、民衆社会にどのような影響を与えたかを検証してみたいと思う[6]。

弓削島の下地分割は一三〇三（乾元二）年に領家東寺供僧と地頭藤原房子（将軍久明親王母）との間で和与として成立する（塩一三九）[7]。しかし、この下地分割に至るそもそものきっかけは、一二九〇年（正応三）年前地頭小宮氏を相手取った領家東寺による幕府への提訴まで遡る（塩一一〇）。これについての幕府の裁許は一二九六（永仁四）年に下され、小宮氏の地頭職没収という形で東寺の勝訴に帰着する（塩一三一・一三七）。勢いに乗った供僧らは闕所となった地頭職の東寺への寄進を幕府に訴え出るが（塩一三五）、この願いはかなわず、新しく地頭職を領有することとなった藤原房子との間で再び訴訟を開始する。その結果がこの下地分割の和与である。

右の展開のなかで、関東御家人で承久の乱後の新補地頭である小宮氏[8]が幕府訴訟において改易されてしまったことは、地頭の庄園侵略が一方的に進行し、鎌倉幕府のもとで地頭領主制が順調に進展していったと考えがちであったかつての通説からすると、[9] 意外ともいえる印象を受ける。その後も地頭職領有こそかなわなかったものの、三分の二の下地が領家分となるという形での下地分割成立など、東寺側に有利な形で幕府訴訟が展開していくことも同様に注目される。また二度の訴訟は時間的にも接近しており、供僧らの意図としては一連のものであり、供僧らの強い意気込みを感じることにも注意を払うべきである。

幕府訴訟において領家東寺供僧らが有利な立場に立てたのはなぜだろうか。供僧らはどのような課題と目的をもって弓削島の訴訟を起こしたのであろうか。二回の訴訟の結果としての乾元二年の下地分割成立だが、両訴訟は一連のものであり、最初の正応三年の提訴についてまずはその背景を探っていきたい。

一、東寺供僧らの課題——正応三年提訴の背景

東寺の中世寺院としての再生が、一二四〇（延応二）年の御影堂における法会の開始と、そのための常住供僧設置に始まること、この再生に仁和寺菩提院行遍の大きな寄与があったことは網野善彦氏や上島有氏の著書に詳しい。[10] それによれば、五口で出発した供僧組織は、その後徐々に充実し、一二七二（文永九）年には一八口に達する。その間供僧らは自治的な組織・制度を確立させていくとともに、庄園経営に対しても主体的に関わる意欲を見せ始める。とくに一二七五（建治元）年には仁和寺菩提院門跡（行遍→了遍）が握っていた供僧供料庄の庄務権（預所補任権）を供僧組織のもとへ移行させる交渉を菩提院に対して起こし（塩六八）、少なくとも弓削島に関しては、庄務権掌握に成功している（塩七五）。この内部的な庄務権獲得の動きは重要であり、おそらくこれから述べる諸庄の地頭など外部勢力に対しての庄務権獲得の動きと同じ意識のもとにあるものと考えられる。

さて、供僧らが弓削島訴訟を起こしたのは前述のように一二九〇（正応三）年だが、同案件に関するもので宛所から一二八八（弘安十一）年二月のものと比定される法印厳盛（?）挙状案が存在し（塩一〇八・一〇九）、すでに一二八八年から弓削島訴訟の準備が進められていたことがわかる。では、この時期他の供僧供料庄についても供僧らは提訴の動きを見せているのであろうか。年表1・2は供僧組織発足以降鎌倉末までに供僧らが起こした供僧供料庄に関する訴訟を列挙したものである（供僧組織発足以来の四庄——平野殿・弓削島・太良・新勅旨田——と野口庄に限っており、鎌倉後期になって供僧領になった庄園は含まない）[11]。この表を見る限り、弘安後半から正応期にかけては、文永後半から建治期にかけてと共に一つの訴訟盛行の山があり、他の供料庄についても提訴の動きが顕著だといえると思う。供僧らは、勝訴を見込めるだけの何かに期待して訴訟を起こしているのではないかと考えられる。

そこで、弓削島訴訟に関わる弘安後半から正応期の提訴について、その政治的背景を探っていきたい。それについて参考になるのは、一二八四（弘安七）年七月、東寺領丹波国大山庄幕府訴訟を起こすに当たって、東寺執行清寛がその請文の中で「先代未聞の末代も有り難き御徳政の最中なり」と語り[12]、勝訴への期待を表わしていることである。これは、この時期の提訴が弘安七年五月から次々諸法令が公布された幕府弘安徳政、これに連動したと考えられている公家徳政など公武の弘安徳政となんらかの関連があることを示している。ここでは弓削島の幕府訴訟に直接関わる幕府弘安徳政について、なかでも徳政の二大綱目とされ、弓削島訴訟にも密接に関連する寺社徳政と訴訟興行について検討してみたい。

(1)　下地分割法の成立——寺社徳政として

まず寺社徳政について考えてみよう。弘安七年五月から一年半余の間に幕府から発令された弘安徳政に関わる九〇

年表1　東寺供僧の鎌倉期朝廷訴訟（知行国主・摂関家への訴えを含む）

年　月	訴人	論人	訴えの内容	出典
①1241 仁治2、3	東寺側	若狭国衙	太良庄国使入部停止	8-5792
②1242 仁治3、10	東寺側	若狭国衙	太良庄国検使入部停止	8-6129
③1271 文永8、11	供僧等	若狭国衙	太良庄国検使煩停止	14-10917
④1273 文永10、11※	供僧等		生身供料野口庄役の返付	15-11457
⑤1275 建治元、5	供僧等？	？	新勅旨田のことについて	16-11908
⑥ 〃 〃 、8 ※	供僧等	野口庄知行者	生身供料野口庄役の要求	16-11996
⑦1276 建治2、11	供僧等	野口庄知行者	生身供料野口庄役の要求	16-12583
⑧1286 弘安9、10 ※	供僧等	若狭国衙	一宮造営用途免除	21-16017
⑨1287 弘安10、3 ※	新勅旨田預所遍済	造伊勢神符等	役夫工米の二重の催促停止	21-16223
⑩1288 正応元、12	平野殿庄雑掌	一乗院家	領内への点札の抜去	22-16842
⑪ 〃 〃	供僧房瑜	若狭国衙	大嘗会米の免除	22-17244
⑫1289 正応2、11	平野殿庄雑掌？	興福寺	南都郡使乱入	22-17215
⑬1290 正応3、2	僧綱等	野口庄知行者	生身供料野口庄役の要求	22-17267
⑭ 〃 、5	平野殿庄百姓等	興福寺	南都郡使乱入	22-17353
⑮1291 正応4、9	平野殿庄雑掌	興福寺公人	乱入狼籍	22-17679
⑯ 〃 、10	？	若狭国衙	国検使入部停止	23-17735
⑰1292 正応5、2	供僧等	野口庄知行者	生身供料野口庄役の要求	23-17824
⑱1293 正応6、1~ ※	平野殿庄雑掌頼平	吉田庄等百姓	乱入狼籍	23-18101
⑲1295 永仁3、10 ※	平野殿庄雑掌尚慶	当庄下司庄民等	寺命に違背	25-18922
⑳1296 永仁4、1	供僧等	堀川家	鹿子木庄預所職の領有	25-18968
㉑1298 永仁6、11	平野殿庄雑掌	興福寺	南都郡使乱入	26-19883
㉒ 〃 〃	供僧等？	若狭国衙	大嘗会米免除	塩-138
㉓1301 正安3、6	供僧等	野口庄知行者	野口庄役の要求	27-20807
㉔1302 正安4、1	供僧等	若狭国衙	太良庄の返付	27-20958
㉕1303 嘉元元、9	平野殿庄雑掌	興福寺	南都郡使	28-21648
㉖1308 徳治3？	供僧等？	供僧遍禅法印	弓削島預所職相論	30-23416
㉗1310 延慶3、4	平野殿庄雑掌	興福寺	南都公人等入部	31-23977
㉘1314 正和3、10 ※	供僧等	若狭国衙（山門）	濫妨	33-25251
㉙1317 文保元、5	供僧等		検非違使置寄の停止	34-26220
㉚1318 文保2、6	供僧等	若狭国衙	国衙の妨げ停止	未-818
㉛ 〃 〃 、11	？	若狭国衙	大嘗会用途免除	35-26848
㉜1320 元応2、4	供僧等？		弓削島の返付	35-27434
㉝1322 元享2、5	供僧等？		平野殿庄の返付	36-28021
㉞1323 元享3	？	若狭国衙	濫妨	37-28548

網掛けの項目は知行国主（太良庄）・摂関家（平野殿庄）への訴えと考えられるもの

年表2 東寺供僧の鎌倉期幕府訴訟

年　月	訴人	論人	訴えの内容	出典
①1243 寛元元、11	太良庄百姓等？	地頭代定西	地頭代の濫行	9-6254
②1246 寛元6、2	太良庄雑掌定宴	地頭代定西	地頭代の違乱	9-6623
③1259 正嘉3、2	弓削島雑掌明鑑	地頭小宮景行等	所務条々相論	11-8350
④1264 文永元	太良庄雑掌	地頭	公田押領	17-12958
⑤1269 文永6、4 ※	新勅旨田雑掌光景	守護代武藤時定等	寺領3町9反小の押領	広-9
⑥ 〃 、5 ※	太良庄雑掌定西	地頭若狭忠清	大番用途銭の切宛	14-10443
⑦1271 文永8、7 ※	新勅旨田雑掌保綱	守護代武藤時定	田地等押領	広-12
⑧1272 文永9、7	太良庄雑掌	守護代	？	15-11066
⑨1275 建治元、5 ※	新勅旨田雑掌	守護代	田地押領	16-11916
⑩1277 建治3、12 ※	太良庄雑掌	地頭若狭定蓮	条々非法	17-12958
⑪1285 弘安8、4	新勅旨田雑掌	守護代顕一	田地2町3反余の押領	20-15580
⑫ 〃 、9 ※	太良庄雑掌	地頭	大番用途の切宛	20-15692
⑬1287 弘安10、6 ※	太良庄雑掌淨妙	地頭若狭忠兼	公田等押領	21-16286
⑭1289 正応2、8 ※	太良庄雑掌淨妙	若狭上下宮禰宜等	造営用途充行停止	22-17107
⑮1290 正応3、1 ※	弓削島雑掌頼平	地頭小宮西縁等	条々非法	22-17016
⑯1296 永仁4、8	供僧等	弓削島前地頭頼行	狼籍	塩-134
⑰ 〃 、10	供僧等		弓削島地頭職領有	25-19176
⑱1303 乾元2、1	弓削島雑掌	地頭(将軍母)	所務条々	28-21338
⑲ 〃 、4 ※	太良庄雑掌	地頭(得宗給主)代	一向所務押領	28-21469
⑳1304 嘉元2？	弓削島雑掌栄実	地頭	下地相分の実施	30-22995
㉑1305 嘉元3⁻4	弓削島雑掌栄実	地頭	下地相分の実施	30-22995
㉒ 〃 嘉元3、6	太良庄雑掌	当庄百姓等	公事の打止	29-22246
㉓1306 嘉元4、3	平野殿庄雑掌	河内国御家人高安	濫妨狼籍	29-22594
㉔1307 徳治2、6	弓削島雑掌栄実	地頭	ぼう示を差す	30-22995
㉕1311 延慶4、3	供僧等	太良庄地頭代	非法	31-24249
㉖ 〃 、6 ※	新勅旨田雑掌頼有	志芳庄地頭	年貢の奪取	32-24333
㉗1314 正和3、10	平野殿庄雑掌？		地頭進止？	33-25266
㉘1315 正和4、10	太良庄雑掌	地頭	非法	33-25629
㉙ ？ 正和？	弓削島雑掌？	地頭・浅海通直等	悪行狼籍	塩-181
㉚1323 元亨3	供僧等	太良庄地頭	非法	未-879
㉛1326 嘉暦元？、10	弓削島雑掌光信	公文大輔房以下輩	追捕狼籍	塩-207

注）出典の番号は『鎌倉遺文』、「広」は『広島県史』古代中世資料編V「東寺百合文書」の番号を、「塩」は『日本塩業大系』史料編古代中世(1)の「伊予国弓削島荘関係史料」の番号を、「未」は『鎌倉遺文研究』所載『鎌倉遺文』未収録「東寺百合文書」の番号を示す。※は提訴の年を推測したもの。それ以外の年月は史料初出の年月。

（年表1・2共通）

余ヶ条の法令群[13]を村井章介氏が八項目に分類しているが、[14]このうち「寺社領・仏神事の興行」の項目に分けられた法令を整理してみると、さらに次のように分けることができる。(イ)九州の宗たる社領に関するもの、(ロ)東国・鎌倉寺社に関するもの、(ハ)国分寺・一宮に関するもの、(ニ)東大寺領周防国三カ所河手のこと、[15](ホ)寺社一般のこと、である。

このうち、(イ)の九州宗社領に関わる追加法五四四条の神領興行法は、従来の研究を踏まえ、海津氏が詳しく分析している。[16]それによればこの五四四条とは、「鎮西の宗たる神社の神領において、知行年紀法も不易の下知も例外とせず、『甲乙人』の買得知行を停止するという内容の寺社保護の法令」である。御家人を含む「甲乙人」の買得地はすべて無条件に社家に返付せよというものである。直接的には蒙古襲来を契機とし、「異国降伏」祈禱に対する恩賞としての意味合いをもつ法令であり、また在地領主側に抑圧的であることも確かであろう。

さて、(イ)～(ホ)の法令のうち、東寺に関わると考えられるものとしては、(ホ)寺社一般に関する三ヶ条(追加法四九一・四九二・五七一条)である。近年の弘安寺社徳政論では、九州宗社・伊勢神宮・鎌倉東国寺社等を対象とし、この寺社一般に関する法令についてはほとんど論じられることがない。しかし、このうち四九一条の、

一　寺社領如旧被沙汰付、被専神事仏事、被止新造寺社、可被加古寺社修理事

という条文の最初の文言「寺社領、旧の如くに沙汰し付けられ」という表現は、九州宗社の神領興行法に関する条文「一　九国社領甲乙人の売買を止め、旧のごとくに沙汰致すべきこと」(同五〇九条)の「旧の如くに沙汰致すべし」という文言に対応し、九州宗社のみならず寺社一般に対してもなんらかの寺社領返付の方針が打ち出された可能性もある。[17]

そしてとくに筆者が注目したいのは、この三ヶ条の中の五七一条、

一　寺社領事　弘安七　十二　十八
　被勘領家地頭得分、彼是無損之様、可被分付下地也、此旨可尋沙汰之由、可被仰引付

という下地分割に関する法令であって、「寺社領のこと」と最初の事書に書き出され寺社領に限ったものであること、正に弘安徳政の真最中である弘安七年十二月に発令されたものである点からして、寺社保護を目的とした寺社徳政としての下地分割法であると考えてよいと思う。

とくに次のように、その解釈から寺社徳政としての法令であることは間違いないと思う。この条文には、すでに早く島田次郎氏が九州神領興行法と関連付けながら注目しており、次のように説いている。(18)氏は「一　中分のこと　新補率法の地頭、非法過法の時、雑掌御成敗を蒙るといえども、地頭叙用せざるの刻、雑掌の所望につき中分の例あるか、承久以前の本補地頭は、地頭承伏せざるの時、中分の傍例無し…」という、一二七五（建治元）年のものと推定され、六波羅引付方奉行人唯浄の意見書だとされる紀伊国阿弖河荘条々事書案(19)の文言から、建治年間には新補地頭に対して領家の一方的申請による分割が行なわれていた、と説いた石井良助氏の見解(20)を支持している。すなわち、新補地頭が非法を行ない、そのうえこれに対する幕府の非法停止命令があっても地頭がそれを実行しないという事実が存在したときには、領家側からの一方的申請によって強制的に下地分割が行なわれることが建治年間ころにはあったとし、「傍例」に過ぎなかったこれが法として成文化されたのが弘安七年の下地分割法であったというのが島田氏の説である。(21)それ故、この弘安七年法は地頭の同意がなくとも、領家側の意志によって強制的に下地分割が行なわれるということを意味しており、領家たる寺社側優位の法であることは間違いない。下地分割法は在地領主制の発展を抑止する方向に働いた点についても、神領興行法と相似し、同時期制定の両法は共通の立法理念に立つ寺社保護の法令であるといえるだろう。

この法が領家側保護の立場に立つことは、下地分割そのものが両者の和与による下地分割をも含めて、地頭側から下地分割を申請した例がいっさい存在せず、つねに領家方からの申請であるという氏の説によっても裏付けられる。下地分割は、必ずしも地頭側に有利な結果をもたらすとはいえず、地頭の非法に対する罰則的意味合いが強いことは、島田氏のみならず安田元久氏によってもそれ以前に指摘されている。(22) ゆえに下地分割盛行をもって地頭領主制の進展としてのみとらえるのは正しくなく、政治権力が奨励し、領家たる寺社がイニシアチブをとった社会的現象と考えるべきである。

さらに、鎌倉期の下地分割のうち、弘安八年以降行なわれたものが島田氏の作成した表によれば約七七パーセントにも達するという事実によって、この法の成立に期待して領家の提訴が殺到したということも想像がつく。下地分割法の成立は庄園制社会に大きな影響を与えたと考えられる。(23)

では、東寺がこの法令に反応して提訴した訴訟はあるのであろうか。次の丹波国大山庄の事例がそれに当たると思う。後に供僧らが庄務権を握るようになる大山庄は、弘安期には東寺執行が庄務権を掌握していたので、(24) 年表2の幕府訴訟表には載せていない。しかし、執行によってこのころ、地頭中沢氏を相手取って幕府に提訴されており、その裁許が下ったのが一二八七（弘安十）年十二月である。(25) 提訴の年を明確に示す史料は見当たらないが、この裁許状のなかに「一　弘安三年より同七年に至る年貢未進のこと」という項目があり、東寺雑掌が弘安三年から弘安七年までの地頭年貢未進を訴えたことがわかる（このころ当庄は地頭請所）。したがって提訴の時期としては、七年の年貢算用を済ませた後の弘安八年春以降九年春以前である可能性が高いのではないだろうか。これは下地分割法が発令された七年十二月の直後である。また、内容的にも「地頭職を寺家に避付けられるか、はたまた下地を中分せらるべくの由、雑掌訴え申すのところ」とあり、この提訴は弘安七年の下地分割法の成立の後にこれを弾みとし、これを狙って提訴したと考えられるのではないだろうか。この時の裁許では東寺側の企ては実らなかったが、その後も地頭の年貢未進は続き、再度雑掌は訴訟を起こし、一二九四（永仁二）年には弘安の下地分割法にのっとった形で、「年貢の足を募り、田を分つ」という、得分を勘じてその割合に応じた下地分割が実現する。(26)

以上、弘安期の幕府寺社徳政のなかに、神領興行法と同じ歩調のなかに下地分割法が存在したのだと考える。そしてその最終的な目的は次のように考えることができるのではないだろうか。

海津氏は幕府神領興行法の結果として、寺社領内部の「別相伝」（「一旦執務」の別当・宮司等が寺社領の一部を弟子や子孫へ別相伝し私領化していくこと）領主の排除による権力集中化と重層的散在的所領の整理統合を強調した。一方、井上氏はこの法の目的を、御家人領と寺社領との区分け、双方の所領の整理集中化だと説いたが、いずれも幕府神領興行法の本質的課題を所領の整理集中化＝一円化という所領構造改革（庄園制改革）にあったとする点で一致している。(27)これと同時に発令された下地分割法も、その課題は「両方の所務を混乱せず、心やすからしむため」(28)の所領の一円化にあったと考えることができる。西谷氏の説く公家社会の本家領家対立と、これに対する公家徳政による排他的領主的支配権の確定も含め、(29)この時代に全社会的な所領構造改革（庄園制改革）が進行していたと考えられ、下地分割もこの一環だったと考える。

(2)　弓削島庄の提訴——訴訟制度変革について

では、弓削島庄の提訴は幕府の政治動向に対応しているのであろうか。弓削島提訴は一二九〇年一月、その準備はすでに一二八八年二月には始まっているから、一二八四年十二月の下地分割法成立の影響も十分考えられるが、この提訴は別の幕府訴訟方針の転換を踏まえ、もっと大きな成果を期待した可能性もある。

弓削島訴訟の裁許が下ったのは一二九六（永仁四）年であるが、この裁許状の十七ヶ条にわたる裁定のなかに「一公文ならびに預職のこと」という一ヶ条がある（塩一三二）。それによれば、正嘉の和与状によると地頭は末久名のほかは干渉できないのに、当職を地頭が進止したことが明らかなうえは、「下知違背の咎遁る所無きの間、所帯を収公さる所なり」とあり、正嘉三（一二五九）年の和与状（塩三〇）とこれを保証した同年（正元元）六波羅下知状（塩三二）に背いた「下知違背の咎」によって小宮氏は地頭職を没収されている。

この「下知違背の咎」については古沢直人氏の研究がある。(30)「下知違背の咎」とは、幕府の以前の裁許などの「下知」に従わないときに厳罰に処す法的措置であるが、鎌倉幕府初期のあり方と明らかに異なって、この「下知違背の咎」はある時期を画期として実際に適用されるようになるという。すなわち幕府の判決執行力の欠如から強制執行への幕府法の大きな転換である。この措置に関する一般的規定は現存する鎌倉幕府法制史料にはみられないが、氏は具体的適用例を検出して表を作成することによって、その画期は弘安末年（表中の初見は一二八七〈弘安十〉年）にあると説く。しかもこの「下知違背の咎」による処罰が、所領収公ないしは一部没収など非常に厳しいものだという。この幕府訴訟方針の転換も時期的に見て、前項で指摘した全社会的な所領構造改革を補強する役割をもっていたのではないだろうか。

ともあれ、このように弘安末期に幕府法、幕府訴訟方針の大きな転換があったものと考えられ、弓削島の提訴の動きが弘安十一年から正応三年であることを考えると、この幕府訴訟方針の大きな転換に供僧らが機敏に反応して訴訟を起こした可能性は十分ある。そして事実見事にその目的を達成するのである。

以上のように、正応三年の弓削島提訴は弘安七年の寺社領一般に対する「旧の如くに沙汰し付けらる」幕府方針や、同年十二月の寺社領に対する下地分割法の成立、弘安末期を画期とする判決執行力強化による所領没収処置という幕府訴訟方針の転換など、所領構造の一円化への変革を推進しようとする政治的社会的流れに沿って、この好機を捉えて有利な判決を勝ち取るべく機敏に提訴されたものだと考える。

二、下地分割による弓削島の変化

最初に述べたように弓削島の正応三年の提訴は最終的には一三〇三（乾元二）年新地頭との間での下地分割という形で決着がつく。では、供僧らの強い希望と意気込みによって実現することになった下地分割という形での庄園改革は現地ではどのように受けとめられたのであろうか。その前にまず下地分割が現地にどれだけの変化をもたらしたかを確認しておきたい。

最初に下地分割前の状況を再現してみよう。図1は前稿[31]で作成したものだが、下地分割直前の状態をうかがうことのできる応長元（一三一一）年弓削島庄田畠・山林・塩浜以下相分帳（塩一六五）から、塩浜を末久名方の百姓が使用しているか、百姓名の百姓が使用しているかによって、塩浜の領有関係を推測して地図上に落としたものである。大串・高ハマなど黒枠の塩浜名が地頭領末久名に属する塩浜であり、鯨・比季野など白枠の塩浜名が領家方の支配下にある百姓名に所属するもの、ツリ浜・島尻の塩浜は両者入り組み地であると考える。この塩浜の保有状況と、文治五（一一八九）年作畠検注取帳（塩一七）の「垣内」の位置から、末久名とそれぞれの百姓名の本拠を比定したのが図2である（しかし、いずれの名も散在性をもつからこの図はあくまで中心地の比定である）。

末久名を領有する地頭側は、大串に「土居の上」という地名があることからしてこの地に居館を持っていた可能性が強い。したがってここを中心に大串・高ハマ・サカリ・三水の一帯を本拠とし、そのうえで島北端部に向けて所領

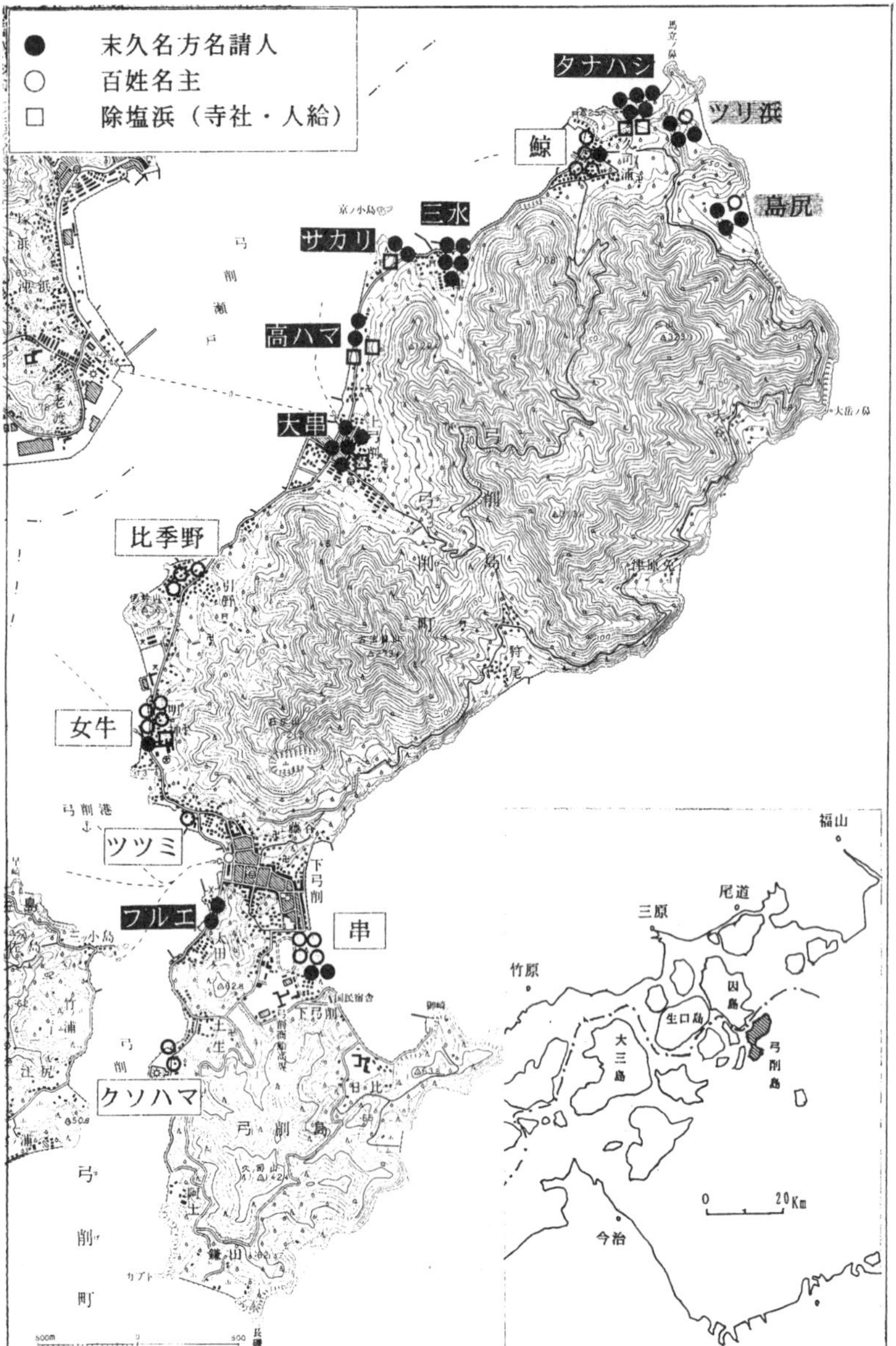

● 末久名方名請人
○ 百姓名主
□ 除塩浜（寺社・人給）
タナハシ
ツリ浜
鯨
島尻
三水
サカリ
高ハマ
大串
比季野
女牛
ツツミ
フルエ
串
クソハマ
弓削瀬戸
弓削島
弓削港
下弓削
弓削町
福山
尾道
三原
竹原
因島
生口島
大三島
弓削島
今治
0 20Km

図1 塩浜の分布図

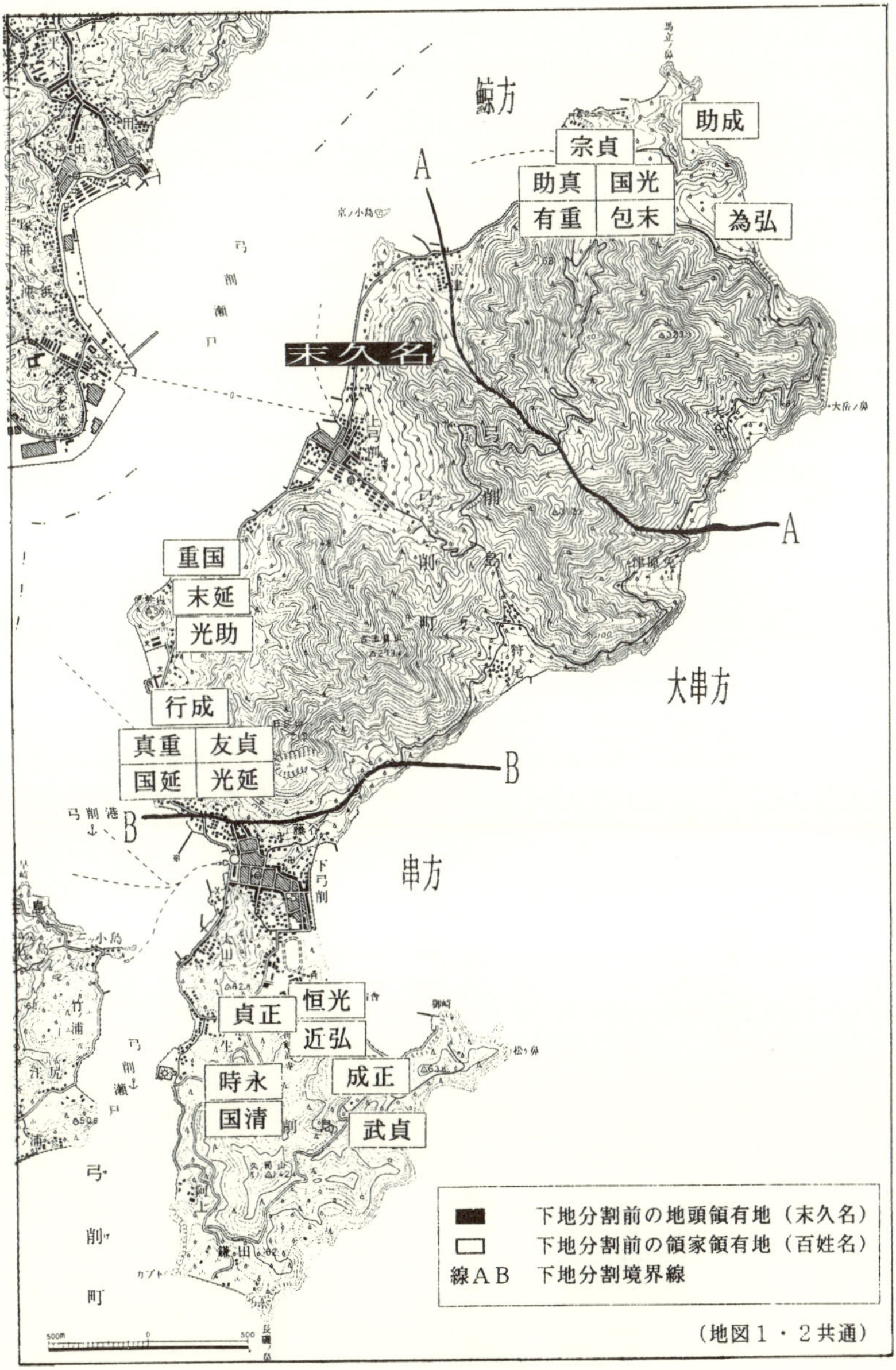

図２　末久名と百姓名の分布図

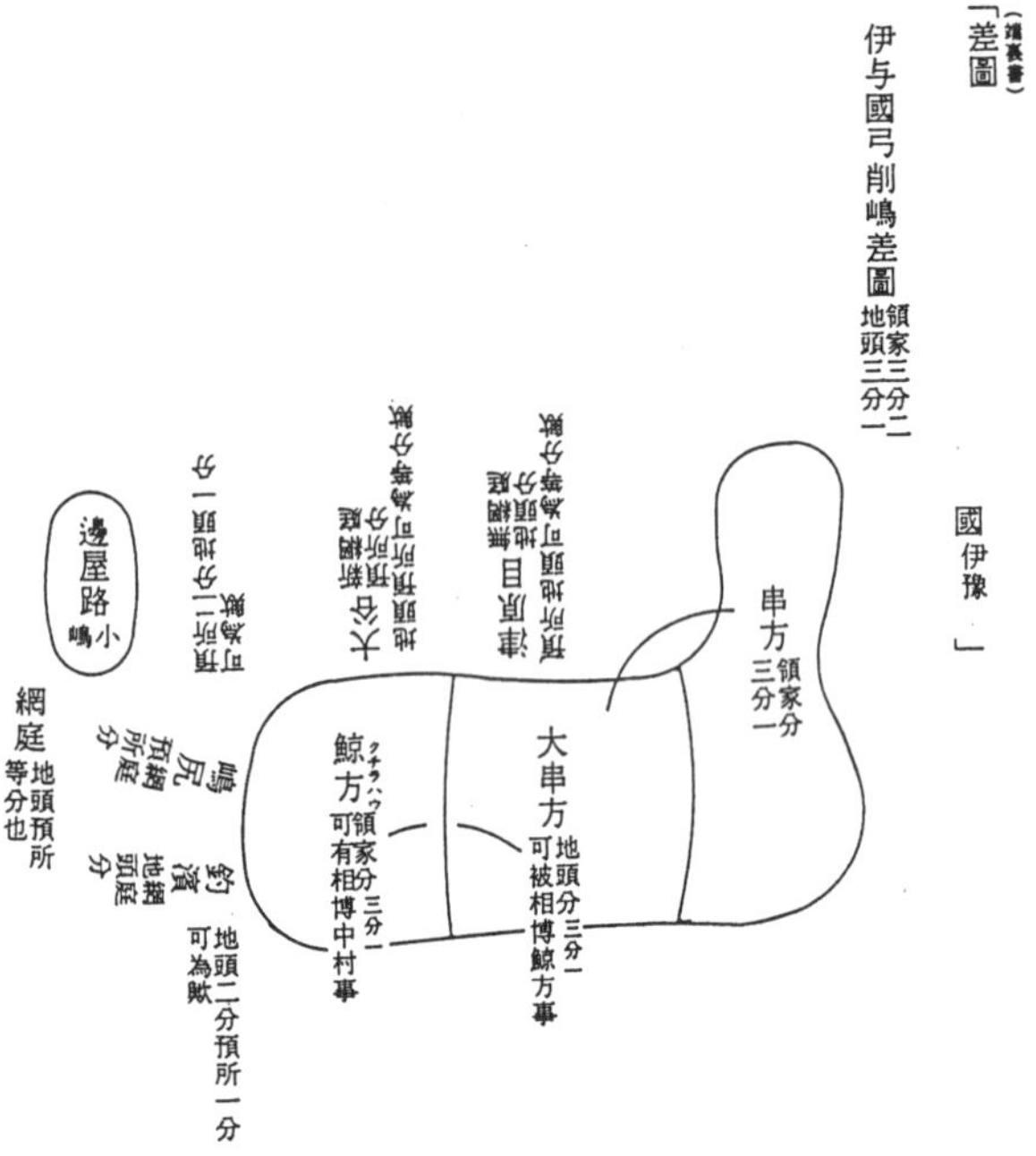

図3　弓削島庄領家・地頭相分絵図

をもつ。それに対し、領家側はおおむね島の中央部より南一帯を領有し、そして島の北端部に地頭領の中に入り組みつつもかなりの支配地をもっている。したがって大きくは島の中央当たりで境界があるといえるが、島内わずかの田地のうちの多くが集中する「大田」近くのフルエや、人口密度の高い島北端部など権益の集中する地に両者の入組地があり、それは同時に両者の係争地であったにちがいない。分割前の地頭と領家との支配領域はこのようであったと思われる。

　弓削島の地頭は入部以降、本来は権限をほぼ末久名に限られており、庄園全体＝島全体に対しては収納などの所務に関わらず、したがって下地進止権も持たないばかりでなく、百姓名部分に対する「加徴」収取権などの得分権も有していない。しかし、わずかに、限られた散田権や人夫役などの地頭課役徴収などの権限は島全体に対して認められていたものと考えられ（塩三〇・一三二・一三七）、これを足がかりに島全体に対して実力で勢力を及ぼそうとしていたことは、従来の地頭領主制の研究史の説くとおりであろう。これが下地分割前の弓削島の状況である。

　では下地分割後はどのようであろう。右に掲載した絵図（図3）は年不詳だが、下地分割の時のものだと考えられている有名な絵図である（塩一六九）。この絵図によれば地域的に三分割し、三部分のうち中央の「大串方」三分の一が「地頭分」、その他の北の「鯨方」と南の「串方」が「領家分」となる。領家対地頭の比は二対一の「下地相分」である。三分割する二本の境界線を、一つの試案として図2のほうに示した（線A・B）[32]。この三分割によれば、分割前と後との移動は次のようになると考えられる。

　まず、線Bより南の「串方」部分は最初から領家進止の地であったから、そのまま領家方として変化なしである。一方北部では、境界線Aによって末久名が南北に分割され、そのうちの南の、本拠地の主要部分はそのまま地頭分として残り、これに元領家進止であった重国名以下八名の百姓名が新たに地頭分となり、合わせて地頭方「大串方」を形成する。次に分割された末久名のうち北端の入組地を含めた北の部分は新たに領家分となり鯨浜などの百姓名とともに領家方「鯨方」を形成することになる。つまり、領家東寺側からみると、新たに入ってきた部分として末久名の北の部分、除かれた部分としては比季野・女牛一帯の重国名以下八名の部分である。

表1　下地分割後の領家方百姓代表者

元からの領家方名主	その他
恒光　○	永重
成正　○	清太郎
貞正　○	助貞
時永　○	助清
（国清）	大夫太郎
近弘　○	清宗
（武貞）	庄司
光延	宗四郎
末延	平次郎
光助	惣源次
真重	平内
友貞	弥太郎
国延	衛四
重国	弥四郎
行成	
宗貞　○	
助真	
国光　○	
有重　○	
（包末）	
助成　○	
為弘　○	

注）正和3（1314）年弓削島庄領家方百姓等申状（塩176）による。

　このことは表1によっても確認することができる。表1は正和三（一三一四）年領家方百姓等申状（塩一七六）の署名者であるが、下地分割実現直後のものであるから、下地分割後の領家方百姓代表者と考えられる。表の左側は元の領家方名主二二人を地域順に全部並べた

「公田方」の構成

畠浜桑代例六代塩 籠斗→大俵塩(俵斗)	二季神祭魚代塩 春　秋(俵斗)	蛎代 中俵塩	房仕代 大俵塩	三ケ年一度引出 物布代中俵塩	総計 大俵塩	今 (俵)
35.10　10.30	大1 大1.17	1(俵)	2(俵)	3(俵)	34.17	
20.10　6.05	中1 大1	1	2	2	24	20
23.03　6.48	中1 大1	1	2	1	24.13	22.13
16.13　4.18	中1 大1	1	2	2	22.13	
10.13　3.0	中1 大1	1	2　不作	2	20.45	12
20.10　6.10	中1 大1	1	2　不作	2	22.05	15
14.20　4.20	中1 大1	1	2	3	28.07	14
13.13　4.30 2.15荒	大1 大1.17 1.08不作	1 1斗半不作	2 1不作	3　1半不作	14.085	12
9.13　2.43	中1 大1	1	2	2	20.38	
21.20　6.25	大1 大1.17	1	2	3	22.12	
10.0　3.0	中1 大1 不作	1　不作	2　不作	2　不作	9.125	5
41.13　12.23 9除	大1 大1.17 1.17除	1	2 1半除	3　2除	12.02	
50.15　15.08 10.08除	大1 大1.17 1半除	1　2斗除	2 1.2除	3　2除	13.12	9
32.03　9.03 不作	大1 大1.17 不作	1　不作	2　不作	3　不作	8.25	
15.13　4.38	大1 大1.17	1　不作	2　不作	3　不作	13.16	
21.26　6.28	中1 大1	1	2		24.23	
17.0　5.05	大1 大1.17	1	2	2	23	
11.07　6.22	中1 大1	1	2	2	20.17	
43.03　12.48	大1 大1.17	1	2	3	36.35	32.22
21.0　6.15	中1 大1	1	2	2	24.1	
33.13　10.03	大1 大1.17	1	2	3	33.4	28
27.13　8.13	大1 大1.17	1	2	3	32	

うえで、このとき署名した者に○印を付けている。名前にカッコの付けてある名(33)以外で光延名から行成名までの八人の名主がすっぽり抜けていなくなっているのがわかるであろう。この八人の名主が地頭方へ移動したと考えられる。この八人が図2の地頭方「大串方」に移った重国名以下八名の名主たちにそっくり一致する。表の右側の「その他」の項目の者たちが新たに地頭方から領家方に属することに

表2　下地分割後の

名	田地 反歩	畠地 反歩	不作とその理由		表示	交易畠 反歩	塩浜 歩	年貢 大俵塩
恒光	1,120	2.180			大	3.240	200	17(俵)
成正		120		合武貞	小	3.300	150	12半
貞正	180	4.0			小	2.240	150	12半
時永	1, 30	6.240			小	3.300	150	12半
国清		2. 60		一向不作	半	3.300	150	12半
近弘	1, 60	3.120	1.120	荒	半	4.300	150	12半
武貞	60				大	5.0	200	17
光延		3.0	1.180	荒	半	3.240 1.300荒	200 100荒	17 8半荒
末延	120	140			半	2.240	150	12半
光助	1,180	9.120		入中村間 一向不作	半	3.240 入中村	200	17 8半除
真重	240				非	2.240 不作入中村	150	12半 6.125除
友貞	240	6.180	4.0	入中村間 不作	3分1	3.240 2.240入中村	200 150入中村	17 12除
国延	120	5.240	4.240	入中村間 不作	3分1	3.240 2.120入中村	200 150入中村	17 11除
重国		9.120		入中村間 一向不作	非	3.240 入中村	200	17 8半除
行成	1.120	5.240		入中村間 不作	非	3.240 入中村	200	17 8半除
宗貞		6.180			小	2.300	150	12半
助真	1.0	7.0		今一反免之	小	2.240	150	12半
国光		7.0	3.0	入中村間 不作	小	2.180	100	8半
有重	2.180	16.0	6.0	荒・入中村 間不作	大	3.240	200	17
包末		10. 60		公文給除	公文給	2.300	150	12半
助成		10. 60	240	不作	(大)	3.240	200	17
為弘	1.0	5.240			(大)	3.240	200	17

注）正和2（1313）年弓削島庄公田方田畠以下済物等注文（塩167）による。

なった百姓たちだと考える。下地分割によって百姓たちの所属の入れ替りがあったことがわかる。

　このことは、さらに一三一三(正和二)年に下地分割後の収取台帳として作成された「公田方」「名田方」二つの田畠以下済物等注文(塩一六七・一六八)によって確認される。「公田方」「名田方」とは、分割以前からの呼び方で、領家進止の百姓名部分を「公田方」、地頭進止の末久名を「名田

表3　下地分割後の「名田方」の構成

名請人	田地 反歩	畠地 反歩	表示	麦代塩 石　斗
延武四郎三郎	1.0			
惣蓮	240	3.300		5.5半
屋四郎	1.0			
俊土二郎	2. 60			
斎大夫	1.0			
四郎二郎	1.0			
平二郎	180			
本西	1.0			
丹左近	180			
永重		3.120		5.0
清宗		4.120		6.5
助安		5. 90		7.5325
助清		5. 90		7.5325
別当		5.120	半	8.0
末久		4.300	半	7半
末守		2.240	半	4.0
（田頭）		1.300		2半
守清		5. 60		7.5半
守永		3.180		5半
見入		3.240		5.5
依宗		4. 60		6半
助遠		3.0		4.5
屋三郎		2.240		4.0
依重		1.120	半	2.0
道祖口		4.0		6.0

注）正和2（1313）年弓削島庄名田方田畠以下済物等注文（塩168）による。

方」と言ったのではないかと思うが、この公田方注文のほうは、旧来の領家方収取台帳をもとにして分割による移動を記録してあり、名田方注文のほうは元地頭分であった者たちの中で新たに領家方に入ってきた百姓たちについてのみの注文だと考えられる。(34) これら二つの注文を表にしたのが表2・3である。表3の名請人たちが、新たに地頭方から領家方へ移ってきた名請百姓の全部であることになる。また表2のほうでは、表1で特定した光延名から行成名の八名の部分（網掛け部分）に「中村に入る間不作」という注記が散見されることによって、この八名が地頭方へ移ったということをこの史料によっても大方追認できる。(35)

下地分割によって領家方・地頭方の新たな領域が設定され、それに伴った領家方・地頭方の人の所属の入れ替えがあったことが確認できる。この所属の入れ替えは現地の共同体結合に大きな変動をもたらすことになったであろうことに注意しなければならない。

この分割の形は島の次のような状況を反映していると考えられる。現地における下地分割は領家東寺が三分割し、そのうちの一つを地頭に選び取らせるという方法で実施された（塩一五一・一五二）。現地における実施においても主導権を握る領家東寺は次のように目論んだものと考える。

地頭名末久名は、承久以前の島土着の下司平氏の領主名を引き継いだものであるから、前稿で明らかにしたように島内唯一の在地領主的存在の所領である。それゆえ面積的に隔絶しているばかりでなく、島内でも権益の多い場所を確保していた可能性が高く、事実、生産高の高い塩浜は北部に多いし、人口密度も北上するに従って高く、大串の「土居」のほか「マドコロ」（政所）という地名[36]も北東部大谷の近くに存在し、当時北部のほうが島の中心部であったと考えられる。島外からの出入り、すなわち海上交通上の要衝もこちらにあったのではないだろうか。したがって領家側は従来からの地頭支配の強く及ぶ北部一帯を面的に地頭側に渡すわけにはいかず、とくに北端部の係争地の解決（大田付近の係争地の解決も）、領家側による面的領有が大きな課題だったと考えられ、その目的はひととおり達成されたといってよい。領家東寺はこれらの課題解決を最優先にしつつ、同時に現地における変動も最小限にすべく配慮した分割が、この分割線であったとは思う。それゆえ、ある程度の小地域的まとまり――串方のまとまり、比季野・女牛浜一帯のまとまり、地頭方中心地大串一帯のまとまり等――を考慮しながら分割・移動を行なっているのも確かであるが、それにもかかわらず新たな領域を設定する以上、所属の入れ替えが避けられなかったのは前述のとおりである。

このように庄園領有者からすると一口に下地分割でも、現地にとっては新たな領域の設定といい、人の所属の移動といい、それによる村落共同体の変容といい、大きな混乱が生まれたのは間違いないと考える。

三、下地分割への現地の抵抗

下地分割の和与が新地頭との間で成立するのは一三〇三年であるが、これが実行に移され、新しい収取台帳である二つの済物注文ができあがるのは既述のように一三一三年四月である。これをもって新体制の開始と考えるとすると、この間一〇年間、供僧らの焦りにもかかわらず現地では下地分割後の新体制は実現しなかった。そしてこの年、新しい収取台帳が公文の注進したものをもとに東寺で承認され、四月にこれを公文が現地に持ち帰る（塩一六七・一七九）やいなや、直後の六月には百姓らは庄園領主東寺への申状提出を開始し、供僧らへ訴えを起こしだす。以後、これを第一回目とし、七月には連署起請文（塩一七二）を、翌一三一四（正和三）年九月には二回目の（塩一七六）、十一月には三回目の申状（塩一七八）を提出し、その年の十二月には寺家法廷における預所との問答を遂げ（塩一七九）、ひとまず落着するが、一三二四（元亨四）年三月には四回目の（塩二〇三）、同年九月には五回目の申状提出（塩二〇五）を行なうという経過をたどることになる。

これら一連の百姓等申状提出は鎌倉期をとおして弓削島における唯一の大きな百姓らの抵抗運動である。これら申状提出の内容と目的は一貫して預所代官承誉の「非法非例条々」の告発と排斥であるが、最初の申状提出が新収取台帳作成直後であることが重要であり、これら百姓らの動きは下地分割実施と密接な関係をもっているにちがいない。この関連性を検証するために初回の百姓等申状の分析を行なってみたい。

(1)　正和二年六月の百姓等申状

申状（塩一七〇）は最初の事書部分に「早く撫民の御裁許を下され、安堵の思いを成さんと欲する当代御給主（承誉）非法非例条々を致され術無き間のこと」と始まり、八ヶ条にわたって訴えを展開している。これらの八ヶ条の内容を一つ一つ検討してみたいと思うが、史料は長文なので一ヶ条ごとの要旨のみ述べることにしよう。

① 「沙汰用途」と称して去年冬非法に一〇貫文充て召されたことについての訴え。

② 代官承誉が勧農の時に牝牛を海路遠く伊予国小山まで連れていき、責め使い責め殺してまったという訴え。

③ 「本厨」においては、大名は三斗三升、小名は三斗納めていたのに、当年初めて一律五斗一升七合になったことへの不満。

④ 「本年貢御塩」倍増のこと、ある名は五、六俵、ある名は八～一〇俵加増して懸けられることになったことへの不満。

⑤ 「御雑事塩」のこと、下地中分の時、ある領家方百姓は地頭方に成され、ある地頭方百姓は領家方に入れ替えられたので、本からの領家方百姓は一方よりの塩のほかは納めなくてもよいはずなのに両役を懸けられることへの不満。

⑥ 領家方の神祇料たる浮免一町は三反小は地頭方に召されたが、残り六反大は神祇料として百姓らが拝領するのが先規であるのに、当年は拝領できなかったことへの不満。

⑦ 領家方百姓は毎年「鎌倉夫」用途三貫文召されていたが、栄実が雑掌の時から領家方の公田方百姓みなで京上船一艘用意し、鎌倉夫においては免除されていた。それなのにまた、鎌倉夫を懸けられることになったことへの不満。

⑧ 「三日厨」のこと、栄実雑掌の時一円知行になったので、領家方分のみ徴収され、地頭方分は棄捨されたのに、今度また両方を徴収されることになったことへの不満。

一ヶ条ずつ表4を参考にしながら詳しく検討してみたい。表4は一二五五（建長七）年のものと比定される年不詳田

表４　下地分割前後の負担物の比較

負担品目	建長７年（1255） 名寄帳 A	正和２年（1313） 公田方注文 B	正和２年 名田方注文 C
所当米	７石６斗６升余	８石７斗６升余	3石3斗2升余
所当麦	29石２斗７升余	18石5斗1升余	21石余→大俵塩173俵
年貢大俵塩	○	○	
畠浜桑代例六代	○	○	中俵162俵
二季神祭魚代	○	○	
房仕代大俵塩	34俵	24俵	房仕１人
蠣代中俵塩	○	○	
三カ年引出物布代	中俵46俵	○	
大躭大俵塩	80俵	80俵	
草手塩	17俵	45俵	
膳所定使中俵塩	17俵	12俵	14俵
苧・あらめ等	○	○	門苧13目・たこ26
くず粉	１桶	２口	
○日別入物白米３升	○	名別５斗1升７合	
小躭中俵塩	17俵		66俵
○（神田・神畠）	４反・１丁		
比季野浜分大俵塩		８俵	
○名別８俵塩		※96俵	
節句役		○	
畳・莚等		○	莚13枚
方違銭		※250文	250文
綿手房仕銭		※１貫390文	１貫560文
雑器三日饗麦	○	１石５斗７升２合	
○雑器三日饗麦		※１石５斗７升２合	１石６斗９升
網分	○	○	
			小弓塩14俵
			秣塩14俵
合計	大俵塩（約643俵） 諸公事 米７石６斗６升余 麦29石２斗７升余	大俵塩640俵 諸公事 米８石７斗６升余 麦18石５斗１升余	大俵塩173俵 中俵塩270俵・諸公事 米３石３斗２升余

注）Aは弓削島庄田畠所当塩等名寄帳（塩補39）、Bは（塩167）、Cは（塩168）による。
　※は「元地頭得分」を表わす。
　○は数量のはっきりしないものを○で示した。
　（　）の数値は筆者計算。
　大俵は５斗、中俵は３斗、ただし、名田方の中俵は不詳。

畠所当塩等名寄帳（塩補三九）(37)と前掲の正和二年公田方・名田方済物注文の負担品目の種類とそれぞれの総額を示したものである。建長七年のものと考えられる名寄帳（A）は正和二年の公田方注文（B）とほぼ同様の記載形式を持ち、名ごとの基本収取額は同じだから、後者は前者をもとにして下地分割後の移動に伴う変化を記したものであることは明らかである。建長七年のものは下地分割以前の収取を、正和二年の二つの注文は下地分割以後の収取を示すから、この表によって下地分割前後の収取・負担の変化を比較できると思われる。

① 「沙汰用途」とは表4の品目のなかに見出せないが、翌年末の寺家法廷での問答の際にこれが取り上げられ、これについて百姓らは「地頭これらの非法、御訴訟により替え改められる上は、御一円の後、御寛宥あるべくの由相存ずるところなり。地頭所務の時、その沙汰致すの条もとより勿論の次第なり」（塩一七九）と述べているので、下地分割以前の地頭課役と思われ、分割後領家一円支配になったうえは、当然除かれるはずだと百姓らは考えていたのに、その期待に反して「御一円」の後も賦課されることへの不満である。領家東寺は地頭を排除した後も、かつての地頭取分を自己の取分として踏襲して百姓らに負担させようとしたのであろう。

② 承誉個人の非法に対する不満で、八ヶ条の中で唯一下地分割に関係のない条項である。ここでは詳しく触れない。

③ 「本厨」名別五斗一升七合とは、その額からして表4の中にある公田方の負担物「日別入物白米三升」にあたると思われ、これはA・Bともに「三月三日より十二月に至るまでこれを入れる」と注記があるから、日別三升にこの日数を掛けた総額を、下地分割後に公田方の名が減少したにもかかわらず、同額を負担させようとしたために一名当たりの負担増になったものと思われる。

④ 「本年貢御塩倍増」とは、表2の名ごとの「大俵塩」総計と、その隣に示した「今～俵」とある数値との比較を

いっているのではないだろうか（既述のように名ごとの定額はA＝Bのはずだから）。たしかに「今〜俵」とある数値と文書どおりの定額とでは二俵から一四俵の幅で増額になる。下地分割後の新体制の出発とともに、長年の間になんらかの事情で温情的に認められていた額を寺家側が文書どおりの収取に立ち戻って収取しようとしたことへの反発ではないだろうか。

⑤「御中分」のとき「御名百姓」と「地頭方百姓」が入れ替えられたという記述が注目され、これによっても前章で述べた所属の入れ替えが確認できる。「御雑事塩」とは「八俵塩」を召されるとあるから表4の「名別八俵塩」のことと考えられ、下地分割以前の地頭取分である（塩一三二）。これも下地分割によって所属の入れ替えがあり、領家一円支配になったのに、除かれるはずの地頭課役が賦課されることへの不満だと考えられる。

⑥表4に示したように建長七年の名寄帳のほうにはたしかに「神畠一丁」の記載があり、「浮免一町」の「神祇料」とはこれを指すのではないかと考える。正和二年の注文のほうには見当たらず、これも下地分割をきっかけに旧来からの百姓らの権益が否定されたことを意味するのであろう。

⑦「鎌倉夫」とは地頭や御家人が鎌倉幕府への奉公として所領内の百姓に課した夫役であろうから、これもかつての地頭課役である。下地分割後、いったんは前雑掌栄実によって免除されていたのに承誉が代官になった時からまた復活しようとしたものと思われ、これも領家一円領になった後は免除されるはずだという百姓らの主張である。

⑧「三日厨」とは表4の「雑器三日饗麦」のことと考えられ、たしかに正和二年公田方注文にはこの「一石五斗七升二合」が二重に記載され、一方には「元地頭得分」と記されている。これも一円知行になった時にいったんは栄実によって免除されていたらしく、「元地頭得分」のほうは除かれるはずだという百姓らの主張である。

以上のように二条目を除いてはすべて下地分割に関する内容である。従来、これらの百姓等申状は代官承誉の悪党的海賊的商人的姿を描くことの素材とされ、またそのような代官に対する闘いとしてのみ扱われ、下地分割との関係で注目されることはほとんどなかったと思う。しかし、新しい収取台帳の内容とよく符合し、下地分割がもたらした新収取体制に対する抵抗であることは明らかだと思う。具体的には、①⑤⑦⑧のように領家一円領になった後も元地頭得分を賦課されるなど、下地分割に乗じた領家の収取・支配の引き締めがうかがえ、この理不尽さ（百姓らにとって）に対する攻撃がもっとも強く表面化している。しかし、その根底には二章で明らかにした地頭方・領家方相互の所属の入れ替え、在地の秩序の改編に対する動揺・不安があることも確かであると思われ、そのうえに地頭分賦課を取り除かれるという唯一の期待感を裏切られ、さらに収取の引き締めがあって、百姓らはその不満を大きな形にして外に向かって噴き出させたととらえうるのではないだろうか。これらが重なって百姓等申状提出運動へ発展したと考える。

(2)　新体制発足の遅延——前雑掌栄実との結託

もう少し下地分割に対する百姓らの抵抗と動揺を追究してみよう。現地はその後さらに混迷を深める。翌年七月には二度にわたって新代官と称する備後国常石八郎が島に入部し、百姓らは承誉代官不在に付け入り、八郎を新代官に仕立て上げ、年貢塩等を彼に納める。八月に承誉は島に戻ってきて、八郎を島に引き入れた百姓らの首謀者、百姓清左近（「守護の下人」）を追捕する。「清左近男においては先年栄実の語らいを得、所々悪党乱入の時」と預所が言っているから、「先年」悪党乱入乱闘のときに前雑掌栄実が関わっていたばかりでなく、清左近が主導したこの騒動にも栄実が関与していると考えてよいであろう。この事件の後九月には、ついに百姓らは「重代相伝の名主職ならびに住宅等を打ち捨て」「御領内を罷り出」る。そして十一月に「子細言上のため」百姓三人が上洛し、十二月には東寺法廷で預所正員空誉と対決することになる。その法廷の場で、上洛した百姓らが「栄実の舎弟伊予房」の「宿所に寄宿」していることを預所によって暴露され、今回も「栄実の語らいを以て訴訟に及ぶの条、分明なり」と栄実の関与が露見する（以上、塩一七六・一七八・一七九）。最初の百姓等申状の⑦⑧で百姓らが栄実を引き合いに出して承誉のやり方を非難しているように、百姓等申状提出の一連の動きは最初から栄実と組んで進めていることは確実である。

栄実が弓削島の史料に現われる初見はいまだ前地頭小宮氏との訴訟が係争中である一二九五（永仁三）年五月である。この時「栄実雑掌として訴訟といい所務といい、その沙汰を致すのところ、かの預所得分半分づつを分かちとるべき」契約（塩補二七）を「本雑掌」加治木頼平と交わしており、その後長きにわたって弓削島雑掌を勤め、一三〇三年の新地頭藤原房子側との和与も栄実によって成立している。ところが、それにもかかわらず、その後彼は地頭側の難渋を理由に現地での下地分割を積極的に進めようとはせず、ついには供僧らから「何事により（分割した下地の選び取りを）閣かれるべく候や、返す返す勿体無く候」（塩一四八）と不審と責めを受けることとなる。ようやく一三〇七（徳治二）年ころ地頭との間での下地の選び取りが成立するが、今度は預所職をめぐる頼平と栄実の対立が起こり（塩一五一）、下地分割後の新しい台帳による収取は実現しなったものと思われる。そして一三一三年四月に新しい収取台帳ができた時には、預所代官は承誉に代わっており、承誉によって、すなわち栄実の排除によって初めて新体制が実施されるに至ったことがわかる。一三〇九（延慶二）年十月までは栄実は現地に居据わっていることが確認される（塩一六三）から、栄実と承誉との交代はおそらく一三一三年の直前ではないだろうか。

これらの経過のなかで、栄実による下地分割実施の難渋、栄実と百姓らとの「語らい」、前節で確認した百姓らの下地分割への動揺と抵抗を考え合わせると、本章の最初に述べた一三〇三年の和与成立から一三一三年の新収取台帳成立までの一〇年間の遅延そのものも、「本雑掌」頼平と対立の生じている栄実を自分たちの側に引き寄せた百姓ら自身の企てによる可能性が強く、この新体制実現の遅延自体に百姓らの抵抗がよく現われているといえる。つまり、これらの新体制遅延の事情から推測して、百姓らは新しい収取台帳（済物注文）の内容を見る以前から、なんとか下地分割後の新しい体制の正式な発足そのものを阻止しようとしていたと考え得るのではないだろうか。新しい収取台帳の理不尽な内容と新体制の正式な発足は百姓らを最終的かつ決定的に追いつめたと考える。

以上、本章では一節・二節を通じて正和二年に始まる百姓等申状提出運動が、庄園領主が推進する下地分割後の新支配体制全体（共同体秩序の改編、収取の再編）への根本的な抵抗であることを明らかにしてきた。この基礎的な立証に基づいて最後に次の点を主張したい。

入間田宣夫氏は「逃散の作法」(38)で弓削島のこの一連の百姓等申状を取り上げ、これらの史料を主要な素材としつつ、中世においては領主への訴訟と逃散が百姓の正当な権利として容認されていたことを明らかにし、大きな注目を集めた。また、同じ東寺領である太良庄の史料によって、蔵持重裕氏や山本隆志氏は庄家における百姓等申状提出の動きを庄園制秩序に則ったもので、現地と領主との連絡回路であり、反体制的な「闘争」というようなものではないとするとらえ方を示した。(39)これらを踏まえて内乱史研究会若手ワーキンググループは中世百姓の訴訟・逃散行為を体制内の遵法闘争と総括した。(40)

筆者も百姓らが体制の枠内での作法と戦法によって要求を通そうという姿勢をもっていることには賛成である。しかし、すべての百姓等申状提出の動きをその様式にのみ着目して個々の差し迫った事情を顧みず、ひとくくりに現地と庄園領主との定式的な連絡回路としてのみ理解するのであれば納得できない。体制内の遵法闘争を心がけながら、切迫した事情によって一定の作法を超えかねない場合も考えねばならない。

ここで想起されるのは、かつて古く鈴木良一氏が「百姓ら訴訟の時、同意の儀なく、公平を先とし、問答を加えるべし。もし強訴に及べば張本の名字を注進せしめ治罰を加えること」という東寺領矢野庄の代官請文などを引用しつつ、領主の許容範囲にあった「穏便」な「訴訟」と、断固として禁止された「強訴」を区別し、この区別の指標を「領主対農民の直接的関係」すなわち領主に対する直接的敵対関係としたことである。(41) 筆者はこの指摘に注目したい。

弓削島のこの鎌倉末期の百姓訴訟は表向きは代官承誉の非法停止の要求という体裁をとり鉾先を代官に向けているが、百姓らのカモフラージュにもかかわらず、訴えの本質はこれまで主張してきたように下地分割による新しい支配体制に対する抵抗であり、庄園領主の経営改革に直接向けられたものである点において、実は「穏便」な「訴訟」を超えようとしている。

そのことは翌年の寺家法廷における問答において（塩一七九）、具体的な訴訟項目に対する百姓と預所との長いやりとりが一段落した最終局面で、預所によって①前雑掌栄実の語らいをもって訴訟に及んだこと、②古の文書に任せ地下の公文が注載した分限（下地分割後の新収取台帳のことと考えられる）に対する抵抗であること、③年貢未進のあること、の三点を看破、暴露され、百姓らがあわてふためいたことによっても明確である。この三ヶ条は体制内の訴訟ではしてはならないことなのである。③の年貢未進のある逃散が許容されないことは入間田氏が前掲論文の中で指摘済みだが、①寺家が排斥した者と百姓らが結託していること、②庄園領主の意向による新体制に対して異を唱えること、もまた「穏便」な訴訟としての許容範囲を逸脱したものなのである。②によって庄園領主への反抗であることが見抜かれているのは明らかである。

このように、弓削島の鎌倉末期の百姓訴訟は、直接庄園領主の下地分割という改革に抵抗したものであること、栄実という扇動者がいること、逃散や乱闘や追捕などの騒動があった点において、日常性を超えた大混乱であり、体制内の訴訟を逸脱しかねない、極めて危険性を孕んだものだといってよいのではないだろうか。

そしてこの鎌倉末期の百姓訴訟の危険性は、一章で論及してきた鎌倉後期特有の全社会的な一円領形成という上からの庄園制改革の大きなうねりを受けとめなければならなかった現地百姓らの差し迫った訴訟であるが故であり、支配者側の歴史的な構造改革に対応した、歴史的必然性をもった危険性だったと考える。

おわりに

繰り返しになるので章ごとのまとめは省略することとする。

鎌倉後期に盛行する下地分割は、神領興行法と同じ鎌倉後期幕府寺社徳政の一環として、また一定の訴訟制度変革のもとに政治権力自体が推し進めたものであり、神領興行法や公家徳政と同じく所領構造の一円化への改革としてとらえるべきものである。それゆえ下地分割を含む一円化への動向は、全社会的時代的動向であり、単に従来のように地頭領主制の側面からのみとらえるべきものではない。しかし、庄園領有者のこの意気込んだ改革は、それだけに現地では大きな抵抗をもって迎えられ、鎌倉期をとおして初めての大きな民衆運動となるのである。改革の大きさは、民衆社会に、それに対応した大きな動揺を及ぼすことになる。

ところで、そもそも庄園制が何ゆえに一円化の方向に向かわなければならなったかという庄園制の変容の原因そのものについては、本稿では追究できなかったが、公家社会の本家と領家との間の庄務権掌握の問題について西谷正浩氏は次のように説明する。[42] すなわち庄園成立期には公家社会間の人脈の中での寄進によって庄園が成立し、その人脈がそのまま職の体系として残るので、本家・領家などの職の体系は、その間での人格的主従関係を伴ったものであった。ところが時代が下るにつれ、貴族の家の増殖・分立などの要因により、この人格的主従関係が消滅し、庄園領有における職の知行関係との間にズレが生じてくると、職の上下の知行者の間に庄園の庄務権領有をめぐって対立が生じ、これを公家徳政権力の訴訟裁断が一方の排他的一円的領有という形で決着をつけた、ということだと思う。

この論理は本稿で対象としている領家職―地頭職間の問題にもある程度あてはまる。弓削島の庄園成立期については前稿で詳述したが、弓削島が一一七一（承安元）年に建礼門院平徳子の乳母藤原綱子領となった時には、他のこの時期の平家領などによく見られるように、おそらく島の在地領主下司平氏は平氏勢力のもとに家人化されたものと考えられる。庄園成立期には、領家職と現地の下司職との間にも主従関係という形のつながりがあって、これを前提とし、下司が庄園領主と現地の住人ら（名主）を介することによって、庄園制という支配構造が成立したのだと考える。この時点では下司は庄園領主と現地とを結ぶ要であろう。この庄園領主と下司と住人らとの合意の形が現地においては下司の領主名と百姓名部分（公田）とのセットという土地構成に表現されているのであり、この土地構成のもとに庄園領主は下司を介して収取を実現できた。

ところが、西国庄園によくあるように、承久の乱によってもとの在地領主下司が改易されて東国からの地頭が入部し、さらには庄園領主自体も寄進によって東寺に替わる（塩二三）に及んで、領家―地頭職間には何の人的つながりもなく、地頭は領家の庄園現地支配にほとんど何の関わりももたず、相互に必要としない、できれば排除したい存在でしかなくなると考えられる。庄園成立期との関係で考えれば、これが鎌倉後期の一円化、下地分割への要因の一つと考えうる。だが、一方で、庄園成立期以来の独特の土地構成のもとで一定の在地の秩序と権益を作り上げてきた百姓らにとっては、この土地構成を壊されることは、同時にこれらの長年の秩序と権益との否定を意味することに注意せねばならない。

弓削島のこの混乱は、不利な下地分割を強いられた地頭らの乱入合戦（塩一八一・一九九）や、この後解任された承誉の乱入合戦（塩二〇三）を伴いつつこのまま混乱期へと突入し、南北朝期の動乱へと向かう。新しい構造を形作ろうとした支配者側、これをスムーズに受け入れることができなかった民衆側、主張の正当性はどちらにもあるのではないだろうか。共に体制の枠内で要求をとおそうとしていたにもかかわらず、結局は網野氏が説くように両者の落差と葛藤が足元の体制を突き崩す方向に作用したといえるのではないだろうか。

註

（1）本稿で主として参考にした下地分割に関する論考は島田次郎「下地分割法の形成」（同『日本中世の領主制と村落』上、吉川弘文館、一九八五年。初出は『中世の社会と経済』東京大学出版会、一九六二年）、安田元久「下地中分論」（同『地頭及び地頭領主制の研究』山川出版社、一九六一年。初出は『史学雑誌』六二―一、一九五三年）、稲垣泰彦「日本に於ける領主制の発展」（『歴史学研究』一四九、一九五一年）。それ以前の研究史の定説については安田氏の論文を参照。

（2）網野善彦「鎌倉末期の諸矛盾」（同『悪党と海賊』法政大学出版局、一九九五年。初出は『講座日本史』三、東京大学出版会、一九七〇年）。

（3）西谷正浩「『鹿子木荘事書』成立の背景――徳政と『職の体系』の変質」（『熊本史学』六八・六九、一九九二年）、同「鎌倉期における貴族の家と荘園」（『日本史研究』四二八、一九九八年）、村井章介「正和の神領興行法をめぐって」（『歴史学研究』四五九、一九七八年）、海津一朗『中世の変革と徳政――神領興行法の研究』（吉川弘文館、一九九四年）、井上聡「神領興行法と在地構造の転換」（佐藤信・五味文彦編『土地と在地の世界をさぐる』山川出版社、一九九六年）。

（4）前掲註（3）西谷論文。

（5）前掲註（3）海津著書。

（6）弓削島庄の鎌倉期を扱った先行研究としては一九五〇年代以降の直接本稿と関わる代表的なもののみを挙げても、渡辺則文『日本塩業史研究』（三一書房、一九七一年）、安田元久「定宴・承誉・弁坊・淵信」（同『日本初期封建制の基礎研究』山川出版社、一九七六年。初出は『日本人物大系』二、一九五九年)、網野善彦『中世東寺と東寺領荘園』第二部第二章(東京大学出版会、一九七八年)、同「伊予国弓削島荘」(『日本塩業大系』原始古代中世〈稿〉、日本専売公社、一九八〇年)、島田次郎「日本中世共同体試論」(同『日本中世の領主制と村落』下、吉川弘文館、一九八六年。初出は『史潮』新四号、一九七九年)、山内譲『弓削島荘の歴史』(弓削町、一九八六年)など数多い。本稿では、これらを直接的には引用しないが、もちろん有形無形に影響を受けているものである。

(7) 史料は弓削島関係のものは『日本塩業大系』史料編古代中世一「伊予国弓削島庄関係史料」の番号で本文中に(塩〜)と記すことにする。それ以外の出典は別に注を設けて記すこととする。『鎌倉遺文』の番号は(鎌〜)と略記する。

(8) 弓削島地頭小宮氏は「日奉」氏をも称しており(塩三〇)、武蔵国七党の西党の中の一族で武蔵国多西郡小宮を本拠とする関東御家人と考えられる。一二三九(延応元)年東寺領になったときに「近代関東の地頭なり候てのちは」と東寺側が語っていることなどから(塩二二)、承久の乱以後の入部と思われる。前掲註(7)『日本塩業大系』「解題」参照。

(9) 幕府法や幕府裁許状が地頭らの庄園侵略を制約する立場にあったことは、早くから指摘されているが(前掲註(1)安田著書など)、一九八五年における研究史の総括でも(『日本歴史大系』2中世、山川出版社、一九四〜二〇三頁、佐々木銀弥論述部分)それらは限定的にしかとらえられず、地頭らの庄園侵略とそれに伴った在地領主制の発展を強調している。

(10) 網野善彦『中世東寺と東寺領荘園』(東京大学出版会、一九七八年)。上島有『東寺・東寺文書の研究』(思文閣出版、一九九八年)同「東寺とその庄園」(東寺宝物館『東寺とその庄園』一九九三年)。

(11) 鎌倉後期に東寺内部で供僧らに庄務権が移った大山庄や垂水庄・大成庄、後宇多法皇によって施入された拝師庄・矢野庄等々。

(12) 赤松俊秀編『教王護国寺文書』一、一二二号(鎌二〇—一五二四四)平楽寺書店、一九六〇年。

(13) 佐藤進一・池内義資編『中世法制史料集』一鎌倉幕府法（岩波書店、一九五五年）。追加法四九一条～五七九条・補遺二・七条。
(14) 村井章介「安達泰盛の政治的立場」（中世東国史研究会編『中世東国史の研究』東京大学出版会、一九八八年）
(15) (イ)五〇九・五四四・五六九条、(ロ)五四六・五六一・五七〇・五七三・五七八条、(ハ)五一〇・補七条、(ニ)五七二条。
(16) 前掲註(3)海津著書。
(17) 前掲註(1)島田論文、村井章介「蒙古襲来と鎮西探題の成立」（『史学雑誌』八七―四、一九七八年）。
(18) 前掲註(1)島田論文。
(19) 「高野山文書」又続宝簡集七九（仲村研編『紀伊国阿氐河荘史料』二、二二二号）。この事書案については黒田弘子「裁判にゆれる荘園――法曹官僚唯浄と阿弖河荘」（『人物でたどる日本荘園史』東京堂出版、一九九〇年）を参照。それによると、これを記した唯浄（斎藤基茂）は御成敗式目注釈書『唯浄裏書』を著わすほどの有能な法律専門家であり、この事書は建治元年に阿弖河庄領家寂楽院が地頭湯浅氏を相手取り幕府訴訟を起こすに際し、唯浄に裁判の方法について意見を求め、これに唯浄が答えた意見書であるという。「中分のこと」を含め三ヶ条から成る。
(20) 石井良助『中世武家不動産訴訟法の研究』弘文堂、一九三八年、二五六頁。
(21) 鎌倉中御願寺に限った下地分割法は、一二七八（弘安元）年に発令されている（四八〇条）。
(22) 前掲註(1)安田論文。
(23) 後に一二九三（永仁元）年には、寺社領や新補地頭に限らない下地分割法が発令される（六三七条）。しかし、それにもかかわらず下地分割については、寺社領に偏っていること、西国の庄園に著しく偏っていること、などの顕著な特徴が指摘されており、これについても注意していかねばならない。

(24)　前掲註(10)網野著書一五一頁。
(25)「東寺文書」六芸之部楽甲七(鎌二一—一六四一四)。
(26)「東寺百合文書」に三六—一(鎌二四—一八六八二)・『教王護国寺文書』一、一六四号など。
(27)　前掲註(3)海津著書、井上論文。
(28)『春日神社文書』二、嘉元元年惣領中分条々雑掌注進。
(29)　前掲註(3)西谷論文。
(30)　古沢直人「鎌倉幕府法の変質」(同『鎌倉幕府と中世国家』校倉書房、一九九一年。初出は『史学雑誌』九七—三、一九八八年)。
(31)　畑野順子「伊予国弓削島荘における『住人等解』結合の時代的意味」(『内海文化研究紀要』二七、一九九八年)。
(32)　境界線A・Bは後述の正和二年の「公田方」「名田方」二つの田畠以下済物注文(塩一六七・一六八)の名主・作人達の保有・使用する塩浜、山、畠の位置を勘じて(塩一七・一六五による)想定してみた。地方史研究協議会第五二回大会で口頭報告したものより、境界線A・Bの位置をその後の検討により少し変更したことを断わり謝しておきたい。変更の理由は境界線Aについては、分割後、三水(沢津)の浜を両方の百姓が使用しているらしいこと、線A・B共に道を分割線として想定したことによる。
(33)　カッコの付けてある国清名・武貞名や包末名は、それ以前から「末延名に付ける」などと注記され(塩補三九・一六七)名主がすでに不在であったり、「公文名」で立場上、百姓等申状に署名することができなかった者たちである。助真名については不明。
(34)　名田方注文についてこのように判断したのは、名田方注文の名請人たちが、島中の名請人たちすべてを記したと考えられる前出の相分帳(塩一六五)の元地頭方名請人たちの内の一部であることや、分割後の領家方鯨方百姓を確認できる、後の貞和五（一三四九）年の鯨方御年貢塩納帳（塩二三六）の名請人たちの名前によく一致することなどによっている。

(35) ただし、これら八名について名の表示に「半名」「三分一名」と記されていたり、大俵塩総計の項目でいくらかの収取額を計上しているように、この時点では領家側はこれらの名についてもいくらかの収取を残そうとしている。これは名の散在性によるもので、土地の所属が人の所属にクリアに一致しないことを意味しているが、それにしてもかなりの量の収取を残そうとしており、不可解な点である。しかし、これら八名が地頭方に移動したことについては、前述の論拠のほか、分割後の領家方公事対象数「十二名」（塩一六七）の数え方が表1の○印の一〇名プラス武貞名と助真名（収取単位としては機能していることが確かな）を足した一二名と数えられることからしても、これでよいと思う。

(36) 地名については弓削町役場所蔵「弓削島地名一覧」または『日本塩業大系』史料編古代中世一の巻末「伊予国弓削島庄地名図」参照。塩浜生産高、人口密度の詳細は省略。

(37) 建長七年のものではないかと考える理由は次のようである。年不詳東寺十八口供僧年行事行誉書状案（塩一一四）の紙背に、文書の所在について年行事に対して解答した書状があり（差出者の立場不明）、その中に「文書五通撰び進せ候、三通正文・二通案文、この内建長七年名寄ならびに年貢注文、正文もし年行事皮子にも見えず候はば、御経蔵にや候らん」とあるが、建長七年年貢注文の案文とは建長七年九月十日の日付をもつ弓削島庄領家方年貢所当注文案（塩補五）のことと考えられる。これに対し建長七年名寄の案文のほうは、建長七年年貢注文と登場人物がよく一致すること（松成・延重・光時）、また寄進後「初度預所盛円律師」（塩六八）が「取進せた文書」の年貢塩総額とピッタリ一致すること（塩九七）などから「弓削島田畠所当塩俵以下色々済物名寄」と端裏に書かれたこのヨ函の文書（塩補三九）がこれにあたると思われる。

(38) 入間田宣夫『百姓申状と起請文の世界』東京大学出版会、一九八六年。初出は『日本中世の政治と文化』一九八〇年。

(39) 蔵持重裕「『百姓申状』の性格について」(同『日本中世村落社会史の研究』校倉書房、一九九六年。初出は『立教日本史論集』一、一九八〇年)、山本隆志「荘園制と百姓等申状」(同『荘園制の展開と地域社会』刀水書房、一九九四年)。

(40) 「中世民衆の成長と抵抗」(『内乱史研究』一〇、一九九〇年)。

(41) 鈴木良一「中世に於ける農民の逃散」(同『日本中世の農民問題』校倉書房、一九四七年。初出は『社会経済史学』四―六、一九一一年)。

(42) 前掲註(3)西谷両論文。

広島藩沿海部における林野の利用とその「植生」

佐竹　昭

はじめに

瀬戸内地域では、その沿海の交通の大動脈に沿って人口激増地帯が西に延びており、近世には膨大な燃料需要が生まれていた。その結果優秀な燃料源としての松植生への特化が起こり、花崗岩地帯であったこともあいまってかつては「白砂青松」とも称される人工的景観を形成し、さらに沿岸島嶼部では段々畠の開墾が限界まで進められてその松さえ立てることが困難になっていた。

しかし、高度経済成長期を経て現在では林野利用の需要が減じるとともに耕地や里山の放棄、さらには環境の悪化などによって松枯れが進み、その伝統的景観は根底から変貌を遂げつつある。今のところコナラやカシを中心とした雑木林に移行するとみられているが、そこでは人々の暮らしと無縁の森が展開することになりそうである。この地域の自然は長い間人間の収奪に耐えてきたのであり、それがある意味で本来の姿に帰りつつあるのだという評価も可能であろうが、人間が自然と向き合って暮らしてきた関係が断ち切られてしまうということの意味は大きい。近年各地

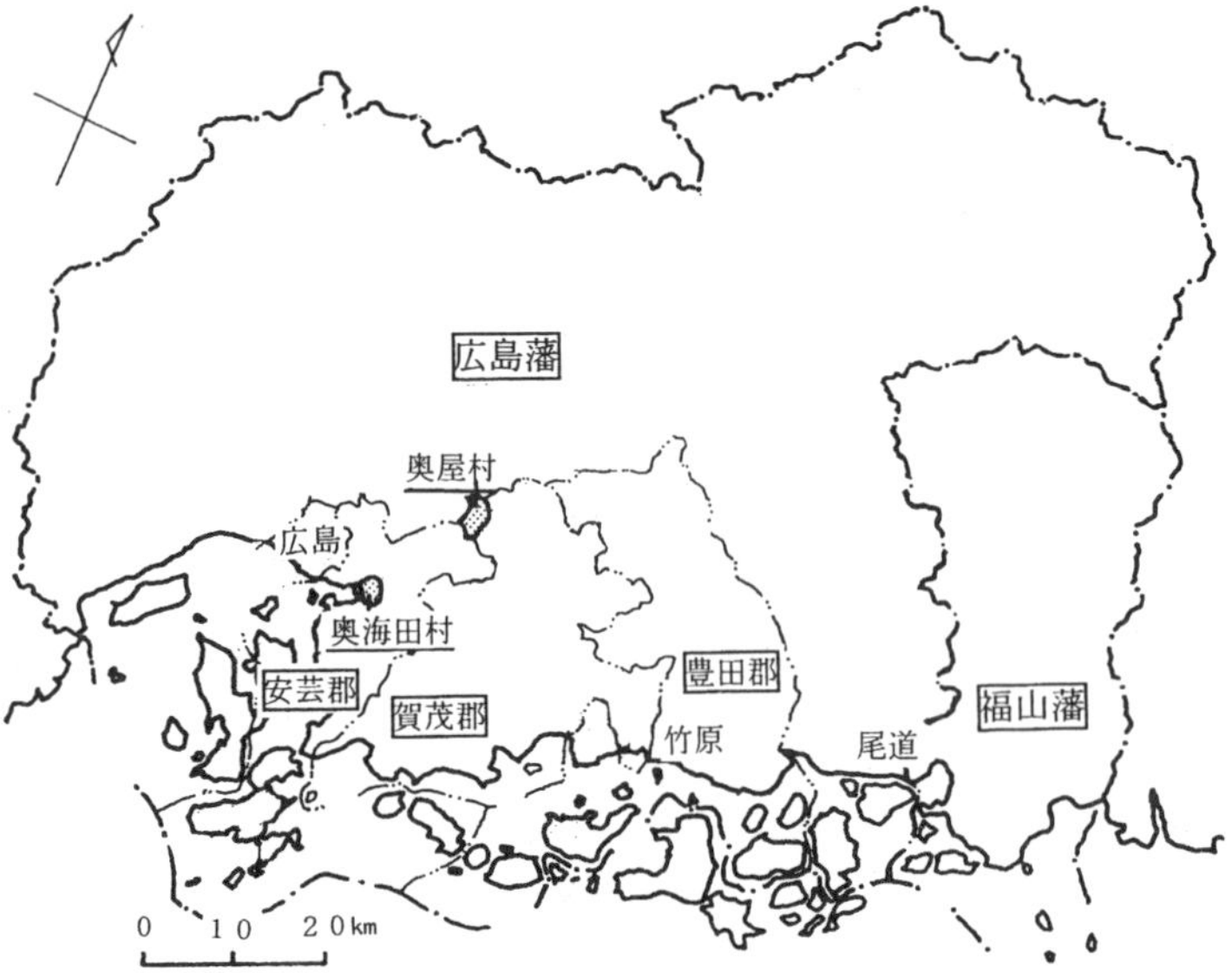

図1　対象地域の位置

で里山の自然に対する関心が強まっているのは、それがたんに自然の問題にとどまらず文化の問題でもあるという認識が背景にあるように思われる。

本稿は、このような現代的課題に直接応えるものではないが、近世中期の広島藩沿海地域を対象に、林野利用をめぐる人間と自然の関わりがどのように地域の「植生」に現れているかを追求しようとするものであり、近年さまざまなかたちで提唱されている歴史と環境をめぐる思索にいささかなりとも貢献できればと思う(1)。

具体的には、広島藩が享保十（一七二五）年に村ごとに作成を命じた「御建山御留山野山腰林帳」（以下山帳と略）のうち、沿海地域を含む安芸郡・賀茂郡・豊田郡の事例を取り上げてその「植生」の復元を試みる（位置は図1参照）。この山帳には、藩の厳しい管理下におかれた御建山・御留山、基本的に村の入会山である野山、個別所持的性格の強い腰林など、管理・保有の形態別にその面積や樹種などを記載し、とくに腰林については樹種・樹高・幹囲、さらに樹木数まで記す場合がある。以後全藩的な規模でこれ以上詳細な調査は行なわれず、広島藩における林野政策の基本となり、また個々の村においても林野利用の基礎台帳として長く用いられた。

本資料を用いた研究にはすでに道重哲男氏の一連の成果がある。(2) 近世における小農民自立化に相応した林野所持・利用の形成過程を検討されたもので、入会や個別所持の様相を手がかりに山間内陸部あるいは沿岸島嶼部における村落構造の史的特質を追求されたもので本稿も依拠するところが大きい。ただ氏の目的からして当然のことであるが社会構造のあり方が強く意識され「植生」のいちいちには及んでいない。ここでは改めて千葉徳爾氏が提起された瀬戸内の燃料需要等と入会山の荒廃という視角、あるいは竹原周辺地域においてかつて渡辺則文氏や川崎茂氏が試みられた分析などに学びつつ、(3) とくに従来あまり細かな検討が行なわれていない腰林を中心に当時の「植生」を復元し、地域の社会的・経済的条件のなかに位置づけてみたい。もっとも山帳から得られる情報はたとえば面積などあくまで相対的なものとして取り扱う必要があり、また植生と呼ぶにはきわめて不完全な樹木についての記載でしかないので（したがって「植生」とカッコを付す）、ある程度の量的な広がりのなかで論じるよう努める。

一、安芸郡奥海田村（安芸郡海田町）の絵図と山帳から

さて、右の山帳から得られる「植生」がある種の実態を反映していることを確かめるために、奥海田村に残された二枚の村絵図を紹介することから始めよう（位置は図1参照）。絵図は、広島藩がその地誌『芸藩通志』編纂のために村々に報告を求めた「国郡志御編集ニ付下しらべ書出帳」に付随して作成されたもので、文化十一（一八一四）年ないし十二年の作成になる。うち一枚は藩に差し出したものと同じで、さまざまな情報とともに林野の種類が色分けで示され名称も記されている（絵図A）。林野関係を中心に模写し、林野の種類別は網掛けで表現して図2に示した。瀬野

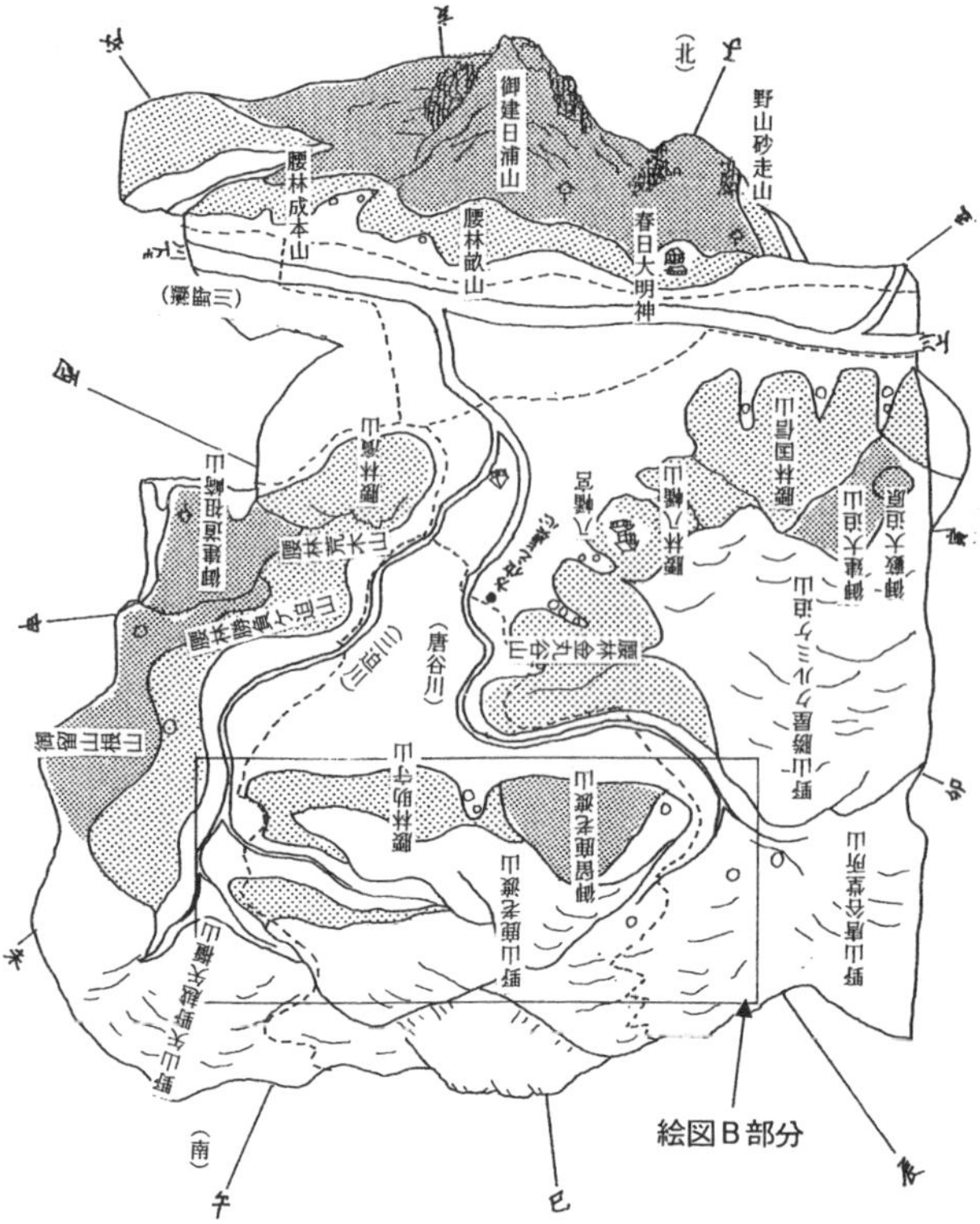

図２　奥海田村の絵図Ａ

図３　奥海田村の絵図Ｂ部分

表1　奥海田村の林野構成

		松	楠	栗	樫	雑	竹	柴	草	面積	備考
御建山	日野浦山	○								28町1反3畝10歩	
	道祖崎山	○	○							7町2反	楠は1本のみ
御建藪	大迫原						○			7反6畝	他に矢竹藪5カ所
氏神山2		○	○	○	○	○				1町1反3畝10歩	八幡・春日
野山	矢野越ほか							○		16町8反	
	赤穂ほか							○		96町	のち一部御留山へ
	唐谷ほか							○		129町6反	
	勝屋ほか								○	25町2反	のち一部御留山へ
	山祢山	○								4町2反	のち御留山へ
腰林	351カ所	内訳は下表								19町7反8畝14歩	昭和8年統計で
合計										328町8反1畝4歩	363町8反

最大幹囲	松	小松	栗	樫	竹	雑木	柴	草	筆数	面積：坪	小区分
3尺	○		○	○		○			1	210	1筆　210坪
2.5尺	○		○	○		○			1	2000	
	○					○			1	105	4筆　2785坪
	○								2	680	1筆平均696坪
2尺	○		○	○		○			2	850	
	○		○			○			6	921	30筆　6596坪
	○			○		○			2	160	1筆平均220坪
	○			○					1	160	
	○					○			12	2744	
	○						○		1	225	
	○								6	1536	
1.5尺	○		○	○		○			9	3629	
	○		○	○					1	30	119筆　26953坪
	○		○			○			21	9669	1筆平均227坪
	○		○						3	387	
	○			○		○			10	1125	
	○					○			61	10555	
	○								8	1140	
		○		○		○			3	164	
		○				○			2	70	
			○			○			1	184	
1尺	○		○	○		○			1	585	
	○		○			○			11	896	111筆　14794坪
	○			○		○			4	468	1筆平均133坪
	○				○		○		1	50	
	○					○			62	7420	
	○								7	354	
		○	○						2	82	
		○		○		○			1	32	
		○		○					1	25	
		○				○			12	3056	
		○					○		2	72	
		○							1	12	
			○			○		○	1	500	
			○			○			5	1242	
小松雑木		○		○		○			1	15	
		○		○					1	42	86筆　8016坪
		○			○	○			1	75	1筆平均93坪
		○				○			48	5431	
		○					○	○	2	192	
		○					○		14	838	
		○						○	5	368	
		○							1	48	
						○	○	○	1	30	
						○	○		2	76	
						○		○	1	480	
						○			2	36	
							○	○	3	312	
							○		3	65	
								○	1	8	
合計									351	59354	1筆平均169坪

川に北流する唐谷・三迫川沿いに耕地が開け、そのまわりの山際に腰林が分布する。腰林は屋敷や耕地に近い山裾部分に設定され、野山はそれより深い山となる。御建山などは藩の意図もあって立地は多様である。

もう一枚は別の用途に作成されたもので、絵図Aの情報の多くが省かれ代わって樹木の表現が加えられている（絵図B）。図3にその一部を複写した。このA・B二枚を対照してみると、たとえば御留鹿老渡山にはびっしりと松らしい樹木が書き込まれている。対して腰林助守山ではまばらであり、野山鹿老渡山にはその表現がない。御建山・御留山には松を中心とした樹木が密に描かれ、腰林には疎に描かれるのに対して野山には樹木がないという表現である。(4) またここでは略したが八幡宮の宮山には明らかに松とは異なる樹木が表現されている。

一方、これより一〇〇年近くさかのぼるが奥海田村に残された享保の山帳ではどうであろうか。(5) 表1はその構成を表示したものである。御建山は松を中心とし、氏神山には多様な樹種が見られる。野山は山祢山の松を除いていずれも柴草山・草山とされていて樹木の記載はなく、その一部は後に御留山に編入される。次に三五一筆にも及ぶ腰林には、松を中心とした「植生」が記載されている。以上の構成は、おおよそ先の絵図の表現に符合していることをまずは確認しておきたい。なお面積は三〇〇歩（坪）一反として計算した（以下同じ）。

さて、腰林についてはもう少し細かく整理することができる。奥海田村の山帳の場合から腰林一筆分の記載例をあげる。

国信谷山　　　　　　　　　　　　　　与右衛門
一壱ヶ所 ｛立拾弐間 横拾間｝
但、松・雑木廻り壱尺五寸以下

享保の山帳のなかではもっとも簡単な腰林記載のタイプで、所在地と縦横の長さ、所持者名、樹種と最大の幹囲だけを記している。ここにみえる「廻り壱尺五寸以下」はその一筆のなかでたとえ一本しかないにしても最大の幹廻りを持つ樹木について記したものと思われ、以下これを最大幹囲とする。表1の下段は、この最大幹囲別に樹種の組み合わせも考慮しつつ一筆一筆の面積を加えて整理したものである。たとえば下段の冒頭から、最大幹囲三尺の松・栗・樫・雑木のある腰林が一筆（面積二二〇坪）、最大幹囲二尺

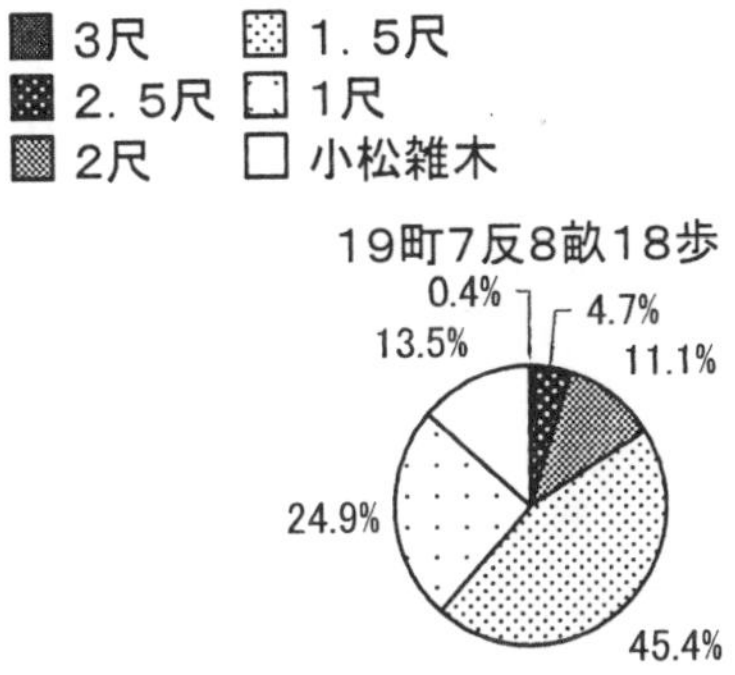

図4　奥海田村腰林最大幹囲別面積比

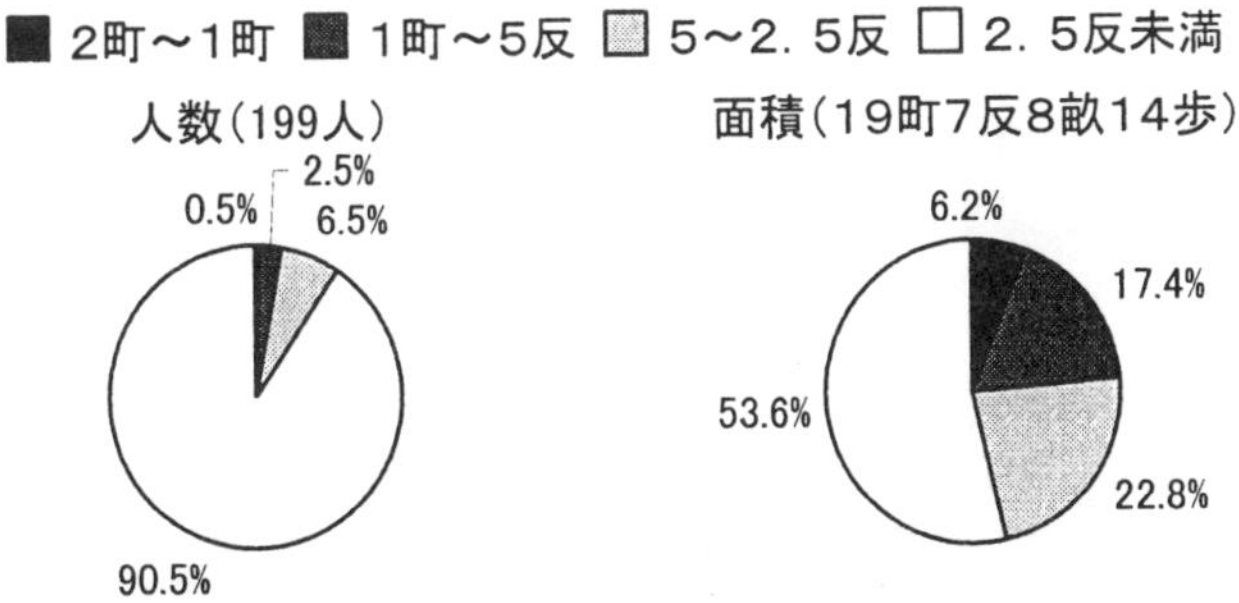

図5　奥海田村腰林所持階層別人数・面積比

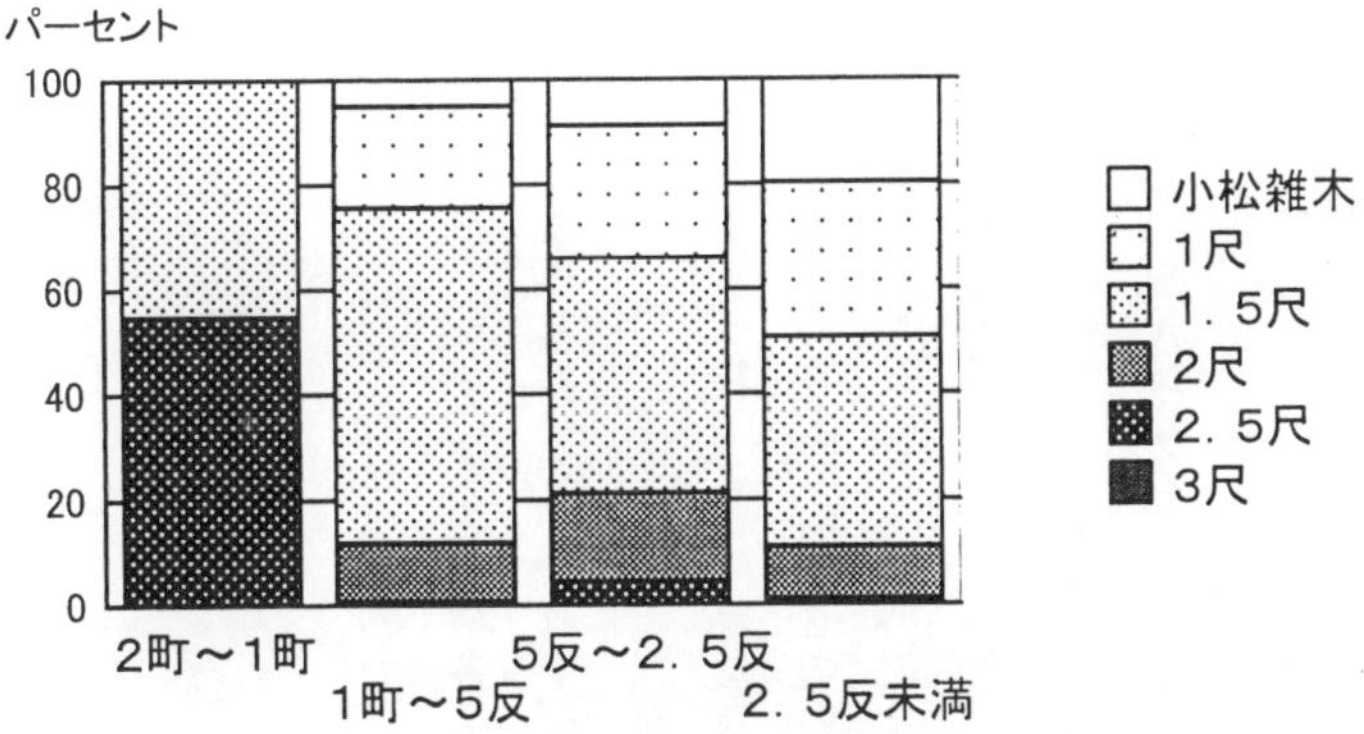

図6　奥海田村腰林所持階層別の「植生」

五寸の松・栗・樫・雑木の腰林一筆（面積二〇〇〇坪）、同じく松・雑木の腰林一筆（一〇五坪）、同じく松のみの腰林二筆（小計六八〇坪）などという意味である。つまり、個々の腰林に存在する樹木の最大幹囲を基準に、どのような樹木等の組み合わせがあるか、それらが数的・面積的にどのような分布になっているかをいちおうは表示してみたということである。

この表から、奥海田村の腰林では松・雑木、ないし小松（廻り一尺に満たない）・雑木の組み合わせが中心で、最大幹囲の比較的大きなグループに栗・樫などが混じること、幹囲三尺や二尺の樹木がわずかでも存在する腰林各筆の面積は腰林全体の一六パーセントにすぎないこと、などという「植生」の状況がうかがえることになる。これを簡略に示したのが図4である。

続いて右の腰林を人々がどのように所持していたのかという視点から再整理してみよう。けっして平等な社会ではないのである。図5に、腰林所持面積の階層別に人数比と面積比を示した。三五一筆を一九九人で所持しているが、零細な所持者が一般的で、二反五畝以上所持する階層が、村の腰林面積全体のほぼ半分を所持している。(6) このような階層差はその所持する腰林の「植生」にも現れる。図6は、同じく所持面積階層別に最大幹囲別の面積の内訳を表示したものである。所持面積の零細な階層では、その腰林の「植生」が貧しいものとなっていて、その傾斜は明瞭である。小さな腰林しか所持しない階層では、その腰林において小松・雑木から松・雑木への成長は必ずしも保障されたものではなかったのである。

村絵図との対比ができることから安芸郡奥海田村の事例を最初に取り上げたが、本稿では資料的な関係もあって主に検討するのは賀茂郡と豊田郡を中心とする。そこで次に賀茂郡の事例に移ることにしたい。

二、賀茂郡奥屋村（東広島市志和町）の山帳から

賀茂郡奥屋村の場合について（位置は図1参照）、その享保の山帳から同じく林野構成を表2に示す。[7]ここでも御留山に松があり、宮山の樹種は豊富である。野山はすべて草山で「立木無御座候」と注記されている。腰林は一九二筆からなり樹種は松と若干の雑木がみられる。さらに腰林の詳細をみてみよう。奥屋村の山帳では腰林の樹木の記載がより詳しい。次に一例掲げる。

松崎　　六左衛門
壱ヶ所　立五拾間
　　　　横拾五間
　但、松　長弐間より弐間半迄
　　　　　廻り壱尺より三尺まで　木数廿本其外小松御座候

先の奥海田村の場合であればさしずめ「但、松　廻り三尺以下」と記すだけであろうが、ここでは最大・最小の樹高と幹囲、さらに木数まで記載している。賀茂郡の山帳では、通常、最大の樹高と幹囲だけを記すことが多い。その意味では先の奥海田村より詳しいが、この奥屋村のように最大・最小双方の樹高と幹囲、さらに樹木数まで記すのはそう多くない。

表2では、腰林の内訳について奥海田村のように最大幹囲ではなく最大樹高を基準に整理してみた。樹高が記され

表2　奥屋村の林野構成

		松	杉	檜	栗	樫	しで	桜	雑木	柴	草山	面積
御留山	田ノ口大手山	○								○		60町
明神山		○	○	○	○	○	○	○	○	○		3町6反
野山	市ノ上山	野山4山は村中入会で									○	120町
	前千山	「立木無御座候」と注記									○	180町
	同刀山										○	60町
	三ツ城山										○	86町4反
腰林	192カ所	内訳は下表										46町8反2畝3歩
合計												556町8反2畝3歩

最高樹高	松	小松	苗	雑	草	筆数	面積：坪	松本数	小区分
5間	○					1	2400	150	1筆　8反 1筆平均　2400坪 松密度18.75本/反
4間	○					1	80	40	
	○	○				2	2250	70	5筆3町4反　5歩
	○			○		1	7500	50	1筆平均　2041
3.5間	○			○		1	375	40	松密度5.88本/反
3間	○					2	2750	80	
	○	○				27	39255	794	48筆19町7反3畝15歩
	○			○		12	11375	196	1筆平均　1233
2.5間	○					2	400	11	松密度5.82/反
	○	○				4	4825	63	
	○			○		1	600	7	
2間	○					3	1100	30	
	○	○				6	5000	120	13筆3町2反1畝20歩
	○			○		3	2850	46	1筆平均　742
	○	○		○		1	700	20	松密度6.72/反
小松雑木		○				54	24935		
		○		○		22	17205		125筆19町6反6畝23歩
			○			17	6150		1筆平均　472
			○	○		1	50		
				○		28	9713		
					○	3	950		
合計						192	140463	1717	1筆平均　732坪

ている場合はそれを基準にしたほうがわかりやすいと考えたからである。その「植生」の特徴は松・小松の組み合わせがほとんどであり、奥海田村とは違って雑木などは少ない。もちろん樹種記載の精粗は御用木を中心としつつも村によってまちまちであった可能性はあるが、この村でも宮山には多様な樹種を記載している。他の村の事例でも栗は記載されることが多く、樹木の少ないところでは各種の竹やシダ、茅に及ぶまで細かく分類するケースもみられる。この村はやはり松の純林への指向性が強いようにみえる。興味深いのは松の数で、最大樹高五間の一筆を別にすれば、最大樹高四間から二間までの腰林ではその成長の度合いと関わりなく一反あたり五、六本程度と均一であり、またきわめてまばらな状況である。このような傾向は同じく木数まで記し

た賀茂郡造賀村・別府村・七条糀坂村の山帳でも同じで平均一反あたり一〇本程度にとどまる。

さて、この最大樹高別の面積比を簡略に示したのが図7である。さらに腰林を人々がどのように所持していたのかを示したのが図8である。一九二筆を一一一人で所持しているが、ここでは二反五畝以上所持する階層が半数に及び、村の腰林全体の九割近くの面

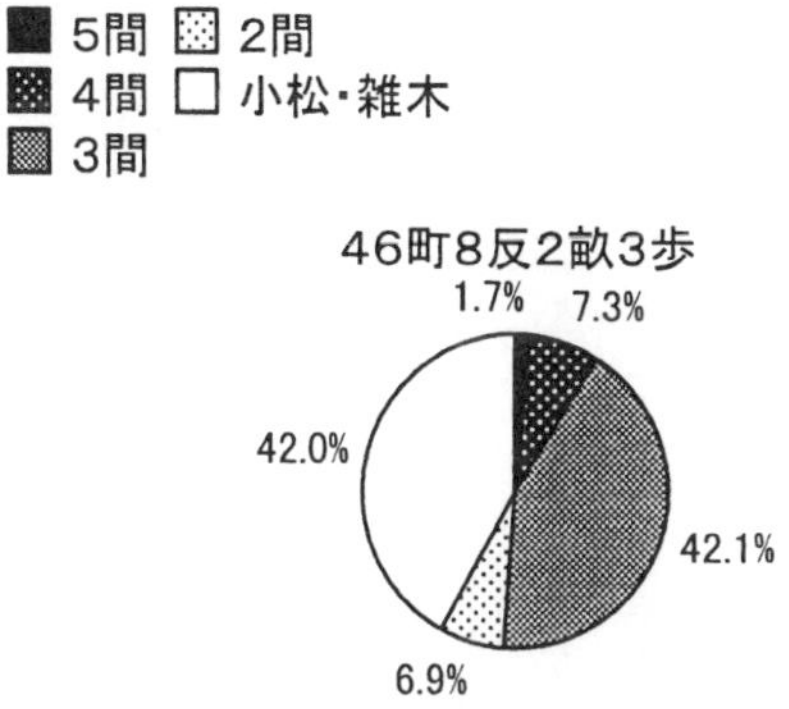

図7　奥屋村腰林最大幹囲別面積比

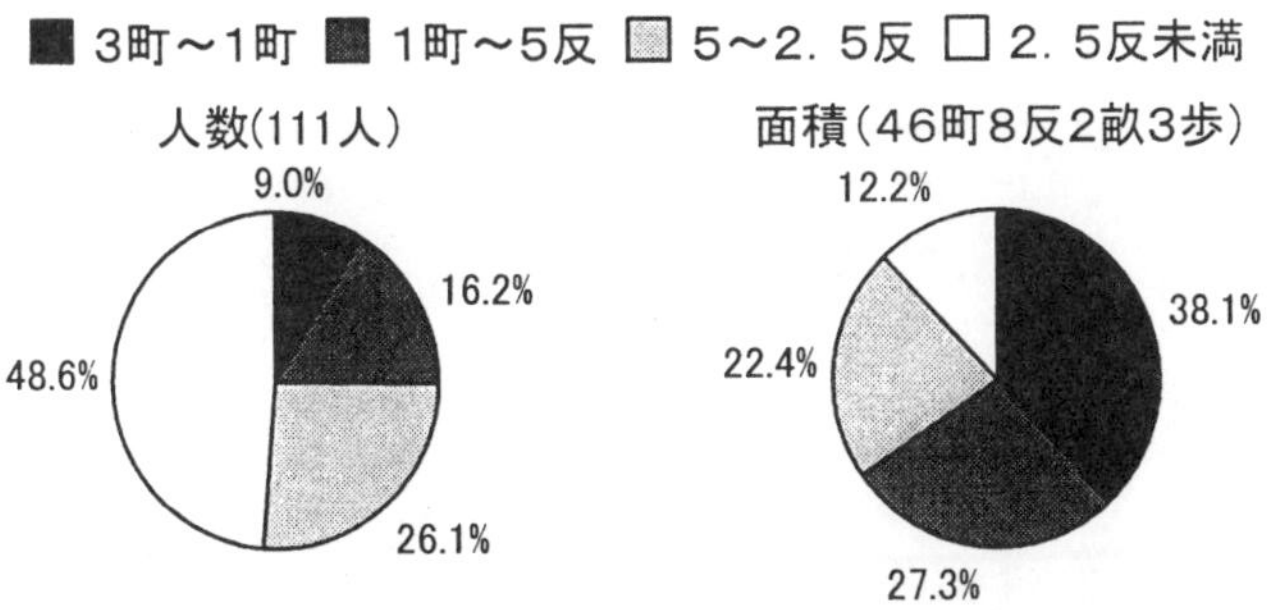

図8　奥屋村腰林所持階層別人数・面積比

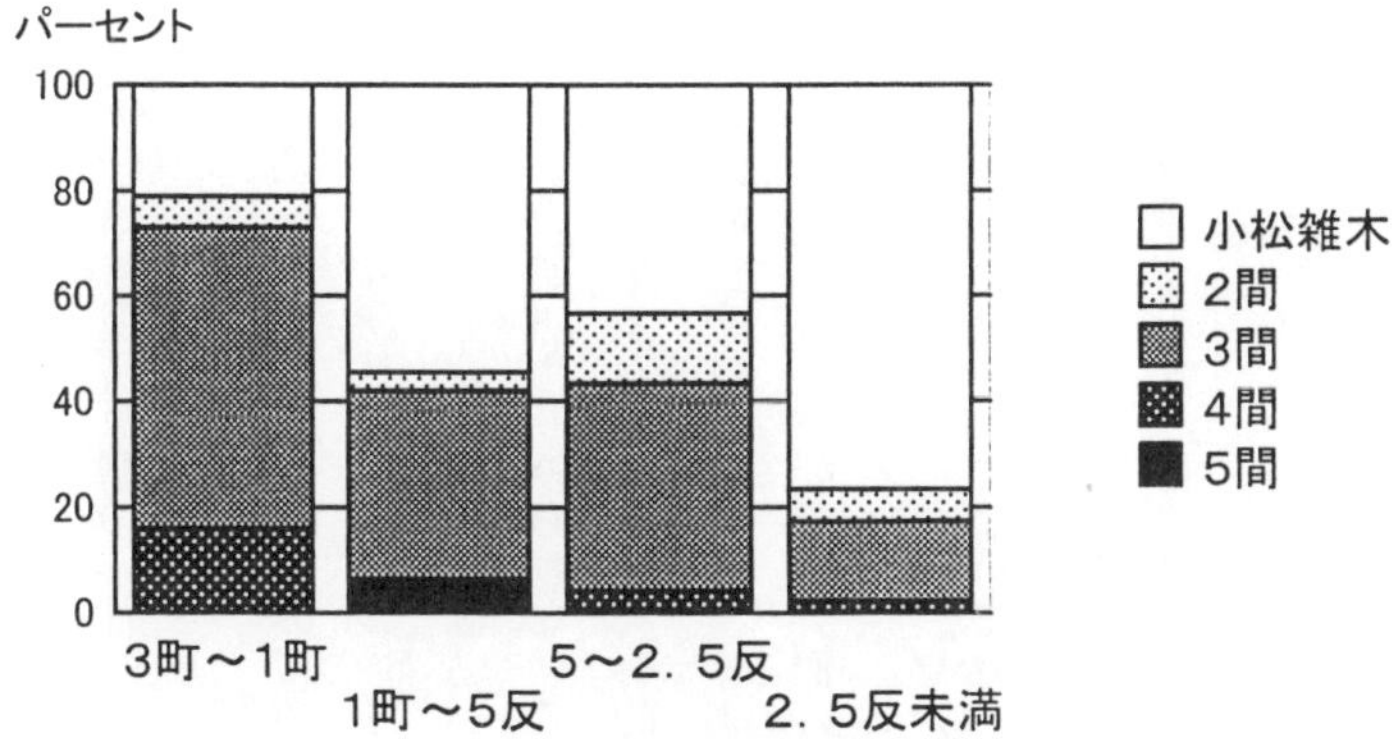

図9　奥屋村腰林所持階層別の「植生」

積を占めている。奥海田村に比べて全体にやや大きめである。それだけに二反五畝未満の階層とはかえって差が大きい。図9は、同じく所持面積階層別に最大樹高別の面積の内訳を示した。やはりここでも所持面積の零細な階層ではその腰林の「植生」が貧しいものとなっていることがわかる。

賀茂郡で知られる三六ヶ村の山帳(8)について、同様の作業を行なって階層別にその「植生」のあり方をみてみたところ、右のような階層差はやはり基本的に認められる。ただ五町から一〇町にも及ぶような腰林の所持者がいる場合、その植生はかえって貧弱になっているケースがままみられる。これはむしろ薪炭林としての経営を想定するべきであろう。また戸口数や腰林面積に比して小数の所持者しかいない場合に、「植生」の階層差があまりみられないことがある。これはそれら小数の所持者の背後に多くの用益者が隠れており、一筆の腰林を実質上多くの人々が共有的に利用している姿を想定する必要がある。のちに取り上げる豊田郡では一筆の大きな腰林を時に十数名で共有するような記載の山帳が多い。これは豊田郡全般の特徴なので山帳作成の方針の違いでもある。山帳から腰林利用の実態に及ぶにはさらにいくつかの要素を加えて検討する必要がある。

ただし、右の図7にあたる最大樹高別もしくは先に奥海田村図4に示した最大幹囲別の面積比については、村々の事例をあれこれ対比することがいちおうは可能である。さまざまな問題点や限界はあるものの、享保の山帳は地域における林野利用と「植生」の状況をうかがうには有効な資料である。そこで次にもう少し広く、郡程度の広がりのなかで、本稿の主題に即して「植生」のありかたを検討してみることにしたい。

三、賀茂郡三六ヶ村の山帳から

賀茂郡は安芸郡と豊田郡の間に位置し、その南の島々は安芸・豊田両郡に所属していて陸地部のみといってよい郡である。後掲図11にあるように、地図上では黒瀬川によって内陸部と瀬戸内海が直結されているようにみえるが、郷原村と広村の間に約一〇〇メートルの落差の二級峡があり、東の賀茂川上流には田万里峠、三津からは蚊無峠が立ちはだかる。広村と内海跡村の間には野呂山（八三九メートル）がありその山系が北東に延びる。内陸の西条黒瀬地区と沿岸部は隔絶されていた印象が強い。ここで取り上げる三六ヶ村の位置も図11に示した。

この三六ヶ村について、その林野種類別の構成を三地域にわけて示したのが図10である。志和造賀地域は北方の山がちな村々八ヶ村、西条黒瀬地域は西国街道沿いから黒瀬川流域に広がる一九ヶ村、沿岸部は文字通り瀬戸内海に接する九ヶ村とし(9)、それぞれ一ヶ村あたりの平均値をとってみた。先に奥海田村や奥屋村でもみたように、林野総面積のほとんどは御建山・御留山と野山で占め、腰林の比率はきわめて小さい。あわせてやや時代は降るが『芸藩通志』から貢租地面積（村高に対応する田・畠・屋敷の面積）のそれぞれの平均値も示した。

西条黒瀬地域は、西条盆地に展開する村々で、貢租地面積からもわかるように比較的規模の小さな村々を含んでいる。当然林野の面積もやや小さくなる。そのような違いはあるが、林野種類別構成の比率ではこの三地域に基本的に差違はない。賀茂郡全九〇ヶ村のうち三六ヶ村だけなので問題がないわけではないが、これは後述の豊田郡との対比からいえることでもあるのでその点は改めて述べる。

御建山や御留山は木の立ち方に善し悪しはあるものの総じて松を中心とした樹木が存在する。野山については柴草

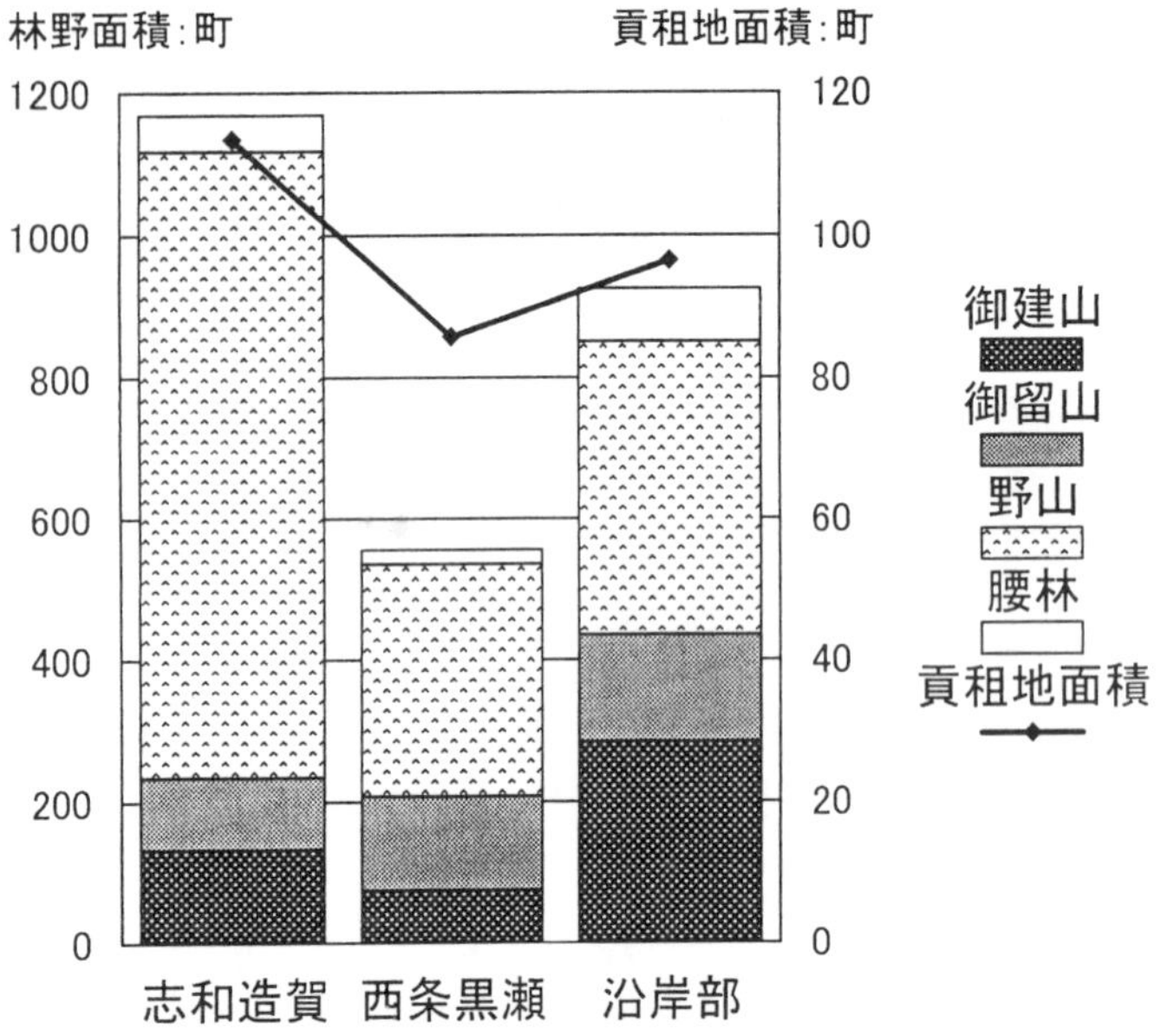

図10　賀茂郡地域別林野構成（1ヶ村平均）

山や牛飼い場などという注記がなされており、うち一〇ヶ村[10]についてのみ野山の一部に松・雑木などの存在を記す。しかし、腰林の「植生」では、内陸の二地域と、沿岸部との間にきわめて大きな相違がみられる。改めて図11を参照していただきたい。沿岸部では「小松ほか」の占める比率が五割を越えるだけでなく、最大樹高が三間・四間に及ぶ腰林がほとんどない。これに対して内陸部では西国街道沿いにやはり「小松ほか」が五割に及ぶ村々もみられるが、いずれも最大樹高三間・四間の腰林が相当残されており、「植生」の充実度に大きな差が認められる。

林野のなかで腰林の占める面積はわずかである。しかし人々にとっては肥料や燃料など日々の暮らしに直結する林野であり、先にもみたように階層性さえ「植生」に反映されているわけで、地域の特徴が明瞭に現れる林野といえよう。沿岸部は水運の便に恵まれ、また燃料需要等も大きな地域であり、それがこの腰林の「植生」に現れているのである。対して一歩内陸部に入ると様相が変

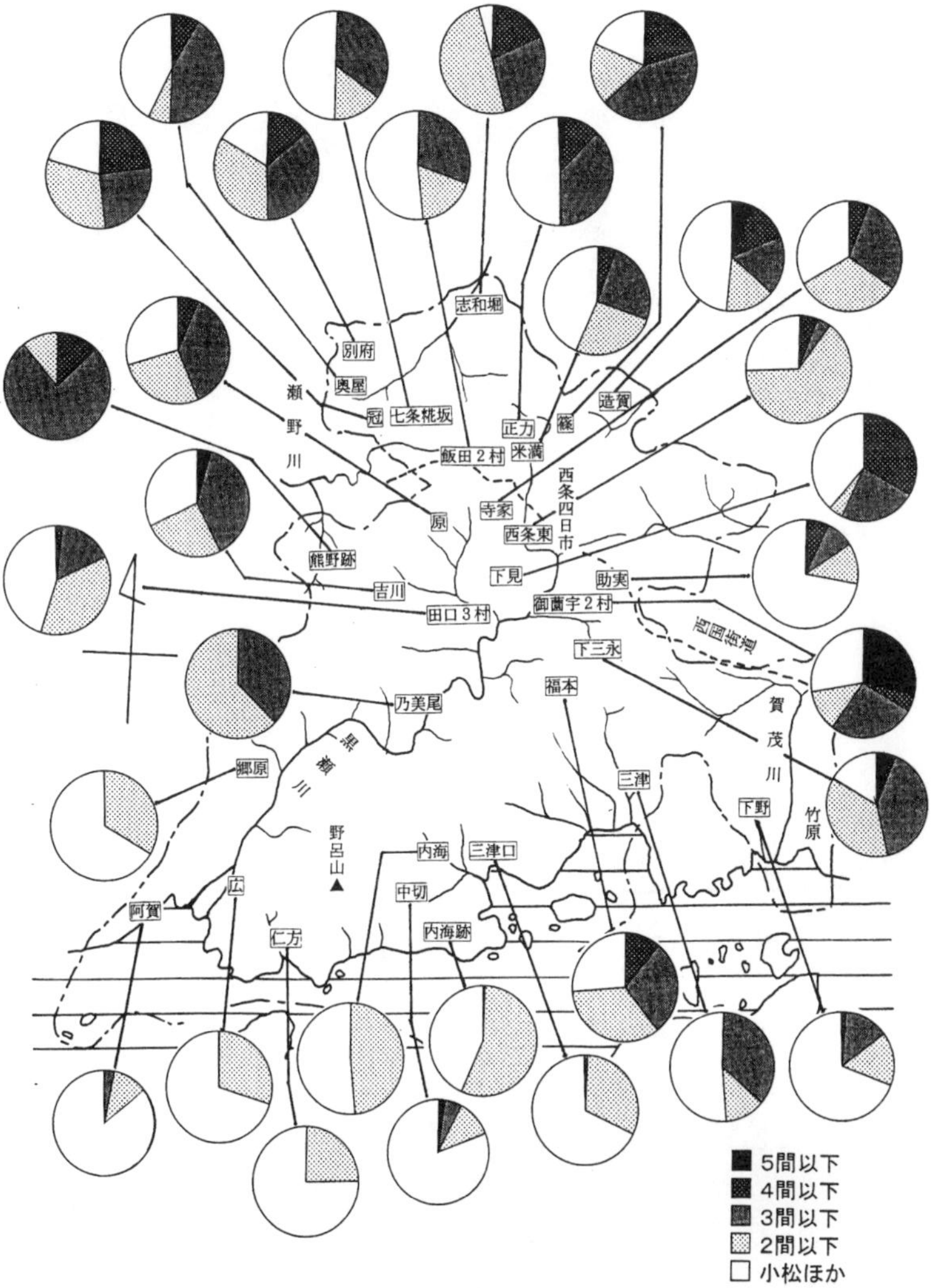

図11　賀茂郡腰林の「植生」

わるが、先にも述べた河川水運で海に直結できない事情を示すものであろう。

なお、この図11は最大樹高別の面積比で統一して表示しているが、うち下三永・中切・阿賀の三ヶ村は最大幹囲しか記さないタイプの山帳である。樹高と幹囲にはおおよその相関関係があるので、それ

にもとづいて図示している。(11)

四、豊田郡の山帳から

豊田郡の享保の山帳は、全八九ヶ村のうちじつに八六ヶ村分が『豊田郡誌』（一九三五年豊田郡教育会発行、一九七八年復刻）に掲載されている。一郡規模で検討するには最適の資料であるが、残念なことに「抜抄」ということで腰林所持者名がすべて省かれている。また一筆の腰林を複数（しばしば一〇人をこえる）で所持する記載方式であるため一筆一筆の腰林面積が大きく（平均二町三反三畝）、したがって一ヶ村あたりの腰林数も少ない（平均一六、五筆）。ちなみに主として個人所持の形式を取る先の賀茂郡三六ヶ村では、一筆平均面積三反二畝余、一ヶ村あたり平均一二五筆もある。豊田郡では村単位で「植生」のあり方を比較・対照するにはあまりに精度が低すぎることになる。そこで賀茂郡とは少し方針を変え、林野種類別の構成だけでなく腰林の「植生」（最大樹高別面積比の図）についてもいくつかの地域にわけて図示するにとどめることにした。

豊田郡は賀茂郡の東隣に位置し、山間部から支流を集めた沼田川が瀬戸内海にそそぎ、その沖合の島々も含まれる。これの地域分けは、まず沼田川上流の支流域の村々二七ヶ村を内陸部Aとし、右の支流の合流点より下流の二四ヶ村を内陸部Bとする。この境界はほぼ現在の賀茂郡河内町・大和町と豊田郡本郷町の境に当たる。次に沿岸の村々九ヶ村を沿岸部とし、島々に位置する二六ヶ村を文字通り島嶼部とする。(12)この四地域にわけて賀茂郡同様に林野種類別の構成や貢租地面積を一ヶ村あたり平均で示したのが図12である。

これによると、内陸部A地域から島嶼部に近づくにつれて一ヶ村あたりの貢租地面積が小さくなり、それと対応す

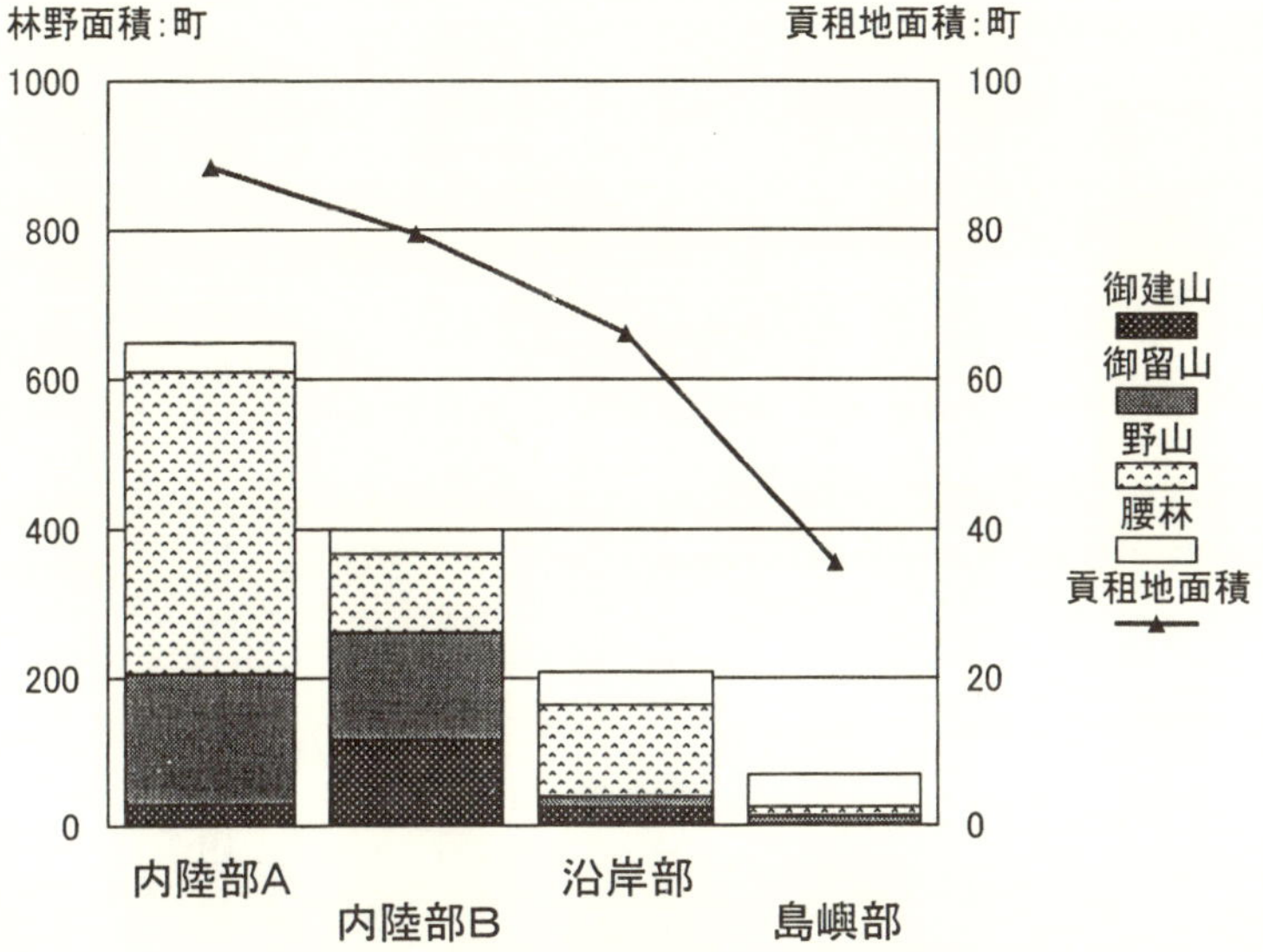

図12　豊田郡地域別林野構成（1ヶ村平均）

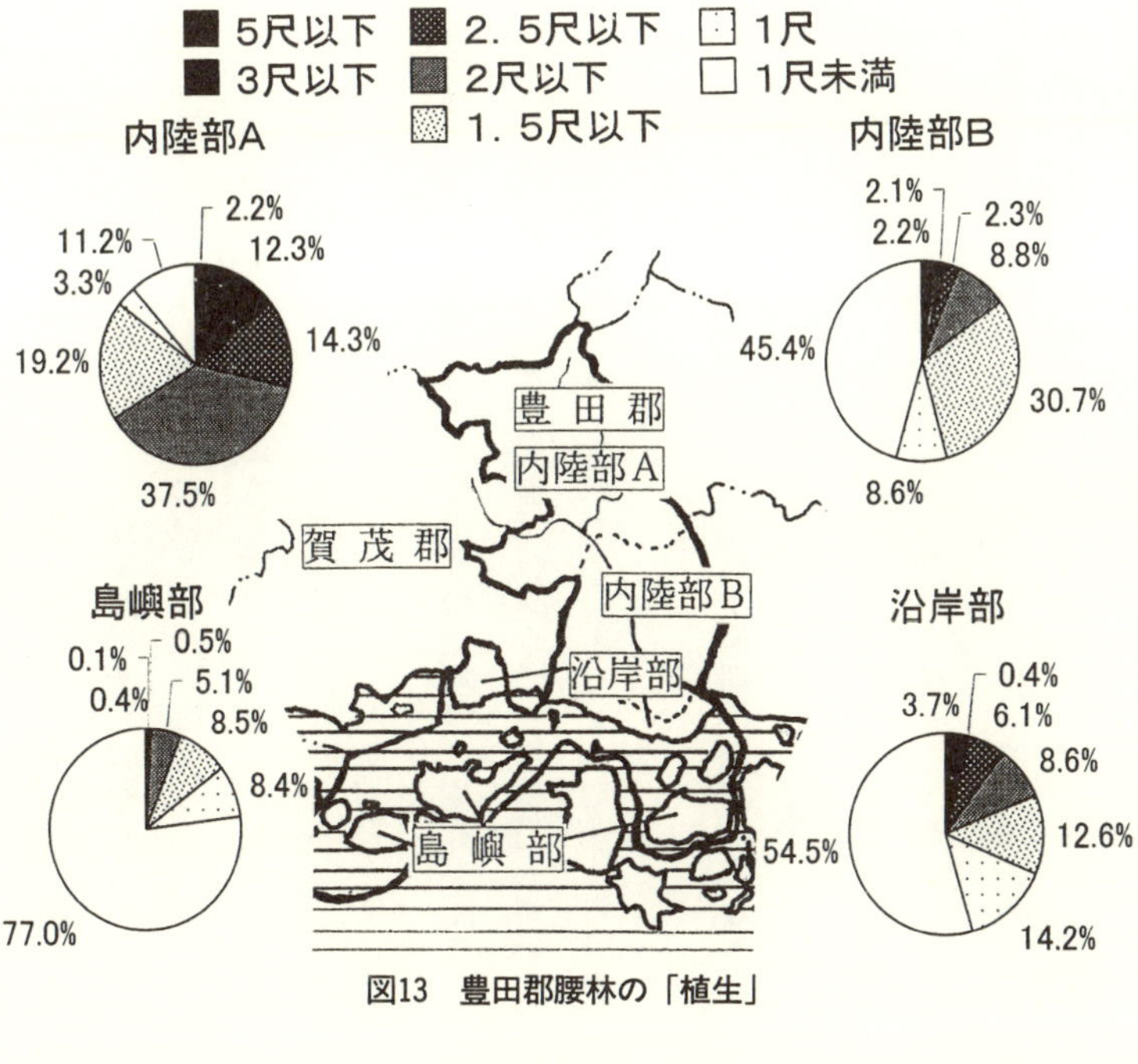

図13　豊田郡腰林の「植生」

るように林野面積も減少している。内訳では内陸部B地域の御建山が突出するが「藩内無比の名藍なり」（『芸藩通志』）とされた仏通寺背後の山が豊田郡最大の御建山であった関係からで、それを除くと御建山・御留山の面積は内陸部AとBがほぼ同じ水準ということになろう。一方、野山面積はA地域に対してB地域では減少し、それはむしろ沿岸部に等しい。そして島嶼部では御建山・御留山・野山いずれもがごくわずかな面積しかないという姿になる。

注目するべきは腰林の面積で、一ヶ村あたり四〇町前後の規模であって逆に右のような地域差がない。島嶼部地域では腰林面積が林野面積の六割を越え、また他地域に比べて貢租地面積が小さい割に腰林面積が大きくなるということも特徴である。

次に腰林の「植生」について、図13に示した。中心となる樹種はやはり松である。豊田郡の山帳では樹高を記さないことが多いので最大幹囲別の面積比で図示した。これによると、内陸部A地域の腰林では豊かな松を保持していたが、B地域や沿岸部では「小松ほか」が五〇パーセント近くに及び、島嶼部ではじつに七七パーセントに達する。先の図12とあわせてこれらの意味するところを次のように考えておきたい。

内陸部A・B地域や沿岸部では、ほぼ貢租地面積に見合った野山が設定されており、肥料や飼料の採草地となっていた[13]。御建山や御留山でも許可を得て下刈りに入ることがあり腰林にかかる負担は相対的に少なくてすむ。しかし、島嶼部では林野のほとんどが腰林であり、貢租地面積の割に大きめに設定されていたがあらゆる需要をこれでまかなわなければならず、しかも海運の便から販売への欲求は避けられない。沿岸部でも相応に野山が設定されていたが輸送の条件は島嶼部と同じである。このような事情で沿岸部や島嶼部の腰林がとくに貧しい「植生」になっていたのである。また島嶼部の林野がほとんど腰林とされていることは、たんに林野面積が少ないからというだけでなく、林産物の「自由」な販売が島民の生活に不可欠のものという認識が為政者にもあったからではないか。比較的大きな島で

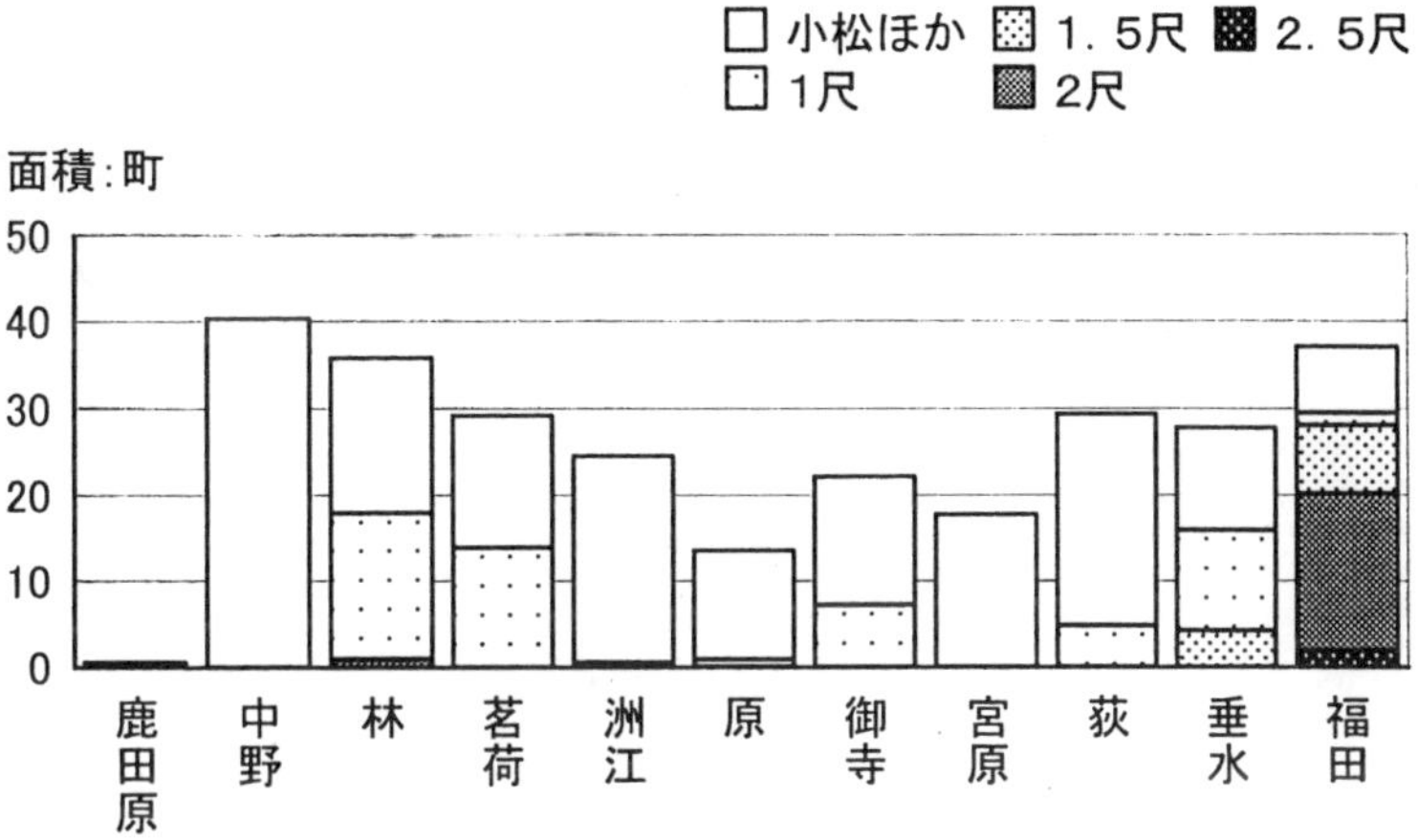

図14　生口島各村腰林の「植生」

はこの頃でも余業として山稼ぎをあげる例がある。

次に島嶼部の姿をもう少しみておきたいので生口島を取り上げてみる。生口島は三原の南に位置し瀬戸田町のほか一二ヶ村からなる。荻・垂水両村に比較的大きな御留山が設定されているが、海辺では最も傾斜の急な所である（早瀬山、現観音山南西麓）。開墾の手が入ったのは明治三十六年というから島内では条件の厳しいところであった[14]。次に野山では福田村に八六町余のゆつり谷山がある。島内でめぼしい野山はこれだけである。この点、村でも「村内薪・肥草等ハ相応に御座候へ共」とある程度の充足は認めている。対して野山のない茗荷村では「肥草者至而不自由ニ而、牛馬飼草ニも行足り不申位之義ニ御座候」とし代わりに海草を入れるのだが地元では不足して他所から購入しなければならないと苦衷を述べている。同様の記述は中野村にもみえる[15]。

図14は生口島各村の腰林の「植生」を表示してみた（瀬戸田町・沢村は腰林なし）。先述のようにデータとしては精度の低いものであるが、福田村の充実度は一目瞭然であり、島嶼部でもまれに野山に恵まれた村では腰林にある程度の樹木が存在したのである。

ところで、島嶼部の大部分の林野が腰林とされていたことは、かつて宮本常一氏が指摘された島嶼部に均分開墾的な[16]姿が目立つという問題に関連するかもしれない。腰林であったことが後の個別的な開墾を容易にしたのではないか。これが村入会の野山であればそう簡単ではなかったはずである。島嶼部における段々畠の激しい開墾は個別所持的な腰林が林野のほとんどを占めていたことと無関係ではないであろう。

結びにかえて

広島藩領に残された享保の山帳をもとに、林野の種類別の設定のあり方や腰林の「植生」に林野利用の地域的特色を見いだすべく、とくに賀茂・豊田両郡を素材に検討してきた。その前提となる作業として安芸郡奥海田村や賀茂郡奥屋村を取り上げ、その腰林の「植生」に階層性さえ現れることも確認した。いささか数値を重視しすぎたかもしれない。林野の面積は現在でも不確かなものである。しかし不確かとして検討を放棄するのではなく、そこに現れる事象はそれはそれとして検討の対象になりうるのではないか。得られた結果は意外に常識の範囲内にとどまっている。

賀茂郡では、全九〇ヶ村のうち三六ヶ村しか検討できなかったが、いちおう内陸部の志和造賀・西条黒瀬と沿岸部の三地域に分けて検討した。林野の種類別構成のあり方では、三地域とも大きな差違はなくむしろ内陸部の範疇で理解できる。一方、腰林の「植生」では内陸二地域と沿岸部地域とでは大きな違いがある。内陸部では、西国街道沿いの宿場町近傍などの腰林に伐採が進んでいるが、沿岸部では豊田郡の島嶼部にも匹敵する樹木に乏しい状況であった。総じて賀茂郡では豊田郡のような内陸部から沿岸部への漸次的移行が観察できず、むしろ内陸部と沿岸部の対照性・隔絶性が現れているようであり、その地勢的特徴にも合致している。

豊田郡では、沼田川上流の支流域を内陸部A、下流の本流域を内陸部B、さらに沿岸部と島嶼部の四地域に分けた。

林野面積では内陸部A地域から島嶼部地域に向かうにつれてその総面積が小さくなり、種類別構成のあり方では御建山・御留山や野山の面積が小さくなる。一方、腰林の面積は地域にかかわらずあまり変化がないので島嶼部では相対的に大きくなる。しかも腰林の「植生」では、内陸部A地域でなお豊かな松を維持しているが沿岸部に至るにつれて貧弱となり、島嶼部ではそのほとんどが小松程度になるなど地域的特徴が明瞭である。これらは水運の利便性を背景とした燃料需要の大きさを示すとともに、藩においてもそのような生活実態にあわせた林野の種別設定を行なっていたこと、また豊田郡ではこの四地域間の漸次的移行が明瞭であって、内陸部から島嶼部にかけての交流を推測させるものである。

享保の山帳から得られた結果について、これが数値としてどれだけ実態を反映したものかとなると確たる保障はない。しかし、これまで述べてきたように、これら林野種類別の設定のしかたや腰林の「植生」の地域差については、その質的な面において地域の実情が反映されたものとして理解することは充分可能である。本報告は右のような意味でとらえていただければと思う。

さて、改めて地域のなかに位置づけるとすれば、腰林を中心とした「植生」の状況を重視するとまさに沿海の村々が一つの共通する性格を形成しており、瀬戸内海の流通に直結した地域としての特質を現していることになる。ただし、賀茂郡や豊田郡ではその内陸部においても樹種そのものはほとんど松に特化しており、それを重視すればいずれも瀬戸内地域としてとらえることが可能かもしれない。本稿で用いた「内陸部」という語は、あくまで沿海の郡のなかでの内陸部という意味であるが、広島藩領という単位でみれば賀茂郡や豊田郡はいずれも沿海部の郡である。中国山地にいだかれた地域ではどのような姿を示すのか、そこはまた鉄山業が展開し多くの森林が伐採されて燃料と化した内陸地域である。それとの対比が是非とも必要となる。

また、以上は享保期の状況であるが、幕末維新期にかけて沿海地域では激しい人口増加を迎え、とくに島嶼部では林野がさらに段々畠や棚田に開かれていく。[17] 極端にいえば近世から近代にかけての歴史的展開が瀬戸内地域という一具体地域の、たとえば林野のあり方にどのように現れてくるのか、そのような問題設定が必要であって、それも含めて課題の多い本稿をここでひとまず閉じさせていただくことにしたい。

註

(1)　地方史研究協議会においても前回五一回大会に「信濃——生活環境の歴史的変遷」を共通論題に掲げられており、本報告もその継承をいささかなりとも意識している。また報告は、拙稿「広島藩沿海部における林野（里山）利用の諸様相」（『地域文化研究』（広島大学総合科学部紀要Ⅰ）二五、一九九九年）、及び「同（2）」（『同』二六、二〇〇〇年）にもとづいたもので、したがって本稿もこれら旧稿を再構成しその後の知見を補足するかたちとなっている。紙数の関係上不足の点は旧稿もご参照いただければ幸いである。なお、本報告をなすにあたって只木良也『森と人間の文化史』（日本放送出版協会、一九八八年）、安藤久次「生活を支えた母なる森『里山』——広島・岡山県の二次林」（『日本の自然地域編6』岩波書店、一九九五年）、安田喜憲『森の日本文化——縄文から未来へ』（新思索社、一九九六年）、四手井綱英『ものと人間の文化史　森林Ⅰ～Ⅲ』（法政大学出版局、一九八五～二〇〇〇年）などから多大の示唆をえた。

(2)　道重哲男「近世的林野所持利用の形成過程——広島藩における林野所持形態と村落構造」（一）（二）（『史学研究』九一・九二、一九六四・六五年）、「近世山陽筋における林野の所持・利用の変化と村落」（『産業の発達と地域社会』溪水社、一九八二年）。

(3)　千葉徳爾『増補改訂はげ山の研究』（そしえて、一九九一年、初刊一九五六年）、『はげ山の文化』（学生社、一九七三年）、渡辺則文「近世塩田と背後地農村——塩田燃料問題を中心として」（一九五八年、『日本塩業史研究』三一書房、一九七一年所収）、川崎茂「近世竹原塩田背後地村落における林野の問題」（『竹原市史』第二巻、一九六三年）。なお、千葉氏は入会山（野山）の荒廃を主として燃料採取との関係で論じられたが、水本邦彦氏は最近の報告で草肥確保、草山を維持するという観点を強調されている（「近世の里山景観――草山と土砂留」日本史研究会報告、二〇〇二年）。本稿では腰林の分析を主としており、また成稿後氏の報告に接したこともあって右の紹介にとどめるが、本稿で対象とした村々でも野山は柴草山・草山あるいは牛飼場などとする例が多い。肥料や飼料の供給源というのは当然であるが、その起源や利用の実態についても今後とも検討してみたいと思う。

（4）　二枚の絵図はいずれも『海田町史』資料編（海田町、一九八一年）に附録絵図として収録されている。

（5）　『海田町史』資料編第三章第二節〔3〕資料。

（6）　享保五年の差出帳によると、奥海田村は村高一六六五石五斗八升、四〇九軒二二〇〇人とある。村の階層構成を知る資料には寛延元（一七四八）年の高寄帳があり、六二七人（隣村海田市からの入作を多く含む）のうち五石未満層が八五パーセントを占め、享保の山帳にほぼ対応する階層構成となっている（『海田町史』通史編、一九八六年）。

（7）　奥屋村の山帳は『日本林制史調査資料』広島藩（雄松堂書店マイクロフイルム）による。『芸藩通志』では村高一一九九石四斗一升、戸口は二五五戸・一〇八四人の村とされる。

（8）　賀茂郡における享保の山帳は、幸いその筆耕本が前掲注（7）資料に全九〇ヶ村のうち三八ヶ村分が収録されている。そのうち竹原下市と塩浜は腰林がないが、残り三六ヶ村については同様の検討作業を行なうことができる。その他の村々についても現在収集中でいくつか分析も進めているがここでは略した。

（9）　志和造賀地域は志和堀・別府・奥屋・冠・七条椛坂・熊野跡・造賀・篠の八ヶ村、西条黒瀬地域は正力・米満・飯田二村（飯田と原飯田）・寺家・原・吉川・西条東・下見・助実・御薗宇二村（御薗宇と十文字）・田口三村（田口、吉郷と小比曽大河内）・下三永・福本・乃美尾・郷原の一九ヶ村、沿岸部は下野・三津・三津口・内海・中切・内海跡・仁

方・広・阿賀の九ヶ村とした。飯田二村・御薗宇二村・田口三村をそれぞれ併せたのはこれらの村が野山などを寄り合いで共同利用していて面積を分けられないためである。なお旧稿（二〇〇〇年）では各村別にも表示した。

(10) 別府・志和堀・熊野跡・寺家・吉川・田口三村のうちの吉郷と田口・郷原・福本・三津の一〇ヶ村である。やはり内陸の村に多いようである。

(11) ここで樹高と幹囲についてまとめて補足しておく。まず、樹高と幹囲双方を記す山帳の場合、「松、長さ二間以下」、「松、長さ一間半以下」などの下位になるとただ「小松」と表記されることが多く、樹高一間以下は小松とされるのが基本と思われるが、まれに「松、長さ一間以下」という例もある。そこで、図11では資料上「小松」とされるものと「松」とあっても長さ一間以下のものは「小松ほか」に分類して計算した。幹囲だけを記す山帳の場合は、やはり基本的に廻り一尺に満たないものは「小松」とされているが、まれに七・八寸のものも「松」と記す場合があり、これも「小松ほか」に分類した。次に樹高と幹囲の関係であるが、樹高と幹囲双方を記す山帳で、たとえば「松、長さ二間以下、廻り一尺五寸以下」とある場合、それがその腰林で最も樹高が高くかつ幹囲の大きな松をさすとみなし、多くの事例を集めてその相関の分布をみることでおおよその対応関係を措定した。実際には一筆一筆異なるし村によっても偏差はあるが、ここではおおむね樹高一間以下は幹囲一尺に満たず、一間半が幹囲一尺、二間が一尺五寸、三間が二尺、四間が二尺五寸にあたるとした。この関係は旧稿（一九九九）にいくつか例示している。図11では、幹囲しか記さない三ヶ村についてもこれによって換算し分類を最大樹高別に統一して図示した。ところで、この相関は幹囲に比して樹高が低すぎるようにみえる。樹高・幹囲の双方を記す場合は、その幹囲でどの程度の長さの用材が取れるかということを意識した樹高の記載で、文字通りの樹高ではなかった可能性がある。しかしこのような林野調査の記録で別の資料ではやはり樹高を記したと考えるべき事例もある。たとえば小椋純一『絵図から読み解く人と景観の歴史』（雄山閣、一九九二年）・『植生から読む日本人のくらし』（同、一九九六年）など。この問題はなお後考に待ちたい。

(12)　四地域に分けた各村名については旧稿（二〇〇〇年）参照。
(13)『豊田郡誌』所収の山帳による限り野山に樹木の存在を記す村はみえない。
(14)『瀬戸田町史』民俗編（瀬戸田町、一九九八年）一三七頁。
(15)『同』資料編（一九九七年）掲載の福田・茗荷・中野各村の国郡志下調帳。
(16)　宮本常一『瀬戸内海の研究』（未来社、一九六五年）第一編総論。
(17)　この地域の動向については、拙稿「近世瀬戸内島嶼村落の特質について」（『瀬戸内海地域史研究』四、一九九二年）及び『倉橋町史』通史編第五章など参照。

(付記)　本稿は平成十一〜十三年度科学研究費補助金基盤研究（C）（2）「近世広島藩領における山林利用の実態的研究」の成果の一部である。また本研究に取り組むことになったのは勤務先のプロジェクト研究「里山の利用・管理の現状と今後のあり方に関する研究」に参加したことがきっかけであり、広島大学総合科学部の中越信和・土屋彰男・浅野敏久先生には種々ご教示いただいた。またデータの処理に関して山本洋・小島荘一・三輪誠一郎・大下博昭の諸君のご協力を得た。さらに尾道大会では川崎茂先生をはじめ参会の方々から有益なご教示をいただいた。末尾ながらお礼申し上げる。

III　瀬戸内海地域のネットワークとアイデンティティ

近世後期尾道商人の経営と地域経済——橋本家の分析をもとに

西向　宏介

はじめに

本稿は、備後国御調郡尾道町の上層金融資本・橋本家の経営動向を明らかにし、それをもとに、幕藩制解体期、とくに化政・天保期以降における尾道を中心とした周辺地域経済の実態を追究することを課題とする。

幕藩制解体期の芸備地方経済については、一九六〇年代を中心に、維新変革論や豪農論などの議論を前提に、活発に研究がなされてきた。そこでは、宝暦・天明期以降における封建的危機の基礎過程を明らかにするという点を中心的課題とし、畑中誠治氏らによって在郷商業資本の研究が進められていった(1)。さらに七〇年代以降においては、土井作治氏が広島・福山両藩の藩政史研究を大成させていくなかで、藩政改革・市場構造の理解も深められていった(2)。また、鞆や御手洗など港町の商業史や流通史研究も、脇坂昭夫氏によって早くから進められてきた(3)。

しかし、地域経済の核となる港町の経済的動向を、商家の具体的な経営分析に基づいて明らかにした研究は意外にも少ないのが現状である。そもそも、近世の商業資本に関するまとまった経営分析の成果としては、中山富広氏らに

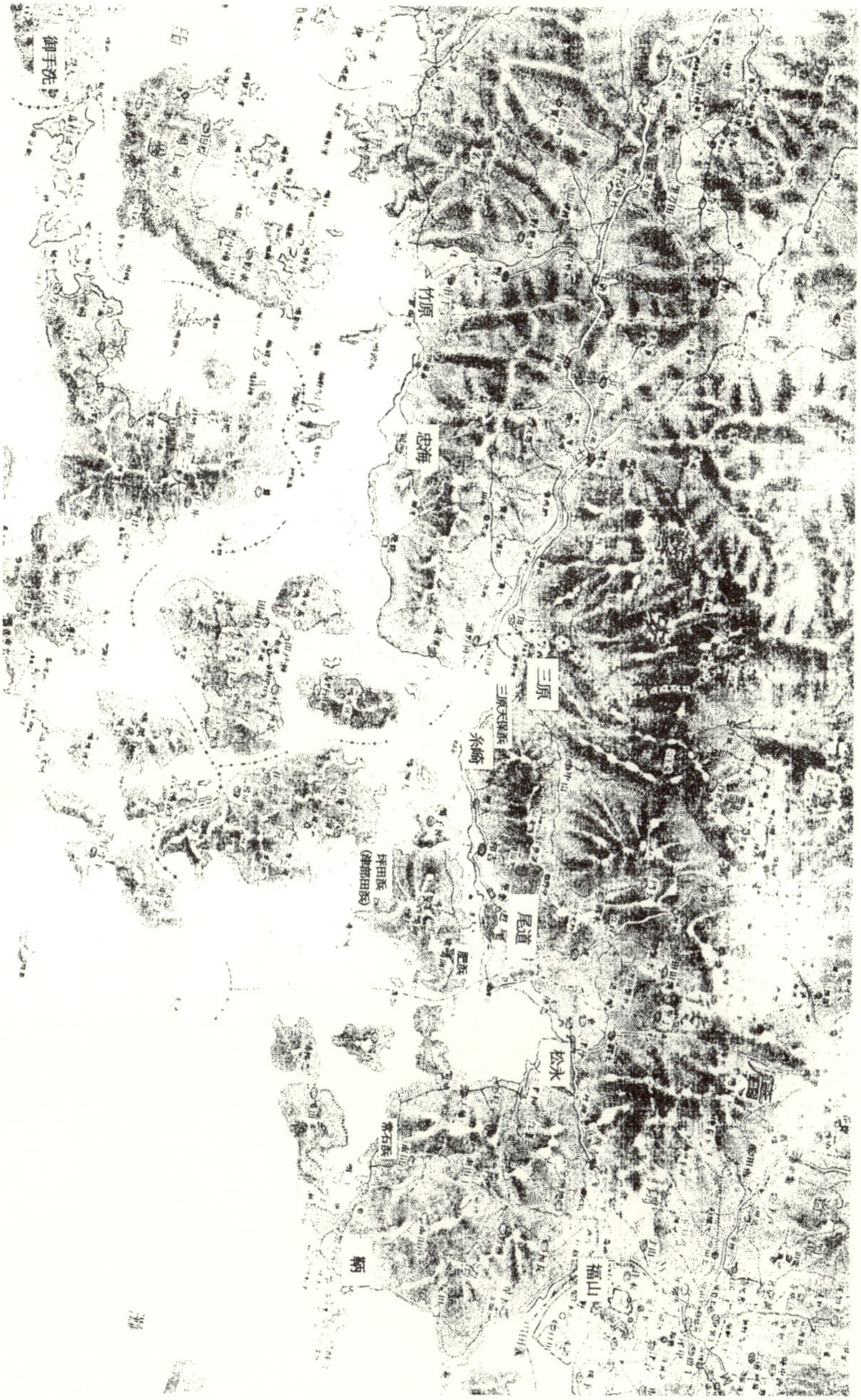

図1　尾道周辺関係地図

よる備後府中・延藤家の研究などがある程度で[4]、この点が、芸備の社会経済史研究の大きな課題として存在するように思われる[5]。

こうしたことを踏まえ、本稿では、尾道・橋本家（角灰屋）の経営をもとに、まずは広島藩の貨幣経済の混乱期における商業資本家相互の金融関係を明らかにし、幕藩制解体期という危機的情勢の具体像を浮き彫りにしたい。また、橋本家をめぐる金融動向を踏まえたうえで、さらに、瀬戸内諸港全体の市場構造を明らかにすべく、幕末期の尾道と近隣諸港の動向について考察を進めていきたいと思う。

一、港町尾道と豪商橋本家

まずはじめに、港町尾道と豪商橋本家について、概略を述べておくことにしよう。

尾道は中世以来の系譜をもつ初期豪商の発展とともに、近世においても早くから港町として栄え、兵庫・下関と並び称される瀬戸内の海運流通の中継拠点港として発展してきた。図2は、橋本家の同族である西灰屋甚七（貸金業・質屋・酒屋を営む）が所有していた預り手形について、手形に記された商品名および数量の分布を示したものである[6]。そこでは、西国米を中心にしつつ、秋田米や庄内米など北国米の流通が、すでに享保期段階には活発化していたことがわかる。このような西国・北国方面との流通関係は、北前船交易を通じてその後も発展し、同じ尾道商人である鰯屋の寛政十三年の客船帳からも、図2と同様、越後・筑前に多くの得意先をもちながら、全国的レベルで取引を行なっていたことがわかる[7]。

また、尾道商業の機構整備と金融面でのバックアップを目的とする機関として、明和三（一七六六）年には広島藩に

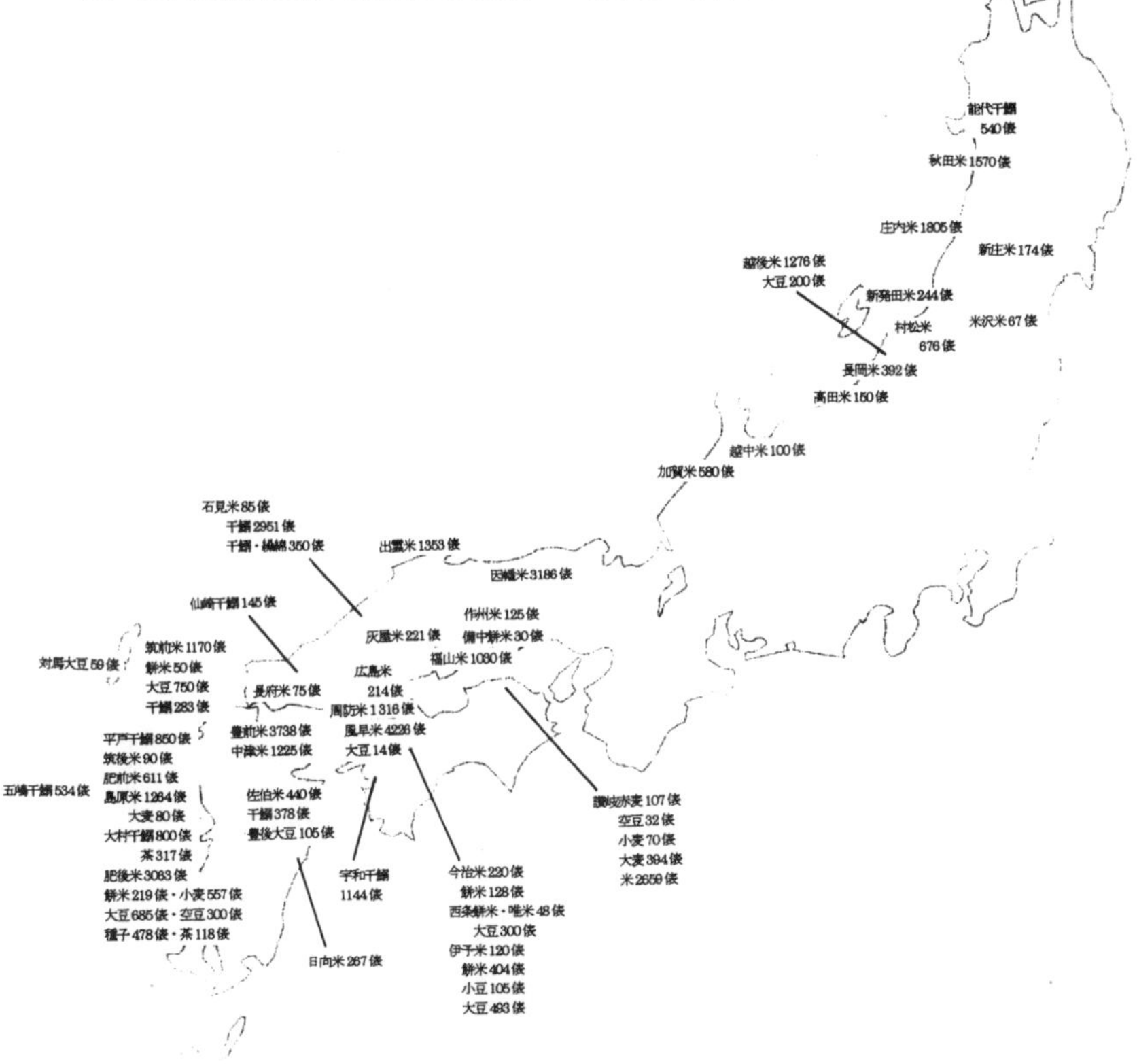

図2　西灰屋あて「預り手形」の内容（享保12〜16年）
—手形に記載された商品名・数量の分布—

よって問屋役場が設けられ、安永九（一七八〇）年には尾道商人らによって問屋座会所が設けられた。問屋役場は、問屋・仲買・仲仕の三者の分業関係を明確化し、管理・統制する機関として、また問屋座会所は、荷主への代金支払いを円滑にし、尾道商業の振興をはかる機関として、それぞれ設置された。この両機関は、いずれも問屋・仲買株の構成員への営業資金の融通を行ない、その実質的運営は、いずれも有力尾道商人によって担われていたのである。

一方、そのような港町尾道にあって、橋本家は、寛永地詰帳[8]に登場する「灰屋次郎右衛門」家を史料的初見とし、商家としては初期豪商よりもやや遅れて台頭している。三代目次郎右衛門の代に当主次郎右衛門が別家して「角灰屋」を創設しており、橋本家は灰屋次郎右衛門家と角灰屋の二家が立つこととなった。その後、次郎右衛門家から「西灰屋」などが分家したが、のちに角灰屋は橋本家同族の本家として、近世後期にかけて著しい経営発展を遂げていったのである。(9)

角灰屋の商家経営は、質店・酒造店などの店経営をもちつつ、金融を本業とし、また、商業金融の過程で集積された塩田や尾道の町屋など、不動産経営も大規模に展開していった。したがって、基本的には金融（金穀貸付業・質屋業）と地主経営の二本立てであったといえる。佐渡の廻船商人篠井秀山が記した航海日記「海陸道順達日記」(10)の文化十（一八一三）年七月二十三日の項には、尾道に滞在した際のこととして、次のようにある。

「爰に灰屋の本家に門灰屋吉兵衛殿といふあり。家居あまりに大イにあらね共、金銀都て多し。田禄弐千石計も有之よし。酒と質の外金銀多く、差引致す尾の道一番之ものとかや。貸屋も弐千軒余有之由、灰屋の元〆をいたし候よしに候」

尾道における橋本家の地位を確証する史料はあまり多くないが、この日記では、同家が尾道最大の豪商であることを明記している。また、文政四（一八二一）年時点の尾道町における抱家の所持状況が判明しているが、(11)それによると、灰屋吉兵衛は八六軒で一位であり、二位の油屋元助（三八軒）や三位の金光屋与三平（三五軒）を大きく上回り、突出した抱家軒数を示している。

二、橋本家の経営と広島藩経済の動向――文政期以降

角灰屋橋本家は、安永六（一七七七）年に、同族である西灰屋の質店・酒造店を経営傘下に吸収し、そのころから急

速に経営発展を遂げていったと思われる。しかし、同家の経営組織や資産の全容が判明するのは、文政期以降になってからである。ここでは、文政期以降の角灰屋橋本家（以下、角灰屋橋本家を「橋本家」と称する）の経営動向を明らかにし、それをもとに、幕藩制解体期の広島藩財政および尾道を中心とした地域経済の実情について考察を進めていきたい。

橋本家は、「灰屋の元〆」と称されるごとく、灰屋同族の本家として、基本的には近世中期以降ほぼ拡大傾向をたどり、同家の総勘定帳によると、天保期に経営拡大のピークを迎えている。しかし、文政期段階以降においては、実際には広島藩の経済情勢に規定されて、安易に経営発展とは評価しえない状況を迎えていた。

表1は、橋本家の「本家惣勘定帳」をもとに、同家の各経営組織の資産の動向を示したものである。これによると、純資産を示す「差引合計」では、天保十（一八三九）年にピークを迎えており、それは、とりわけ「角灰屋橋本家」（金穀貸付業と不動産経営からなる、橋本家の経営のもっとも基本となる部分）の拡大に大きく依っている。しかし一方で、天保末期には、橋本家の経営組織に変動がみられる。たとえば、橋本家が出資して造成された三原天保浜が、天保十二（一八四一）年に藩から払い下げられているが、その一方で、天保十年には、常石浜がわずか四年の経営期間で資産勘定から消えている。また、東質店も天保十三年をもって資産勘定から消えており、経営状態の不安定さを物語っている。

また、この経営組織の変動に関係して注目されるのは、弘化三（一八四六）年から嘉永四（一八五一）年にかけての動向である。この間の資産動向については、総勘定帳の中で正銀と銀札が区別して表示されており、表1の各年の欄の下段には、正銀換算した数値を載せている。これによると、当該期間では実質的な資産が大幅に低下しており、しかもそれは、藩札相場の顕著な下落によるものであることがうかがわれる。

広島藩札相場の下落については、広島藩が化政期段階において国産奨励策をはかる際に、資金的裏付けを得るため、

織の資産動向（単位：銀匁）

常石浜	三原天保浜	坪田浜	有物合計	預り銀	差引合計
			4,801,005.590	150,584.000	4,650,421.590
			5,686,818.340	227,288.780	5,459,529.560
			6,952,196.960	395,969.780	6,556,227.180
			7,393,850.520	543,147.380	6,850,703.240
			7,481,041.240	495,702.380	6,985,338.860
			7,777,070.640	414,018.900	7,363,051.740
6,752.470			7,911,117.690	200,147.970	7,710,969.720
13,409.780			8,341,698.930	238,829.000	8,102,869.930
18,474.340			8,503,936.090	177,000.000	7,326,936.090
15,920.720			9,355,753.860	595,632.980	8,760,120.880
	19,304.540	3,946.710	7,400,923.765	1,411,894.725	6,285,546.050
	19,304.540	39,466.710	1,318,682.775	553,837.473	762,845.311
	22,101.350	8,371.180	6,911,631.950	1,408,192.440	5,503,439.510
	22,101.350	8,371.180	13,887,400.689	625,667.457	761,733.232
	29,342.080	10,249.280	6,312,259.000	1,426,529.520	4,885,729.480
	29,342.080	10,249.280	1,472,776.128	621,712.574	851,063.554
	31,616.730	18,977.850	6,064,917.700	1,569,955.520	4,494,962.180
	31,616.730	18,977.850	1,565,679.926	575,909.201	989,770.725
	31,375.680	13,630.170	5,754,654.670	1,605,517.530	4,149,137.140
	31,375.680	13,630.170	1,626,729.715	612,107.855	1,014,621.593
	33,381.950	14,905.260	4,579,074.700	1,588,649.590	2,990,425.160
	33,381.950	14,905.260	1,681,074.486	589,840.065	1,091,234.471
	28,080.000	19,960.000	1,667,120.000	538,408.000	1,768,720.000
	31,880.160	20,490.130	1,593,849.030	436,631.490	1,157,224.000
	37,708.120	13,311.150	973,560.763	404,997.900	569,630.688
	31,442.020	-4,000.000	1,642,609.363	393,115.840	1,250,037.906
	37,185.710		1,662,188.039	357,365.270	1,303,208.813
	32,793.290		1,717,768.180	349,622.110	1,367,152.719
	23,261.020		1,926,732.300	425,797.860	1,502,856.000
	28,424.250		2,136,399.480	489,525.580	1,575,432.000

1000～1006/1484～1492/1685)。
づいた。公定相場は、弘化元年以前が64.2匁/１両で、以下、弘化元年～65.0、嘉永５年～64.0、

正銀・銀札を加算した数値の下欄に、銀札分を正銀に換算した数値を表記している。換算率は表

ま表記した。

藩札の増発と通用強制を実施していったことが原因とされている。この藩札の増発は、大坂置為替仕法（大坂市場で国産品を売って得た代銀を大坂蔵屋敷へ振り込み、領内で代銀に相当する銀札を受け取るしくみ）と抱き合わせた政策で、当時藩が行なった正金銀獲得政策の一環をなすものであった[12]。

表2は、尾道における広島藩札相場の動向を示したものであるが、これによると、藩札相場の低下自体は、実際には文政期から始まっている。文政三（一八二〇）年の広島藩触では、「去々年以来追々札場へ入札多正銀引替候由、（中略）近来格別

表１　角灰屋橋本家と各経営組

	角灰屋橋本家	本家店	西灰屋	東質店	酒造方	肥浜
文政７年	3, 852, 161. 120	380, 874. 770	387, 307. 020		28, 647. 640	18, 673. 850
文政10年	4, 745, 674. 990	471, 733. 020	405, 977. 840		39, 405. 010	20, 860. 480
天保２年	5, 821, 587. 900	506, 504. 450	555, 272. 270		41, 630. 060	27, 202. 280
天保３年	6, 036, 202. 270	671, 732. 570	611, 570. 970		45, 128. 610	29, 216. 500
天保４年	6, 561, 678. 535	613, 254. 740	660, 743. 720		51, 231. 350	25, 773. 430
天保６年	6, 449, 974. 860	555, 573. 090	611, 962. 250	80, 448. 100	57, 649. 780	21, 462. 560
天保７年	6, 506, 072. 670	562, 050. 420	589, 689. 450	168, 238. 300	59, 487. 910	18, 106. 970
天保８年	6, 728, 057. 340	733, 329. 210	547, 295. 500	204, 854. 000	87, 873. 820	26, 879. 100
天保９年	7, 043, 655. 740	510, 667. 660	570, 041. 300	213, 782. 500	114, 514. 320	32, 800. 230
天保10年	8, 621, 853. 750	204, 358. 240	322, 375. 180	61, 667. 000	88, 648. 490	40, 930. 480
弘化３年	6, 997, 546. 085 997, 212. 913	342, 626. 350 129, 259. 315	287, 324. 310 122, 266. 528		32, 731. 730 32, 730. 730	7, 855. 680 7, 855. 680
弘化４年	6, 241, 236. 835 976, 996. 200	324, 620. 250 159, 811. 878	263, 105. 310 167, 955. 557		29, 227. 090 29, 227. 090	10, 424. 410 10, 424. 410
嘉永元年	5, 534, 717. 975 935, 922. 514	340, 897. 050 195, 781. 905	310, 073. 930 214, 495. 038		42, 044. 440 42, 044. 440	11, 894. 490 11, 894. 490
嘉永２年	5, 245, 365. 215 975, 307. 987	237, 454. 000 237, 454. 000	352, 895. 170 257, 045. 620			15, 086. 950 15, 086. 950
嘉永３年	4, 540, 390. 500 992, 717. 322	363, 859. 840 263, 837. 802	375, 698. 590 278, 893. 156			19, 710. 884 19, 710. 884
嘉永４年	2, 936, 855. 970 993, 632. 042	382, 008. 070 281, 444. 535	390, 691. 610 293, 362. 073			19, 162. 990 19, 162. 990
嘉永５年	1, 007, 144. 000	280, 720. 000	308, 632. 000			19, 248. 000
嘉永６年	912, 983. 570	278, 145. 970	324, 880. 350			20, 295. 010
安政元年	944, 032. 419	280, 364. 000	336, 639. 625			16, 379. 730
安政２年	949, 110. 405	270, 624. 960	335, 783. 030			18, 531. 670
安政３年	933, 473. 973	294, 119. 207	342, 156. 353			24, 438. 360
安政４年	1, 015, 152. 799	257, 022. 774	339, 220. 524			29, 600. 220
安政５年	1, 114, 951. 420	312, 658. 670	395, 269. 300			38, 044. 540
万延元年	1, 185, 337. 590	360, 568. 290	448, 911. 890			21, 823. 820

典拠）各年の「本家惣勘定帳」（橋本家文書、『目録』第７集・文書番号991～995/997～999/

注１）帳簿に記載された数値のうち、金は正銀に換算した。換算率は広島藩の公定相場にもと
安政元年66.5、安政５年～72.0である。

注２）帳簿上で正銀と銀札が区別されて記載されている年（弘化３年～嘉永４年）については、
２にもとづいた。

注３）正銀・銀札が区別されていない年（弘化３年～嘉永４年以外の年）については、そのま

ニ引替多ク、中ニ者無故申出候様ニも相聞、依之両替減少渡りニ相成」(13)としており、正金銀への両替の盛行、藩札の不融通という事態が文政期から進行していたことがわかる。その後藩札相場は、天保期になって急激に下落している。天保八（一八三七)年には、金一両につき銀札一二八匁となって、文政初期段階の半額まで価値が下がり、さらに天保末期にかけては等比級数的に下落が進行していった。また、この間の広島藩札相場と正銀相場との対比結果がすでに明らかにされているが、(14)それによると、正銀一匁に対する藩札価は、天保期前半までは二匁以内

表2　尾道における広島藩札相場　（銀札匁/金1両）

文政３年	61.50
文政４年	62.36
文政５年	65.64
文政６年	67.25
文政７年	69.52
文政８年	71.19
文政９年	72.28
文政10年	72.57
文政11年	71.30
天保元年	74.60
天保２年	74.80
天保３年	73.14
天保４年	75.03
天保５年	83.26
天保６年	87.94
天保７年	91.04
天保８年	128.36
天保９年	191.21
天保10年	193.75
天保11年	333.01
天保12年	498.59
天保13年	597.67
天保14年	841.69
弘化元年	1,078.67
弘化２年	576.79
弘化３年	1,249.79
弘化４年	2,459.17
嘉永元年	2,806.25
嘉永１年	3,112.69
嘉永２年	5,549.17
嘉永４年	8,875.00

典拠）文政３年「金銀相場扣」（註（15）参照）。

にとどまっていたが、天保八年から九年にかけて一・七八匁から三・四五匁に上昇（藩札価が下落）し、その後天保十三年には一〇・五七匁へと上昇していった。天保中期以降には、藩札相場が下落するとともに、藩札相場と正銀相場との乖離も同時に進行していったのである。

つまり、表1で弘化三（一八四六）年以降に表面化している藩札相場の下落および正銀相場との乖離現象は、実際には同年以前から進行していたのである。また、橋本家の資産減少も、弘化期になって突如進行したものではなく、天保期段階には、すでに深刻化していたと考えられる。[15]尾道では天保八（一八三七）年に、問屋役場や問屋座に加え、新たに諸品会所が設置され、問屋仲買への資金融通の機会をさらに増やす試みがなされた。しかしながら、弘化期以降、広島藩領の貨幣経済の混乱は、改印札発行[16]の段階に至り、諸階層全体を巻き込んだ慢性的状況を迎えていったのである。

弘化三年十二月、金相場の高騰により広島城下では金子両替が停止する事態が生じ、「市中一統大騒動」となったが、それに連動して尾道でも、「当家（橋本家）之門口より東西薬師堂小路・胡小路辺迄多人数昼夜共致取引、誠ニ大坂堂嶋之帖合ニも相増り候様ニ有之」という混乱が生じている。このとき、尾道町中では、わずかずつでも藩札を正金銀に両替するべく民衆が殺到し、「本両替者勿論、走り両替者不及申、素人小商人・近在之百姓共迄其外新開辺之婦人共其中へ加り、少々宛ニ而も売買いたし候事、古今珍敷事」といわれる事態がみられた。また、同月十三日のこととして、「此騒動を御屋鋪（尾道町奉行所）ニも御聞込ニ相成候哉、取役町廻り中へ見廻り被仰附、三ツ引を燈し群集之中江ツエヲ振廻し追掛、多人数之者風前之チリ之コトクニヶ走り、付而者当表川口へ出売之品を押メギ、大騒動々々々々々々」といった混乱を生んでいる(17)。

なお、以上のような経済情勢については、弘化三（一八四六）年二月に「八骨御文章写(18)」として詠まれた次のような史料があり、藩札の下落を嘆く当時の世相を映している。

「夫町人のはかなきことをつら々々かんつる耳。凡つれなき者者此頃之銀札。おしまんと茂まほろしの如くなるいちごなり。いまだ百貫の身上てもたらすといふことなし。たれ歟百貫の身上とてもたもつべきや、（中略）いふべに者千貫ありてあしたに者こつしきと成身なり。（後略）」

嘉永五（一八五二）年になると、五〇〇掛相場の設定(19)により旧札の回収・通用禁止を行ない、藩札通用をめぐる混乱は一定の終息を迎えることとなった。しかし、弘化末から嘉永期段階になると、藩の触・通達において問屋座の運営危機が指摘されるようになり、それと同時に、港の「衰微」が明言され始めるようになっていったのである(20)。

三、銀談争論の展開と金融動向

次に、以上のような広島藩における貨幣経済の混乱に対して、上層金融資本である橋本家がいかに対応していったのか、みていくことにしたい。

藩札相場の急激な下落は、地域の商業資本レベルにおいては、相互の取引関係のなかで、深刻な経営危機と金融不安を数多く表面化させることにつながっていった。橋本家の場合には、いわゆる銀談争論となって表れている。「銀談」とは、商人間の金銭貸借をめぐる問題を、当時の言葉として称していたものであり、広島藩の藩札相場下落による経済的影響を象徴的に示す動きであったと考えられる。以下では、橋本家をめぐる銀談争論の展開について、同家の金融取引の動きと合わせて考察し、さらに、貨幣経済と港町商業の危機的状況における尾道金融資本の歴史的役割について評価してみたいと思う。

橋本家をめぐる銀談争論は、多くの場合、橋本家から借銀を受けた商人が、下落した藩札での返済を要求し、それに対して橋本家側が正金銀での返済を強硬に迫るという点で、ほぼ共通している。ここでまず、いくつかの銀談争論について簡単に押さえておくことにしよう(21)。

竹原屋七郎右衛門銀談一件　竹原屋七郎右衛門は、尾道で町年寄を勤める有力商家であったが、天保六（一八三五）年以来、橋本家から多額の借銀をしていた。とくに天保八（一八三七）年十一月には、松永塩田のうち五軒の塩浜を売却して正銀二五三貫目を受けていた。この塩浜売却については、竹原屋は橋本家に浜借証文を差し入れ、加地子銀（小作料）を一ヶ年に銀一二貫六五〇目ずつ一〇年にわたって納入し、買い戻す契約を結んだ。しかし、前述したとおり金相場が高騰したため、橋本家は加地子銀を再三にわたって増額したが、藩札相場の下落が進行したため、天保十一（一八四〇）年からは正銀で取立てることを竹原屋へ要請したのである。橋本家側としては、近辺の吉和浜・干浜（肥浜）・富浜といった塩田ではいずれも正銀での取立てにしたとし、松永浜についても他と同様に正銀で納入することを求めたが、竹原屋は承諾せず、争論となった。橋本家では、「別而七郎右衛門与者親類同様之間柄」であるため、争論となることは双方にとって不利益であるとしながらも、成り行きによっては、「無余儀証文面約定之通り、右塩浜取返シ候外無御座候」という姿勢をみせたのである。(22)

高須屋吉兵衛銀談一件　高須屋吉兵衛は、尾道の東に隣接する福山藩領松永村の商人である。文化四（一八〇七）年に同じ松永村の田嶋屋甚兵衛の口入れで初めて橋本家から借銀を受けたが、当初は田嶋屋の信用があつかったことにより、証文面の額面に上乗せして借銀を受けるほどの関係にあった。しかし、田嶋屋甚兵衛の死後は、高須屋の借銀がかさみ、天保七（一八三六）年十一月には、高須屋は家内趣法を立て、酒商事・船稼といった稼業を止め、さらに松永塩田のうち二軒を橋本家に売却する手続きをとることにした。一方橋本家では、竹原屋の場合と同様、貸付残銀の返済を正銀で行なうよう要請し、これを拒否する高須屋との間で争論となったのである。高須屋の側は、これまで利息の返済については証文面に正銀の額が記載されていても銀札払いにしてきたと主張したが、橋本家側は、「高須屋取替銀、正銀ニ無之候而者得請取不申段、是迄両度掟与及駈合置」とし、この駈合については取次人たちも承知しているにもかかわらず、「此度又候札払可致抔申出候段、不道理至極之致方」と非難している。十二月には、高須屋側の手代二名が、「葛籠弐ツ切棒駕籠ニ乗せ、事々敷躰ニ而、私（橋本家の）店へ持懸ケ、借用銀壱歩八込ニ銀札ニ而是非今日払込可致申来り」という行為に出ているが、橋本家側は「決而請取不申」と拒否し、決着していない。(23)

野上村平右衛門銀談一件　福山藩領野上村の平右衛門は、文政五（一八二二）年正月に、松永村田嶋屋甚兵衛の取次により、橋本家から藩札で五〇貫目を借銀した。その際、利息の支払いは、平右衛門の歎願により広島藩札で行なうこととなったが、天保八（一八三七）年には、藩札相場下落の影響で、藩札での利息支払いは莫大な損失を生むこととなり、橋本家は正銀での返済を要請することとなった。しかし平右衛門は、取次人の田嶋屋との間で約諾した話として、「縦令芸札如何程下落致、反古同様ニ相成候而も、芸札江弐歩込而相払申候得者、兎口無之事ニ相心得居申候」と主

嘉永6年	安政2年	文久2年
86	85	102
1,244,472.23	979,218.35	1,317,061.44
57.49	53.00	60.10
14,470.61	11,520.22	12,912.37
369,438.29	174,995.43	321,802.12
5,145.63	4,690.27	5,000.00
29.69	17.87	24.43
8	8	8
141,795.20	141,598.19	132,613.94
6.55	7.66	6.05
17,724.40	17,699.77	16,576.74
22,615.32	14,159.29	15,094.34
22,615.32	14,159.29	15,095.34
15.95	10.00	11.38
16	17	15
111,820.60	135,321.54	143,561.60
5.17	7.32	6.55
6,988.79	7,960.09	9,570.77
43,834.95	21,472.28	30,445.66
0.00	0.00	0.00
39.20	15.87	21.21
13	12	13
189,727.87	147,392.91	236,019.05
8.77	7.98	10.77
14,594.45	10,833.62	18,155.31
115,498.05	104,597.34	111,504.71
0.00	0.00	0.00
60.88	70.96	47.24
30	30	27
476,693.60	444,183.94	362,307.57
22.02	24.04	16.53
15,889.79	14,762.97	13,418.80
150,097.09	136,814.16	43,396.22
0.00	0.00	0.00
31.49	30.80	11.98
153	152	165
2,164,509.50	1,847,714.93	2,191,563.60

1530/1533)。
あったが、本表では、すべて正銀に換算して表示し
(広島藩札の札価下落状況) に基づいて算出した。
か銀札計算か不明のものがあるが、それらはとりあえ
合もあり、「内福山藩札」に示している。
相場にもとづき、正銀に換算した。

張し、正銀支払いを拒否した。一方、橋本家のほうでは、貸し付けた五〇貫目は、広島藩札四〇貫目と福山藩札一〇貫目の計五〇貫目に、それぞれ二貫三二〇目と二〇〇目を上乗せして、正銀五〇貫目分となるよう貸し付けたのであると主張し、平右衛門側と対立することになったのである。(24)

これらの銀談争論は、残念ながら結末が判然としないものが多いが、他にも同様の銀談争論の事例が存在している。ところで、これら銀談争論と橋本家におけるその後の経営動向との関わりを考えるうえで、とくに重要なのは、福山藩領の商人との銀談争論である。橋本家においては、前述したもの以外にも、たとえば、福山藩の拠点港である鞆の豪商保命酒屋吉兵衛との間でも、多額の借銀返済をめぐって争論が生じており、(25)福山藩領の商人との取引関係が、

表3　橋本家における貸付銀の動向

	天保13年	弘化4年	嘉永3年
尾道町			
取引先　(軒)	132	111	114
貸付額　(正銀匁)	1, 137, 096. 20	853, 164. 41	899, 282. 48
貸付額/総貸付額　(%)	36. 49	52. 62	62. 10
1軒あたり貸付額　(正銀匁)	8, 614. 37	7, 686. 17	7, 888. 44
札貸付扱分　(正銀匁)	361, 646. 37	45, 115. 23	10, 895. 25
内福山藩札　(正銀匁)	2, 420. 93	527. 21	47. 99
札貸付扱分/貸付額　(%)	31. 80	5. 29	1. 21
福山御領中			
取引先　(軒)	24	11	9
貸付額　(正銀匁)	688, 207. 95	250, 692. 16	110, 142. 17
貸付額/総貸付額　(%)	21. 48	15. 46	7. 61
1軒あたり貸付額　(正銀匁)	28, 675. 33	22, 790. 20	12, 238. 02
札貸付扱分　(正銀匁)	6, 883. 72	413. 86	142. 65
内福山藩札　(正銀匁)	2, 000. 00	413. 86	142. 65
札貸付扱分/貸付額　(%)	1. 00	0. 17	0. 13
嶋方・近村并奥筋			
取引先　(軒)	27	16	12
貸付額　(正銀匁)	189, 666. 17	69, 855. 51	44, 691. 75
貸付額/総貸付額　(%)	5. 92	4. 31	3. 09
1軒あたり貸付額　(正銀匁)	7, 024. 67	4, 365. 97	3, 724. 31
札貸付扱分　(正銀匁)	69, 813. 50	6, 757. 62	857. 26
内福山藩札　(正銀匁)	0. 00	0. 00	0. 00
札貸付扱分/貸付額　(%)	36. 81	9. 67	1. 92
三原より本郷			
取引先　(軒)	20	16	18
貸付額　(正銀匁)	400, 794. 60	57, 868. 06	98, 074. 44
貸付額/総貸付額　(%)	12. 51	3. 57	6. 77
1軒あたり貸付額　(正銀匁)	20, 039. 73	3, 616. 75	5, 448. 58
札貸付扱分　(正銀匁)	177, 514. 54	27, 510. 18	23, 081. 31
内福山藩札　(正銀匁)	0. 00	0. 00	0. 00
札貸付扱分/貸付額　(%)	44. 29	47. 54	23. 53
竹原より下筋			
取引先　(軒)	28	29	27
貸付額　(正銀匁)	787, 934. 74	389, 848. 08	295, 943. 07
貸付額/総貸付額　(%)	24. 59	24. 04	20. 43
1軒あたり貸付額　(正銀匁)	28, 140. 53	13, 443. 04	10, 960. 85
札貸付扱分　(正銀匁)	330, 493. 55	107, 238. 72	25, 379. 92
内福山藩札　(正銀匁)	0. 00	0. 00	0. 00
札貸付扱分/貸付額　(%)	41. 94	27. 51	8. 58
総取引先　(軒)	231	183	180
総貸付額　(正銀匁)	3, 203, 699. 66	1, 621, 428. 22	1, 448, 133. 91

典拠）各年の「為替書抜帳」（橋本家文書、『目録』第7集・文書番号1523/1526/1527/1528/

注1）橋本家の貸付銀は、金計算で貸し付ける場合と、正銀計算・銀札計算で貸し付ける場合が
た。換算率は、文政3年「金銀相場扣」（註（15）参照）と『広島県史』近世2の表198

注2）「札貸付扱分」は、橋本家が銀札計算で貸し付けた分。なお、帳簿中には一部、正銀計算
ず、「札貸付扱分」に含めた。なお、銀札計算で貸し付けた場合、福山藩札で計算する場

注3）「内福山藩札」については、福山藩札相場の動向が明らかでないため、便宜上、広島藩札

橋本家の経営にとって重要なウエイトを占めていたことがわかる。

そこでまず、橋本家の貸付銀について具体的に検討してみることにしよう。表3は、橋本家における貸付銀の動向を地域別にみたものである。ここから同家の金融活動の範囲を確認することができる。これによると、橋本家の金融活動は、尾道町に対してもっとも重点的で、全体の三五～六〇パーセントを占めている。その次には「竹原より下筋」、すなわち竹原以西の広・呉村にかけての金融が多く、さらに福山藩領へも多額の貸付がなされていることがわかる。また、三原から本郷にかけても比較的大口の貸付がなされており、「嶋方・近村并奥筋」、すなわち向島など周辺島嶼部や近在村々への貸付は、尾道町同様、比較的低額の貸付となっていることがわかる。

このなかで、福山藩領への貸付は、軒数は少ないものの、一軒当たりの貸付額は、尾道町に対するものよりもはるかに大きく、大口の貸付であったこと、さらには他領への貸付であるため、貸付銀が「札貸付扱」（藩札名目での貸付）ではなく、正銀名目での貸付がほとんどであったことに注意する必要がある。つまり、広島藩領内への貸付については、「札貸付扱」分が三分の一以上を占めており、この分についての損失は免れない状態であったが、貸付銀のほとんどが正銀扱いであった福山藩領に対しては、藩札相場の下落に関係なく、正銀名目での返済を迫り得たのであり、ここに、福山藩領の商人との間で、とくに銀談争論を発生させる要因があった。

さきに示した銀談争論のうち、とくに高須屋吉兵衛との銀談一件は、橋本家の以後の経営を大きく左右するものであったと考えられる。橋本家は、藩札での返済を強硬に主張する高須屋との銀談に対し、天保九（一八三八）年二月に福山藩への訴願を検討しているが、訴願を行なうための添書を尾道の町年寄・組頭中に対して求めた願書の中で、「松永浜其外福山御領取替銀数々有之、都合ニ而者余程之銀高ニ相成、何れも高須屋済口見合候義与相見江、昨年分利足迄も一切払呉不申、高須屋済口勘弁ヲ付候ヘ者、一統江響合、私身上瑕瑾ニ相拘り候義ニ付」[26]と述べている。つまり、福山藩領には高須屋以外にも多数の借主がいて、相当の銀高を抱えており、しかも昨年分の元利については返済をみあわせ、高須屋との銀談の動向如何で以後の態度を決めようとしていたことがわかる。結局高須屋は、所有する松永塩田の売却を余儀なくされることとなったが、それ以降、橋本家は福山藩領内に対する債権の整理を急速に進めていったのである。

では、その後の橋本家の金融動向をみてみよう。さきの表3によると、藩札相場の下落がピークに達した嘉永五（一八五二）年あたりまで、橋本家は全体に貸付額を減少させている。そのなかでも、とりわけ福山藩領への貸付は大幅に整理・縮小させているが、それに対して、貸付額の比率では、尾道町への貸付を三六パーセントから六二パーセントへと飛躍的に高めていくといった傾向を、はっきりと認めることができる。

また、表4で、橋本家の主な貸付先を検討してみると、とくに尾道町への貸付先については、灰屋橋本家の同族、および灰屋の奉公人から独立した子店への貸付を重点化させ、それと同時に、尾道町の問屋・仲買経営の資金的基盤となる問屋座御場所（問屋座会所が弘化二年に藩主の所轄となり、問屋座御場所もしくは問屋座御役所と改称された）への資金援助も重点化させていったことがわかる。この橋本家同族・問屋座への重点的な資金提供については、藩から提供される資金を運用する部分もあったと思われるが、その一方で、福山藩領に対する正銀貸付扱分の回収、およびその過程で集積された塩田・新開地等の売却利益も積極的に回されていったと考えられる。

以上のように、広島藩の深刻な経済的危機に対する橋本家の対応は、尾道の問屋・仲買への金融については問屋座への資金提供による間接的な形態とし、それ以外は灰屋同族への資金援助へ重点化させていく一方、他領への金融については、福山藩領を中心に急速に整理・縮小させることで経営維持をはかるというものであった。

ところで、このような橋本家の対応のあり方は、広島藩の財政危機に対する港町尾道の商業機能維持のための対応

表4　橋本家のおもな貸付先

	天保13年	貸付額
尾道	岩子屋平三郎	95, 358. 50
	大紺屋永助	86, 034. 88
	東灰屋	80, 645. 77
	東油屋	72, 781. 21
	灰屋甚助	62, 983. 66
	東屋半次郎	59, 066. 50
	灰屋与兵衛	56, 828. 23
	大紺屋貞兵衛	55, 168. 68
	竹原屋七郎右衛門	54, 215. 12
	舛屋半兵衛	48, 927. 19
	10貫目以上　（軒）	24
福山御領中	甲斐市右衛門	80, 000. 00
	山屋六兵衛	79, 913. 50
	入江屋四郎三郎	75, 000. 00
	保命酒屋吉兵衛	72, 964. 50
	福山表御用	55, 592. 00
	10貫目以上　（軒）	13
嶋方・近村并奥筋	佐木島新開分	70, 117. 66
	池田屋力蔵	30, 121. 58
	重井川口屋伝六	18, 023. 26
	高田屋鴻三郎	15, 996. 57
	10貫目以上　（軒）	4
三原より本郷	三原表郡御役所	33, 720. 93
	和田屋善右衛門	27, 796. 00
	三原表御勘定所	215, 209. 50
	郁田屋宇一郎	18, 023. 26
	三原町両替所	17, 563. 95
	10貫目以上　（軒）	11
竹原より下筋	宮尾彦五郎	82, 558. 14
	花屋七左衛門	80, 000. 00
	銭屋六平	68, 902. 49
	東屋文三郎	60, 615. 44
	米屋長右衛門	50, 000. 00
	10貫目以上　（軒）	12

	弘化4年	貸付額
尾道	問屋座	159, 025. 00
	大紺屋栄助	70, 194. 00
	灰屋直兵衛	61, 320. 04
	東灰屋	58, 695. 21
	灰屋甚助	54, 143. 37
	大紺屋貞兵衛	48, 381. 60
	舛屋文助	47, 354. 87
	灰屋与兵衛	37, 722. 00
	灰屋善助	37, 506. 05
	東油屋	36, 582. 90
	10貫目以上　（軒）	17
福山御領中	石井四郎三郎	78, 180. 50
	保命酒屋吉兵衛	50, 888. 00
	大坂屋宗三郎	25, 444. 00
	堀氏分川本屋吉兵衛	23, 631. 51
	川手八郎右衛門	22, 372. 40
	10貫目以上　（軒）	8
嶋方・近村并奥筋	池田屋力蔵	25, 961. 33
	重井次郎七	12, 722. 00
	10貫目以上　（軒）	2
三原より本郷	灰屋善助引受	12, 722. 00
	重田屋照五郎	12, 674. 60
	10貫目以上　（軒）	2
竹原より下筋	呉村熊崎新左衛門	49, 394. 24
	白石屋清四郎	44, 527. 00
	東屋文三郎	39, 574. 62
	多賀屋千兵衛	32, 681. 48
	大林林右衛門	32, 016. 26
	10貫目以上　（軒）	14

	嘉永3年	貸付額
尾道	問屋座御場所	118, 752. 00
	灰屋嘉兵衛	114, 136. 95
	大紺屋栄助	70, 000. 00
	灰屋善助	66, 995. 92
	灰屋直兵衛	64, 620. 88
	舛屋文助	46, 525. 11
	大紺屋貞兵衛	34, 585. 48
	灰屋貞兵衛	27, 444. 22
	東油屋	26, 450. 05
	金屋吉郎右衛門	22, 500. 00
	10貫目以上　（軒）	18
福山御領中	保命酒屋吉兵衛	37, 110. 00
	堀様分川本屋吉兵衛	18, 153. 37
	大坂屋宗三郎	13, 854. 40
	河手八郎右衛門	12, 800. 00
	田嶋屋仁兵衛	12, 122. 60
	10貫目以上　（軒）	5
嶋方・近村并奥筋	池田屋力蔵	19, 970. 32
	10貫目以上　（軒）	1
三原より本郷	三原町御役所	29, 698. 48
	三原両替所	14, 844. 00
	三好屋八郎右衛門	13, 741. 38
	五番浜灰屋甚助	11, 233. 38
	10貫目以上　（軒）	4
竹原より下筋	白石屋清四郎	39, 522. 15
	東屋文三郎	36, 850. 23
	熊崎新左衛門	35, 784. 77
	竹原（塩浜役場）	31, 000. 00
	多賀谷千兵衛	21, 802. 78
	10貫目以上　（軒）	10

	嘉永6年	貸付額
尾道	東油屋	196, 116. 50
	問屋座御役所	117, 301. 44
	灰屋善助	111, 140. 25
	灰屋直兵衛	90, 771. 93
	東灰屋	65, 958. 76
	大紺屋貞兵衛	61, 011. 66
	灰屋保兵衛	56, 761. 01
	灰屋嘉兵衛	41, 999. 88
	富吉屋勘右衛門	37, 593. 81
	灰屋与兵衛	36, 136. 80
	10貫目以上　　（軒）	22
福山御領中	保命酒屋吉兵衛	46, 597. 50
	堀様分川本屋吉兵衛	38, 149. 30
	大坂屋宗三郎	15, 532. 50
	河手八郎右衛門	12, 800. 00
	紀伊国屋新左衛門	12, 426. 00
	10貫目以上　　（軒）	6
嶋方・近村并奥筋	池田屋力蔵	44, 269. 48
	田熊安土屋庄右衛門	15, 168. 69
	重井浜次郎七	12, 427. 56
	三成村宮屋延右衛門	10, 679. 61
	10貫目以上　　（軒）	4
三原より本郷	五番浜灰屋甚助	68, 254. 79
	小坂村辻	59, 223. 30
	三原町御役所	32, 951. 41
	灰屋善助引受	12, 426. 00
	10貫目以上　　（軒）	4
竹原より下筋	田中庄兵衛	135, 533. 98
	呉村熊崎新左衛門	64, 615. 20
	東文三郎	43, 491. 00
	川尻白石屋清四郎	43, 491. 00
	竹原（塩浜役場）	31, 000. 00
	10貫目以上　　（軒）	10

	安政2年	貸付額
尾道	灰屋善助	109, 483. 86
	灰屋直兵衛	95, 719. 53
	東灰屋	68, 788. 29
	当家持	67, 309. 69
	大紺屋貞兵衛	66, 220. 96
	問屋座御役所	59, 379. 65
	灰屋保兵衛	51, 796. 97
	富吉屋勘右衛門	43, 368. 21
	灰屋清兵衛	32, 196. 61
	灰屋与兵衛	30, 735. 02
	10貫目以上　　（軒）	23
福山御領中	保命酒屋吉兵衛	44, 137. 50
	堀様川本屋吉兵衛	35, 580. 69
	紀伊国屋新左衛門	18, 832. 00
	上杉平左衛門	14, 712. 50
	河手八郎右衛門	12, 800. 00
	10貫目以上　　（軒）	6
嶋方・近村并奥筋	池田屋力蔵	41, 239. 12
	田熊安土屋庄右衛門	13, 917. 27
	重井浜次郎七	12, 917. 58
	坪田村新右衛門	10, 667. 94
	吉和拾六番嘉兵衛	10, 338. 50
	10貫目以上　　（軒）	5
三原より本郷	灰屋甚助	62, 752. 99
	10貫目以上　　（軒）	1
竹原より下筋	田中正兵衛	123, 539. 82
	呉村熊崎新左衛門	61, 204. 00
	白石屋清四郎	45, 020. 25
	東文三郎	40, 477. 77
	竹原（塩浜役場）	31, 000. 00
	10貫目以上　　（軒）	10

	文久2年	貸付額
尾道	大問屋役右衛門	101, 260. 23
	富吉屋勘右衛門	90, 165. 28
	問屋座御役所	84, 900. 00
	灰屋善助	82, 466. 54
	東灰屋	80, 222. 01
	灰屋真七郎	66, 425. 76
	灰屋清兵衛	63, 140. 35
	灰屋保兵衛	55, 355. 54
	灰屋伴蔵	52, 298. 40
	白市屋喜平次	45, 574. 32
	10貫目以上　　（軒）	29
福山御領中	保命酒屋吉兵衛	50, 940. 00
	堀様川本屋吉兵衛	39, 817. 22
	田嶋屋甚兵衛	13, 244. 40
	河手八郎右衛門	12, 800. 00
	紀伊国屋新左衛門	10, 935. 12
	10貫目以上　　（軒）	5
嶋方・近村并奥筋	池田屋力蔵	46, 035. 92
	吉和十六伴嘉兵衛	15, 384. 27
	田熊安土屋庄右衛門	14, 980. 95
	重井浜次郎七	14, 942. 40
	松浦屋儀十郎	13, 414. 20
	10貫目以上　　（軒）	6
三原より本郷	五番灰屋甚助	77, 051. 08
	小坂村辻	57, 547. 17
	東川口屋	44, 702. 70
	糸崎新屋新蔵	16, 980. 00
	三原町御役所	14, 692. 49
	10貫目以上　　（軒）	6
竹原より下筋	熊崎新左衛門	70, 636. 80
	白石屋清四	52, 298. 40
	東文三郎	45, 107. 37
	竹原（塩浜役場）	29, 245. 28
	沖野屋直平	19, 611. 90
	10貫目以上　　（軒）	11

典拠）表３に同じ。
注）貸付額の単位は正銀匁。

を示すだけでなく、近代以降の尾道における地域商業資本の動向にもつながるものと考えられる。幕末維新期の尾道における地域商業資本のあり方を考察した中山富広氏の研究によると、(27)明治初年の尾道では、鴻池や加島屋の蓬萊社・小野組など中央の商業資本が、尾道米綿商社（広島城下の豪商につくらせた米綿商社の尾道分社）との関係を通じて商品流通の把握をねらったのに対し、旧問屋・仲買層や橋本吉兵衛などの上層金融資本が核となって、問屋座の機能を受け継いだ諸品商社を誕生させ、地域商業資本の結合体を作り出したことを指摘した。そして、この結合体により、明治二十年ころまでの地域における近代化が担われていったとしたのである。

尾道の問屋・仲買商業の動向に関する具体的な実証研究は、実際のところいまだ不十分な段階にあり、これらの指摘については今後さらに検証を要する。ただ、この指摘に依拠して考えた場合、橋本家が同族・子店への資金援助を中心としつつ、地域商業資本の核となる問屋座への融通に重点化する形で幕藩制解体期の経済的危機に対応しようとしたことは、近代以降の橋本家や尾道商人の動向の前提として、注目してよいと思われる。

四、幕末期の尾道と瀬戸内諸港

次に、以上のような尾道での金融動向を踏まえたうえで、さらに瀬戸内港町全体のなかでの尾道という視点から、幕末期の尾道と近隣諸港の動向について検討してみることにしたい。

化政期以降の瀬戸内港町の市場的地位については、これまで、いわゆる幕藩制市場構造論において、中央市場大坂と対比するなかで評価されてきた。近年でも、本城正徳氏の米穀市場研究に示されているように、在方米穀需要を背景に、大坂への廻米分に食い込むかたちでの瀬戸内米穀市場の台頭が指摘されている。(28)そこでは、十九世紀における尾道の地位低下により、出雲藩から尾道への廻米取引（雲州廻米取引）が減少した反面、鞆や忠海などで新たに雲州廻米取引を開始したことが、一つのメルクマールとして重視されている。しかし一方では、旧来から他国交易を担っていた各港町経済が、幕末期にかけて多くの場合、商況不振に陥ったことが指摘されており、この点の整合的理解を確立させることが、幕末期の瀬戸内諸港をめぐる市場構造を解くうえで必要であろう。

そこで以下では、橋本家自身も担っていた雲州廻米取引をめぐる尾道と鞆の動向を中心に、尾道商業と近隣港町との関係を考察し、さらに瀬戸内諸港全体の市場構造の問題についても若干述べてみたいと思う。

「十四日町年誌」（尾道十四日町の町年寄が書き継いだ公用日記）の文政七年八月の記載によると、尾道における雲州廻米取引について、「御大名様御廻米、雲州計に無御座」とし、雲州廻米のほかに「因州様」「奥平様」「予州西条様」「予州吉田様」「予州今治様」「予州宇和島様」「筑前秋月様」「讃州高松様」「筑後久留米様」といった数多くの諸藩からの廻米御用を扱っていたことを記している。諸藩からの廻米を積極的に受け入れることで、まさに、貢租米商品化市場としての発展をみせていたといえよう。(29) しかし同時に、文政期段階には、こうした廻米取引の状況は変容してきている。同月の記載には、右の諸領主名を併記したあとに続けて、次のように記している。

「昨未（文政六）年鞆津問屋より雲州表へ毎年拾貫目宛先納銀仕置候御米、鞆津へ御積廻しに相成候様嘆込候趣に相聞へ、先年忠海に而雲州米売払に相成候事有之、其節も忠海問屋より雲州表え御廻米之儀、願込み候趣も承伝居申候」

すなわち、福山藩領鞆でも、尾道に対抗して雲州廻米の受け入れを開始しており、さらに、忠海でも雲州米の売払がなされているのである。

ところで、尾道と近隣港町との競合関係がこのように顕在化していく例は他にも数多くみられるが、ここで、十九世紀以降の尾道をめぐる港町商業の動向について、二つの側面から簡単に整理してみよう。

一つは、近接する諸港との流通関係の一定の希薄化（もしくは閉塞化）と、各港町での独自の他国交易の展開、という側面である。雲州廻米をめぐる尾道と鞆との関係は、この側面をもっとも端的に示すものであるが、両者をめぐってはほかにも、尾道の特産品であった碇・農具・釘などの小鍛冶製品の交易をめぐっても競合していた。[30]また、酒造米についても、従来尾道の酒造家は、酒造米として福山藩の蔵米を鞆で仕入れていたが、文政三（一八二〇）年には、「近年何となく正銀不自由に相成、当春以来逼迫と行当り、難渋至極」との理由で、それまでの流通関係を絶って、以後は尾道の蔵米を用いるよう、尾道の酒造家たちによって画策されている。[31]また、塩の流通についても同様のことがいえる。備後松永塩田で生産される松永塩は、北越方面へ北前船で廻送する関係から、従来は尾道の塩問屋を経て廻送されることが多かった。しかし、幕末期には従来の関係が中絶したようであり、安政三（一八五六）年五月には、松永月代り所（松永浜五八軒の塩の販売事務を行なう総浜問屋として天保八年に設置）の手船が尾道で差し押さえられ、差縺れが生じているのである。[32]

次に、二つめの側面として、後背地農村との流通関係の希薄化（もしくは流動化）という側面があげられる。三原周辺を中心とする御調郡の特産品であった煙草は、文政期以前には、主に尾道へ廻送され、移出されていた。しかし、文政十三年正月の口達では、「奥筋之たはこ、先年は多分尾道え差出候処、追々減少、当時専福山へ差出し候」とあり、後背地農村からの商品流通ルートの変動がうかがわれる。

また、嘉永期段階になると、塩の流通をめぐって、同様の動きが表れている。嘉永二（一八四九）年七月、尾道の塩問屋ら二五人が、塩の「地売・奥揚ケ小売」の「定売」（株仲間化）を求めて尾道三町の役人衆中に対して出した歎願書がある。[33]これによると、当時尾道では、尾道以北の奥筋村々に対して塩の「地売・奥揚ケ小売」が行なわれていたが、近年は「時勢連レ、段々与売崩し、中ニハ直段等高下乱之売捌方仕候者茂間々有之候歟、自然与不景気」となっている。その結果、「先年より当初得意之在々塩買入之砌、遠近便利無差別、専ら松永塩并ニ三原町へ出馬仕、買調仕候」というように、尾道と得意先関係にあった村々が、三原や松永から塩を仕入れるようになってしまったという。また、それにともなって、「当所へ津出し之荷物迄、多少ニ不限、其便利ヲ以、矢張松永・三原町へ津出し仕、忽当所妨ニ相成」というように、奥筋から物資を津出しする際にも、松永・三原へルートを変更させるといった事態を生んでいる。

このように、尾道と近隣諸港との対抗関係が顕在化し、それによって尾道の商業機能が他の諸港へ分散していく側面が、一方では存在した。しかし、こうした動き自体が、尾道の他国交易にとってどの程度決定的な打撃となったかは慎重な検討が必要である。その理由の一つとして、同時期の雲州廻米をめぐる動向がある。少なくとも、尾道と対抗関係にあった鞆の動向をみた場合、廻米御用を開始した後、早期に停滞化していたと思われる。この点を次に検討してみよう。

表5は、尾道における雲州廻米引受の動向をみたものである。これによると、尾道での廻米引受高は毎年数千〜一万石近くを示している。この間廻米高は激しい増減をみせ、嘉永六（一八五三）年には、経営不振となった出雲藩御用商人大紺屋に代わって、橋本家が廻米御用を担うことになったが、安政六（一八五九）年には、廻米引受高が九〇〇〇石以上とピークを迎え、出雲藩への上納銀高も、翌万延元（一八六〇）年には約一四〇〇貫目と、最大に達している。尾道ではその後、雲州廻米取引は明確な衰退過程をたどり、文久期以降になると、廻米御用を担っていた橋本家の益銀は激減していった。

一方、尾道に対抗して雲州廻米御用を開始した鞆の動向をみると、嘉永〜安政期段階の引受高は三〇〇〇〜四〇〇〇石程度であったとされているが、(34) 好不況のほどを証明する史料はきわめて乏しい。ただし、嘉永五（一八五二）年に大紺屋が出雲藩へ廻米代銀の上納延期を願い出た際、「(廻米代銀の上納延期願が)御聞届ニ不相成候時ハ、御奉行様、御同州様始メ、其外松江知音之人々へ赤恥晒し、鞆柳屋同様ニ被思召候而も、残念之至」と述べている点は注目される。[35] 鞆における廻米御用の動向が十分実証できていないため、現時点では仮説の域を出ないが、おそらく、大紺屋が廻米代銀の上納延期を出願する以前に、鞆の出雲藩御用商人からの廻米代銀上納が滞っていたものと思われる。また、元治元(一八六四)年・慶応二(一八六六)年の全国的な米価の急騰期・暴騰期には、鞆から出雲藩への廻米代銀の送金が、尾道の橋本家に委託されるようになっており、このことも踏まえると、鞆における雲州廻米御用が尾道の地位低下にかわって好況を博したとは考えられない。

また、鞆に関する過去の研究成果においても、人口の減少を含め、幕末期における商業機能の停滞がすでに指摘されている。[36] さらに、橋本家の金融活動においても、保命酒屋など鞆を代表する豪商が借銀返済をめぐって銀談に至っており、[37] 広島藩札の下落による影響が鞆の商業にも及んでいたことがわかる。これらの点からして、幕末期の瀬戸内市場の評価をめぐっては、中央市場との対比はもとより、貨幣経済の変動を背景とした諸港間相互の関係からも、追究すべき課題が大いに残されていると言えよう。

以上のような鞆の動向とともに、たとえば、後背地農村との関係をもたない御手洗などの他国交易港においては、近世後期以降、他国交易の衰退を余儀なくされたことが明確に指摘されてきている。[38] また一方で、明治十一(一八七八)年以降の『西南諸港報告書』や『広島県統計書』など、近代以降の港湾統計によれば、輸出入とも安芸では広島、備後では尾道という、二つの商品取引の大市場が形成されている事実が示されている。[39] これらの点も含め、瀬戸内地域における流通面でのネットワークのあり方を考えた場合、たしかに、小規模船を中心とした在浦の発展という事実が示すように、瀬戸内地域内における流通ネットワークは、より細密化し、在浦間での交流が活発化する側面が一方

表５　尾道湊の雲州廻米引受状況

廻米年度	月数	期間	廻米高（石）	代銀（匁）	内引銀合計（匁） （橋本家入銀）	諸入用差引残高（匁） （橋本家全益銀）	差引残銀（匁） =出雲藩上納銀
天保５年			5, 643. 638		13, 097. 100	10, 043. 750	
天保８年					14, 563. 120	-1, 096. 680	
天保９年			4, 468. 228		11, 830. 090	2, 920. 200	
天保10年			8, 191. 227		14, 352. 900	240. 970	
天保11年					18, 124. 460	2, 557. 800	
天保12年					16, 985. 040	3, 639. 900	
天保13年					17, 595. 430	2, 089. 080	
天保14年					9, 851. 690	−	
嘉永５年	7	嘉永6. 2～6. 8	6, 353. 290	523, 201. 970	10, 281. 790		512, 920. 180
嘉永６年	12	嘉永6. 9～7. 8	9, 446. 895	834, 075. 970	12, 746. 270		921, 329. 700
嘉永７年	12	嘉永7. 9～安政2. 8	3, 442. 260	264, 091. 200	8, 891. 590		255, 199. 610
安政２年	12	安政2. 9～3. 8	7, 797. 024	508, 567. 260	12, 866. 380		495, 700. 880
安政３年	10	安政3. 9～4. 6	6, 331. 970	466, 181. 230	10, 484. 020		455, 697. 210
安政４年	8	安政4. 9～5. 4	3, 678. 700	341, 216. 330	7, 870. 330	3, 209. 060	333, 346. 000
安政５年	10	安政5. 11～6. 9	5, 089. 600	577, 477. 510	10, 291. 950	2, 761. 240	567, 185. 560
安政６年	12	安政6. 9～万延1. 8	9, 107. 252	1, 019, 117. 940	12, 559. 790	3, 188. 380	1, 006, 558. 150
万延元年	12	万延1. 10～文久1. 9	7, 964. 290	1, 409, 186. 180	15, 162. 500	3, 024. 350	1, 394, 023. 680
文久元年	10	文久1. 10～2. 7	6, 523. 930	845, 202. 170	12, 282. 860	4, 187. 620	832, 919. 310
文久２年	12	文久2. 9～3. 8	4, 681. 425	597, 756. 380	118, 909. 220	1, 649. 070	478, 847. 160
文久３年	5	文久3. 10～元治1. 2	2, 005. 220	283, 664. 220	5, 634. 680	282. 440	278, 029. 540
元治元年	11	慶応1. 1～1. 11	2, 191. 188	423, 486. 410	12, 851. 640	-1, 477. 520	423, 241. 170
慶応２年	9	慶応3. 9～4. 5	3, 078. 221	714, 763. 350	19, 262. 020	3, 441. 880	695, 501. 330
慶応４年	3	明治2. 1～2. 4	1, 672. 400	549, 227. 380	8, 372. 840	2, 758. 250	540, 854. 540

典拠）天保５年～14年；「雲州様　御廻米算用帳」（青木茂氏旧蔵文書、『新修尾道市史』第５巻 p339～344)。

嘉永５年～慶応４年；各年の「御米仕切帖」（橋本家文書、『目録』第７集・文書番号859～869/1675～1680/1716)。

なお、安政４年と安政５年～慶応４年の橋本家全益銀については、安政５年「雲州廻米勘定帖」（青木茂氏旧蔵文書、『新修尾道市史』第５巻 p351～352)、安政７年「雲州廻米勘定帖」（橋本家文書、『目録』第８集・文書番号1712）に拠る。


注１）「内引銀合計」は、廻米代銀から口銭銀等を差引して、廻米御用を担う商人のもとに入る額の合計を示す。「諸入用差引残高」は、「内引銀合計」から問屋座口銭を除いた額であり、廻米御用商人の全益銀を示す。

注２）「内引銀合計」・「諸入用差引残高」は、嘉永６年以降についてはそれぞれ橋本家の入銀・全益銀を示している。

で存在していた。[40] しかし、他国交易を担う港町を軸に展開するところの、商品流通の全体的な動向を考えた場合には、従来からの他国交易港の停滞とともに、芸備地方においては、広島・尾道の二大市場が形成されていく過程としてとらえることが必要である。

おわりに

最後に、本稿での論点を総括して、むすびにかえたい。

尾道の上層金融資本である橋本家は、幕藩制解体期の経済情勢のもとで、他領の近隣港町との金融関係を縮小させ、競合関係を顕在化させていった。そしてこの間、多くの豪商が没落を余儀なくされたが、一方で、橋本家のごとき上層金融資本では、同族への資金援助とともに、尾道の問屋・仲買組合の資金的基盤であった問屋座への融資を重点化させ、また藩からの才覚銀の運用も担うことで、尾道の問屋・仲買商事の機能維持に資する面があった。そして、このような金融関係の構築が、近代以降、問屋座の系譜をひく諸品会社を核として、問屋・仲買商人らと上層金融資本との結合を実現させ、明治二十年代までの地域商業資本レベルでの経済的発展にむすびついていったと理解することができる。

一方、尾道を中心に瀬戸内諸港のネットワークのあり方に視点を移すと、尾道では、文政期以降の経済変動によって、従来有していた隔地間流通のルートが他の瀬戸内諸港へ一定程度分散する傾向を示したことがうかがわれ、その過程で尾道の「衰微」が指摘されるようになっている。しかし、橋本家の福山藩領への金融動向からもわかるように、広島藩の藩札下落に基づく経済的危機は、福山藩など領外へも波及しており、尾道とむすびついていた流通ルートの分散化という事態は、尾道における他国交易機能を衰退させるまでには至らなかったと考えられる。むしろ、芸備地方全体の海運流通の動向としては、広島・尾道という二つの商品取引の大市場形成という、明治初年段階の動向を前提としてとらえ直す必要がある。そして、このような尾道の市場的地位を踏まえると、橋本家のような上層金融資本の経営をめぐる評価も、一金融資本の経営にとどまらない重要性をもつものといえよう。

本稿では、雲州廻米の動向などについて、鞆をはじめとする近隣諸港での具体的な商品流通の実態を明らかにするまでに至っていない。近代以降の具体的な展開過程も含め、瀬戸内諸港をめぐる流通ネットワークの実態については、さらに今後追究すべき課題としたい。

註

(1) 畑中誠治「『化政期』内海地域における在方商業資本と藩権力」(『歴史学研究』№二六四、一九六二年)、同「幕末における藩権力と農村――瀬戸内沿岸農村の商品生産と流通を中心として」(『史学研究』八四号、一九六二年)、同「危機の深化と諸階層の対応」(『講座日本史』4、東京大学出版会、一九七〇年)。

(2) 土井作治「文政期広島藩の国産自給論と金銀増殖策」(『芸備地方史研究』八六号、一九七一年)、同「近世国益政策の特質――広島藩の場合」(『史学研究』一二四号)などがあり、のちに『幕藩制国家の展開』(一九八五年、渓水社)としてまとめられている。

(3) 脇坂氏の研究は『瀬戸内海地域史研究』第五輯(文献出版、一九九四年)にまとめられている。

(4) 中山富広「近世後期における貸付資本の存在形態――備後府中延藤家の分析」(『史学研究』一七二、一九八六年)、同「近世在町における豪商の形成と発展過程――備後府中・延藤家の分析」(『社会経済史学』五一―三、一九八五年)。

(5) 芸備の社会経済史研究の課題については、地方史研究大会への問題提起「幕藩制解体期における芸備の社会経済について」（『地方史研究』二九二号問題提起、二〇〇一年）で述べている。

（6）享保十二年「穀物質貸帳」（備後国御調郡尾道町橋本家文書〔以下、橋本家文書と称する〕、広島県立文書館所蔵、『広島県立文書館収蔵文書目録』〔以下『目録』と称する〕第七集・文書番号五八五）をもとに作成。この「預り手形」とは、西廻り航路によって尾道で荷受された商品を尾道商人が買った際、仕入先の尾道の問屋に商品をそのまま預けていることを前提に振り出されるもので、その商品を担保として借銀を受ける際、商品を預っている問屋から貸付主に対して振り出される手形である。

（7）寛政十三年「上下客衆帖」（青木茂氏旧蔵文書、広島県立文書館所蔵）。「近世尾道の発展と商人――橋本家文書を中心に」（広島県立文書館平成二年度企画展図録）五頁参照。

（8）『新修尾道市史』第五巻、三八六頁。

（9）橋本家の系図は、拙稿「近世近代における尾道豪商の経営活動と文書」（『広島県立文書館紀要』第五号、一九九九年）に掲載している。

（10）佐藤利夫編『海陸道順達日記――佐渡廻船商人の西国見聞記』（法政大学出版局、一九九一年）四五九〜四六一頁。

（11）『広島県史』近世2、表一七二（五〇二頁）。

（12）大坂置為替仕法など、広島藩の金銀増殖策については、土井作治氏の諸研究（前掲註（2））、および『広島県史』近世2（III―二）を参照。

（13）『広島県史』近世資料編IV、資料番号一三四五（一二三九頁）。

（14）『広島県史』近世2、表一九八（五五三頁）。

（15）橋本家文書の文政三年「金銀相場扣」（『目録』第七集・文書番号一五五五）は、文政三年から嘉永四年までの尾道における藩札相場を記帳したものであるが、日々の相場だけでなく、藩札相場の高下に関する触書・通達類の写も適宜挿入されており、藩札の信用不安が弘化期以前に深刻化していた様子がわかる。藩札通用に対する不安感は、とくに天保中期以降に顕在化しており、天保十一年五月六日触では、「正金銀必用之者者定メ両替職手筋ニ而引替用弁可仕筈ニ候処、近来何与なく流合ニ相成、素人共専ラ金銀両替ニ携候趣ニ相聞江、就而者必用ニも無之金銀思惑ニ而買貯」とあるように、藩札の売りが激化したことを背景に、両替商以外の素人両替が横行していること、また、必要以上に金銀を買い貯えるといった動きが表れている。さらに、天保十四年三月十五日の書付写では「当御国方銀札之義者、公辺御届之上、通用手広之被相行候処、右躰金銀之不融通申立、日々之出入ニ寄、両替残入高下甚敷、御国札者次第ニ相衰」とあり、藩札に対する信用の低落ぶりが示されている。

(16) 広島藩では、弘化四年十月に、新藩札発行による旧札の整理が実施された。ただし、新藩札は、旧来から通用している藩札に朱印を捺し、紙幅を若干大きくした程度のもので、「改印札」と称した。

(17) 文政三年「金銀相場扣」（橋本家文書、前掲註（15））。

(18) （17）に同じ。

(19) 改印札が発行された当初は、正銀と同じ金一両につき六五匁として通用させ、旧札は金一両につき二貫六〇〇目（改印札の四〇分の一＝四〇掛相場）で通用させている。その後、嘉永五年正月に、再度旧札の切り下げを実施し、旧札を改印札の五〇〇分の一（金一両につき三二貫五〇〇目）の定相場として通用させた（『広島県史』近世2、III―二1参照）。

(20) 『広島県史』近世資料編IV所収の広島藩の触書・通達類の中で、尾道港の衰微を指摘したものを取り上げてみても、弘化四年四月「覚」（資料番号一七六四、「近来浜手市立仲買の中、手元不如意に相成取続き歎ヶ敷断絶に及び候類も有之、只様家数相減じ追々湊衰微の基と相成候段歎ヶ敷事に候（後略）」）、嘉永三年正月「覚」（資料番号一八一四、「当湊時勢に連れ衰微致候に付（後略）」）、嘉永五年十一月「覚」（資料番号一八五六、「当湊之義ハ入津多数之場所ニ候得共、近年客船問屋共取引振り色々疑念いたし、浜職之者共ハ不及申スニ、市中惣体衰微ニ相成候ニ付（後略）」）というように、弘化末頃より顕著にみられる。

(21)　橋本家をめぐる銀談争論については、拙稿「近世近代における尾道豪商の経営活動と文書」(前掲註(9))で、竹原屋七郎右衛門・高須屋吉兵衛の銀談一件について述べたことがある。

(22)　天保六年九月「竹原屋銀談一件覚書」(橋本家文書、『目録』第七集・文書番号二〇七七―一)。

(23)　十二月八日「松永浜差縺一件頭書控」(橋本家文書、『目録』第七集・文書番号二〇七四「松永事書類四」所収)。

(24)　子(天保十一年カ)十二月「灰屋吉兵衛代人より差出候手続答書」(橋本家文書、『目録』第七集・文書番号二〇六九―一)。

(25)　保命酒屋は、天保五年に橋本吉兵衛から金一五〇〇両を借用しており、その返済残金七五〇両が滞ったままとなっていたことから争論に至っている。この場合、保命酒屋の経営難に基づく純粋な借金返済をめぐる争論であり、他の銀談にみられるような藩札がらみの争論とはやや異なる(文久元年九月十一日「保命酒屋銀談一件福山ニ而御約メ之廉々日記」(橋本家文書、『目録』第七集・文書番号二〇七六―三))。

(26)　戌(天保九年)二月「乍恐奉願上口上之覚」(橋本家文書、『目録』第七集・文書番号二〇七二―五一)。

(27)　中山富広「幕末・維新期における『経済的集中』と地域商業資本」(『史学研究』一八七・一八八、一九九〇年)。

(28)　本城正徳『幕藩制社会の展開と米穀市場』(大阪大学出版会、一九九四年)。

(29)　『新修尾道市史』第五巻、二三〇～二三一頁。本城正徳『幕藩制社会の展開と米穀市場』(前掲註(28))三二八頁。

(30)　天保七年極月の尾道町年寄亀山元助の願書によれば、尾道の鍛冶職について次のように述べている。

「当町鍛冶職之内、碇鍛冶・農具鍛冶・釘鍛冶と夫々相分り職業仕来居申候、中にも碇鍛冶之儀は諸国無類之名産打立、大坂始め諸国近船へ売弘、舟釘・家釘は北国、九州辺に手広颪し売仕候、農具は福山御領其外近国より注文を請多分仕入出し申候(中略)然る処、近来之時節柄に付、鉄類至而高直に相成、右細工一円不引合に相成、(中略)舟釘・家釘斯く当所出来立て無之相成候而は、旅客船自然と鞆津え入津仕候様に相成可申は必定に奉存候、左候時は湊不繁栄にも相成可申と奉存候」(『新修尾道市史』第四巻、二九九〜三〇〇頁)。

(31)『新修尾道市史』第六巻、五四九頁。

(32)『日本塩業大系』近世（稿）二九五頁。

(33)嘉永二年「御用年誌帳」(青木茂氏旧蔵文書)。

(34)「乍恐口上書之覚」(橋本家文書、『目録』第八集・文書番号二一六七)。

(35)『新修尾道市史』第五巻、三四四頁。

(36)脇坂昭夫「近世港町の商品流通——備後鞆の場合」(『芸備地方史研究』六七号、一九六七、前掲『瀬戸内海地域史研究』第五輯に再録)。

(37)保命酒屋との銀談において、橋本家は福山藩へ訴願しているが、その歎願書の中で、「保命酒屋吉兵衛儀ハ、当御領分ニおゐて高名御役柄与申御格式茂被為下置候歴家ニ有之、且ハ家業者海内非類之商事ヲ不相変相続仕居」と記していることからわかるように、保命酒屋は鞆を代表する豪商であった。しかし、争論となった時点では、「先月（文久元年十月）二日、御白渕ニおゐて代人保平申出候様ハ、手元逼迫ニ付、五拾両之金子茂難出来候様申出」といった窮状に陥っており、橋本家側は、「左スレハ、元利千四百両及ヒ之金高へ纔五拾両之金子出来不申様有之候而者、甚不取合之儀ニ有之」として、追及する姿勢を強めたのである。この争論では、訴願をうけた福山藩自体も明確な対応を示すことができておらず、橋本家は文久二年六月に再度福山藩役所へ訴願し、藩の姿勢について強い不満を表明している(文久元年九月十一日「保命酒屋銀談一件福山ニ而御約メ之廉々日記」(前掲註(25))。

(38)『瀬戸内御手洗港の歴史』第三章第四節、『豊町史』本文編II第三章三。

(39)この点の指摘は、すでに畑中誠治「『化政期』内海地域における在方商業資本と藩権力」(前掲註(1))でもなされている。なお、『西南諸港報告書』によれば、明治十一年の広島県における港別輸出入額では、輸出・輸入とも尾道が一位（輸出一四一万五三二六円・輸入二〇三万九七四円）、広島が二位（輸出一〇〇万八六九三円・輸入一五〇万四八七円）である。輸出の三位は松ヶ浜（糸崎）で二八万五五九円、輸入の三位は鞆で二八万一七六円であるから、尾道・広島両港の突出した規模がうかがわれる。尾道は明治十四年まで広島県内で最大の輸出入規模を誇るが、松方デフレを機に県内諸港の輸出入額全体が減少する中で、広島が輸出入額とも一位になっていくのである。

(40)　山口徹編『瀬戸内諸島と海の道』（街道の日本史42、吉川弘文館、二〇〇一年）II三廻船と航路1参照。

芸予島嶼部における地方名望家の展開

落合　功

はじめに

島嶼部が閉鎖的、孤立的なイメージを与えるのは、近代以降のことである。近世における島嶼部は、海上交通を利用して、交易・情報の重要拠点となっていた。

御手洗は、西廻り航路の沖乗りコースの一角をしめ、北前船の寄港地として近世を通じて繁栄した。幕末の御手洗（大崎下島）は、薩芸交易の起点として物資の移出入がなされている。(1)薩摩藩は、そこに藩士を常駐させることで多くの情報を得ていた。薩摩藩にとって御手洗は、広島藩との交易拠点としてだけでなく、幕末の動乱期において情報拠点の役割を果たしたのである。(2)

一八三六（天保七）年、鬱陵島（当時の竹島）を舞台に浜田藩を含めた密貿易が発覚する。そのとき、鬱陵島への道案内をつとめたのは生口島の船乗りであった。(3)瀬戸内海に限らず、広域的な行動範囲を見ることができるのである。

また、一八五八（安政五）年の生口島（広島藩領）への触れを参照すると、今治藩札の通用を禁止している。当時、広島藩は藩札を大量に発行し、強制通用することで信用が低下するが、(4)生口島では今治藩札を利用することで、より信用のある藩札の通用を優先している。貨幣のみならず、さまざまな藩札が飛び交う島嶼部ならではの合理的発想を見出すことができるのである。

さらに近世後期、塩の生産過剰を理由として、その生産制限と生産合理化を意図して瀬戸内地域の製塩業者が集まり、休浜同盟が組織されるが、生口浜では増稼を主張する。生口浜は、島嶼部という性格からの生産性が低いことによる困窮を理由とするが、生産性とは別の、燃料である石炭供給や塩販売など海上交通の利便性による販売面での優位性が指摘できるのである。(5)

これらの事例は、島嶼部（芸予諸島）海上輸送を基調とした物資集散だけでなく、情報・交通の利便性と広範に展開する島嶼の人々の行動範囲を示す、開かれた島嶼のイメージが展望できる要素である。しかし、遅くとも大正期までにはこれら島嶼部はそれぞれの島々で孤立化し、閉ざされたイメージをもつようになっていく。それではこの間、何があったのであろうか。

この問題を解明するためには、明治期において具体的な島嶼を地域としてとらえ、地域社会の質的変容を検討する必要があるだろう。かかる視点で考えるとき、地方名望家をめぐる議論は注目できる。明治期における地方名望家をめぐる議論は、在来産業論の展開のなか、地方に展開する企業勃興の担い手として注目されてきた。(6)無論、当該期の地方名望家の活動は、起業家としての性格にとどまらず、地主としての土地集積や、町（村）長を始めとした政治参加、地域振興に際する寄付活動などといった、行政や経済・文化活動など広範囲の分野で活動し、明治期における地域社会の担い手としての立場として注目できよう。(7)また、いわゆる「開かれた」とか「閉じられた」という抽象的な概念について、地域経済の問題としてとらえるのならば、かかる主体（地方名望家）の投資行動の範囲や富の再分配のあり方、交易範囲などが議論される問題といえるのである。

以上の点を踏まえつつ、本論では、芸予諸島の一つである生口島を対象として設定し、堀内調右衛門の活躍から検討していきたい。生口島は、芸予諸島の一つで、現在は島なみ海道（西瀬戸自動車道）の一角を占める。一九二一（大正十）年ごろの生口島の農業の特徴は、米作よりも、むしろ果実栽培を主としていた。生口島内の資力調査を参照すると、田より畑の方が面積的に広く、実際生産価額として果実のウエートが高い。

一九一二（明治四十五）年の北生口村では、「本村出身能勢七郎五果園なるものを設けて、桃・梨・夏燈等を栽培し、同園の隆盛を図ると同時に、一方には他を指導勧誘して斯業の発達に力を竭したる結果、漸次栽培者を増加するに至り、以て今日の盛況を呈せり」と、記されている。(8) 生口島内には生口果物組合を組織し、品質向上や共同販売が行なわれている。この傾向はその後も続き「豊田郡瀬戸田町における田地は僅々十町歩に過ぎずして自作米を食する者は十分の一にも足らず、町民の多くは何れも尾道市又は三原町等より米穀を仕入るる小売店にて之を買入れ生活し居るなり」と、(9) 生口島全体の農業のあり方は、明治後期から大正期にかけ、米穀生産から漸次柑橘栽培へとシフトする。

また、瀬戸田港からの主要な移出入物品を参照すると、一九〇六年の段階で、尾道・今治から一五〇〇石近くの米が移入されている。石炭は製塩に利用する燃料であり、主として九州から運ばれた。また、各生活必需品も大阪などから運ばれる。(10)

以上のことから、生口島は米作農業も行なわれるが、主たる産業は製塩業と柑橘業であった。そして、生活必需品や石炭などは尾道・三原はもちろん、大阪や九州からも運ばれたのである。移出品は、余業として行なわれたであろう織物や帯が大阪へ送られるのみで、ほとんどは島内で消費されたのである。

堀内調右衛門は、生口島を中心に田畑・塩田といった土地を集積するとともに、海運業や株式参加するだけでなく、実際に会社運営に携わり、明治期、富を蓄積させている。一八九七（明治三十）年の広島県における「直接国税納入額名簿」を参照すると、八番目の納入額を有している。[11] 同様に、一九一一年には、尾道の橋本吉兵衛につぎ広島県下で二番目の直接国税納入額を有し、県下でも有数の資産家として知られた。実際「現在、生口島で最も多く資産を有して居るのは瀬戸田町の堀内家で、堀内調右衛門君は人も知る如く広島県の多額納税者である」と記載されている。[12] また、この時期、小学校改築などに寄付を行ない、地域振興へ一役買っている。本人ではないが、弟である顕三が、一九一一年九月から一九一三（大正二）年六月にかけて、瀬戸田町の町長を勤めるなど、地元の行政的な担い手にもなっている。その意味で、明治期堀内家は、生口島において政治・経済・文化面に多大な影響を及ぼした地方名望家としての性格を見出すことができるのである。

この堀内調右衛門を取り上げた成果はいくつかある。有元正雄氏は、資産形成の過程を所得金の蓄積状況から紹介している。[13] 同論を通じて、堀内家の資産蓄積の様子が判明するが、資産形成のあり方について充分に検討されたとは言い難い。また、生口島の製塩業については、渡辺則文氏「生口島塩田史おぼえがき」が、近世から近代に至るまで通して明らかにしている。[14] 相良英輔氏の「明治期塩業における流通機構の特質」では、明治期における製塩地の産地問屋のあり方を三類型に分類し、堀内家の塩業経営のあり方を地主資本問屋の問題として紹介する。[15] これらの成果は貴重だが、堀内家の経営は、たんに製塩業のみならず、海運業、田畑を含めた土地集積、さらに金融業やセメント産業などの新規産業への起業活動に対し、積極的に取り組んでいる。この点、本論では、家業経営の問題としてとらえ、堀内家の経営を総体から把握することにしたい。

以上を踏まえつつ、本報告では、一八八七年ごろから一九二一年ごろまで芸予諸島の一部生口島に展開した経済活動について、当時、生口島を含めた周辺地域において名望家的存在である堀内家を素材とし検討する。

一、堀内家の家業経営と資産蓄積

堀内家の資産形成過程については、有元正雄氏が明らかにしているが、その成果を踏まえながら概観しておこう。

堀内家は、幕末期三原屋という屋号を有し、長右衛門という名前で商業活動を営んでいたことは知られるものの詳細はわからない。一八七二（明治五）年七月には、一八六八（慶応四）年に広島藩に対して調達していた金子一三〇〇両の返済を願い出ている。その意味では、相応な資金力を有していたと考えていいだろう。ただ、当時においては、他者と比較して突出していたとは考えられず、同所の商人と同様なレベルで商業活動を営んでいたものと思われる。

堀内家の一八〇八年から一九〇四年にかけての所得の推移を示した表1を参照しよう。所得額のうち土地が大きな比重をしめ、他に貸金と株式（公債）、そして海運活動の四つに大別できる。この史料からだけではわからない点も多いが、国税納税額の面から述べると、一八九〇年六六六円、一八九七年一〇一五円、一九〇四年一六七八円、そして一九一一年には五七七三円と納税額を伸ばしてきている。納税額は、所得や資産に応じて支払われるものとすれば、明治期を通じて急速に資産を増やしていることがわかるだろう。堀内家の明治二十年代における資産蓄積の様子を、これまでの成果を踏まえながら、整理していくことにしよう。(16)

①土地所有（田畑）

堀内家の所得で最大なものだが、明治期以降急速に土地集積が行なわれたようである。この堀内家の土地集積のあり方は、土地を積極的に購入しただけでなく、書入質として金子を貸与し、その返済がなされず結果として土地が集

金高（単位は円）

明治28年	明治29年	明治30年	明治31年	明治32年	明治33年	明治34年	明治36年	明治37年
3.390	3,390	6,040	6,008	5,810	4,300	4,160	4,941	5,480
900	1,180	2,000	1,200	1,200	1,000	1,000	1,005	1,500
590	410	780	1,797	1,750	1,000	1,000	800	800
120	120	120	135	155	100	100	150	150
				225	200	240	300	500
	60	60	60	60				
5,000	5,700	9,000	9,200	9,200	6,600	6,500	7,196	8,430
		1,015						1,678

積されたものも多い。よって、質入れした人がそのまま小作化することが多かった。こうしたことから、①②の田畑や塩田の集積は、貸金業（③）と密接に関係したものといえるだろう。

表2は、一八九五（明治二十八）年十二月における堀内家の所有地を紹介したものだが、堀内家の土地集積の範囲は、生口島内にとどまらず、高根島・鷺島・因島・大三島・伯方島などの島嶼部、さらには本郷村（現本郷町）、長谷・沼田東（現三原市）など本土に及ぶ。そして田・畑・塩田を所有し、その面積は山林面積をも含めると九〇町歩を超える。納入方法については、田地は小作米を納入し、畑地は地域によって米納・麦（裸麦）納、大麦納の三種の方法が行なわれている。

有元氏は、土地集積の様子をa生口島とその周辺の島、b大三島、伯方島、そしてc本土（本郷村、長谷村、沼田東村）に分けて紹介している。すなわち、a生口島と隣接する島で集積した土地の場合、畑地が多く、小作料は米納と麦納（裸麦）がなされる。また、b愛媛県越智郡の大三島・

表1　堀内家所得

	明治21年	明治22年	明治23年	明治24年	明治25年	明治26年	明治27年
土地（塩田、田畑、宅地、山林）	2,938	2,376	2,990	3,867	4,140	4,103	3,923
（塩田）	1,607	1,066	1,550	2,200	2,470		
（田畑宅地山林）	1,331	1,310	1,440	1,637	1,670		
貸金	881	810	550	560	560	560	560
海運（船舶、商業）	556	964	1,100	490	390	390	390
（船舶）	556	964	1,100	400	300		
（商業）				90	90		
貸家	125	110	100	110	110	167	127
株式							
公債							
合計	4,500	4,260	4,800	4,997	5,200	5,220	5,000
直接国税納入額			666				

(1) 有元正雄「瀬戸内島嶼部における資産形成の一事例」参照。明治35年は不明だがそのままとした。同成果だと、明治36年の合計が7691円となっているが、訂正している。
(2) 明治44年における直接国税納入額は、5,773円

伯方島で集積した土地も畑地が多く、小作料は麦納であった。それに対し、c本郷村・長谷村・沼田東村などの本土で集積した土地は、田地が多く米納で納めることが多いことを指摘する。

この小作料として受け取った米や麦は、どのように利用されたのだろうか。おそらく、同じ堀内家が経営していた塩田での浜子の飯米に、多くを使用したものと思われる。堀内家自身浜主として一一軒程度を所有していることを考えると、ざっと一〇〇人以上の浜子を雇用していた計算となり、それに日常的に雇用される寄せ子などを含めると、相当な飯米の需要があったのだろう。その意味で、彼らの食料として利用されたと見ても不思議でない。

生口島は田作としての適地は少なく、米は尾道・三原から移入していることは、先に紹介したとおりである。その意味で、堀内家の土地集積は、たんに寄生地主化していく近代の地主制のイメージとして理解するだけでなく、自ら経営する製塩業の浜子の飯米を供給し、ひいては、島内で不足する米・麦の再分配がなされていたと理解できるので

表２　堀内家所有地一覧（明治28年）

		田	畑	宅地	小計	塩田	山林原野	合計
豊田郡	本郷村	15.406			15.406			15.406
	長谷村	18.104			18.104			18.104
	沼田東村	69.121	2.419	0.008	71.618			71.618
	瀬戸田町	5.817	24.229	8.601	38.718	37.204	4.301	80.223
	北生口村	32.112	39.614	1.324	73.120	85.821	0.406	159.417
	名荷村	9.413	29.303	1.404	40.120	89.723	0.303	130.216
	西生口村	56.102	59.124	0.417	115.713		6.626	122.409
	高根島村	0.822	16.705		17.527		0.024	17.621
	鷺浦村	13.602	54.224	0.426	68.322	41.113		109.505
	東生口村	1.728	10.828		12.626	17.808	0.414	30.918
	南生口村	2.808	11.828	1.119	15.825			15.825
御調郡	土生村	0.616	5.104		5.720			5.720
	中庄村			0.108	0.108	17.029		17.207
越智郡	岡山村	2.523	24.107	0.304	27.004			27.004
	瀬戸崎村	3.116	8,504		11.620			11.620
	盛口村	11.310	35.707	2.408	49.425		1.128	50.623
	東伯方村					16.118		16.118
合計		243.020	322.116	16.329	581.605	305.026	13.412	900.114

（1）有元正雄「瀬戸内島嶼部における資産形成の一事例」参照
（2）単位は反

ある。

②土地所有（塩田）

次に塩田の土地集積について明らかにしていこう。渡辺則文氏の成果によれば、塩田もまた化政期以降、明治二十年代末にかけて積極的な集積を行ない、塩田一四軒を所有する。基本的に自作し（一一軒）、遠隔地の塩田については小作浜としている。堀内家が塩田を自作する場合でも、原則的には浜子の棟梁（大工）が製塩作業の指揮に当たり、日常的に作業への関与はなされない。一八九六（明治二十九）年と一九〇二年、一九〇三年の自作塩田における経営収支について、表3を参照してみよう。

同表を参照すると、おおよそ三〇〇円から一二〇〇円と時期と場所により利益

表３　堀内家、自営塩田における塩田収支

		食塩出来高(俵)	売上高(円)	売上石高(石)	販売代金(円)	経費(円)	残金(利益金)
明治29年	２番浜	3, 587. 830	3, 521. 350	1, 760. 675	2, 276. 855	1, 227. 035	1, 065. 513
	竹浜	4, 403. 100	5, 005. 040	2, 481. 295	2, 639. 116	1, 680. 822	929. 167
	17番浜	4, 286. 200	4, 524. 768	2, 262. 384	2, 944. 775	1, 917. 140	1, 019. 874
	19番浜	3, 120. 950	3, 187. 250	1, 593. 625	2, 009. 909	1, 184. 475	824. 823
	24番浜	4, 045. 460	4, 101. 740	2, 050. 870	2, 822. 220	1, 662. 156	1, 141. 778
	芳浜	3, 167. 750	3, 195. 980	1, 597. 990	2, 113. 084	1, 196. 081	930. 794
	長浜	3, 619. 540	3, 555. 496	1, 777. 748	3, 039. 231	1, 376. 843	1, 661. 350
	29番浜	3, 394. 940	3, 505. 438	1, 752. 719	2, 606. 537	1, 338. 710	1, 277. 061
	元〆浜	3, 828. 820	4, 248. 190	2, 097. 940	2, 755. 096	1, 355. 221	1, 335. 794
	北浜	3, 530. 017	3, 721. 049	1, 860. 745	2, 397. 961	1, 312. 993	1, 051. 149
	鷲浜	2, 809. 360	3, 093. 020	1, 546. 510	2, 087. 495	1, 278. 069	771. 833
明治35年	２番浜	3, 191. 400			1, 981. 863	1, 710. 960	270. 903
	竹浜	5, 073. 850			3, 446. 766	2, 700. 521	746. 245
	17番浜	5, 501. 400			3, 675. 966	2, 957. 669	718. 297
	19番浜	3, 253. 700	3, 159. 200		2, 141. 39	1, 815. 711	388. 680
	24番浜	4, 314. 100	2, 636. 322		2, 620. 522	2, 314. 443	306. 079
	芳浜	2, 675. 900	1, 759. 416		1, 817. 416	1, 598. 856	218. 560
	長浜	3, 804. 700	2, 739. 421		2, 830. 421	2, 004. 978	825. 443
	元〆浜	3, 317. 100	3, 079. 004		2, 135. 041	1, 741. 777	393. 264
	北浜	3, 180. 760	2, 943. 400		1, 911. 854	1, 610. 732	301. 172
明治36年	２番浜	4, 059. 200	2, 193. 544		2, 456. 504	1, 941. 580	514. 924
	竹浜	6, 975. 800	4, 064. 008		4, 155. 008	2, 967. 738	1, 187. 270
	17番浜	7, 009. 200	3, 603. 075		3, 913. 575	3, 140. 530	773. 045
	19番浜	4, 038. 200	3, 671. 790		2, 473. 056	1, 957. 128	515. 928
	24番浜	6, 015. 500	5, 676. 800		3, 651. 095	2, 742. 570	908. 525
	長浜	5, 872. 300	4, 897. 850		3, 549. 433	2, 534. 993	1, 014. 440
	元〆浜	7, 700. 500	2, 724. 435		2, 825. 685	2, 110. 697	714. 988
	北浜	3, 854. 400	2, 356. 801		2, 459. 541	1, 999. 630	459. 911
		食塩出来高(斤)	売上高(円)	食塩納付高(斤)	販売代金(円)	経費(円)	残金(利益)
明治45年度	2番浜	323, 970. 000	3, 429. 970	323, 960. 000	3, 426. 900	3, 314. 947	115. 023
	竹浜	446, 770. 000	4, 729. 790	444, 820. 000	4, 703. 670	4, 937. 948	207. 978
	17番浜	582, 120. 000	6, 111. 230	569, 000. 000	5, 967. 430	5, 887. 359	223. 871
	末広浜	167, 220. 000	1, 765. 480	163, 220. 000	1, 720. 780	1, 644. 075	121. 405

（１）残金（利益）の計算について、計算に誤差が生じても、そのままとした。

に大きな差が見られるが、いずれも高額な利益を得ていたことがわかるだろう。塩の販売方法は、堀内家が自前で堀内支店といわれる産地問屋を経営し、石炭の購入と塩の販売を請け負っていた。このため、安定した収益を期待でき、結果として各浜で高額な利益を得ることに成功したのである。

それでは、小作塩田はどうであったのであろうか。塩田小作証について島内と島外を分けてそれぞれ参照してみよう。

史料1　塩田小作定約書

一貴殿御所有北生口村字明治浜塩田、明治三拾壱年ヨリ同三拾三年迄三ケ年間左記之通ニテ小作定約致シ候段相違無之、然ル上ハ決シテ不都合相備へ申間敷、為后日証人連署ヲ以テ証書差進置候也

一地子者喰塩五斗弐升入壱ケ年ニ付、六百俵ト相定候事

　但シ　壱番釜弐番釜製塩ニテ半額上納シ其半額ハ旧暦七月三十日ヲ限テ上納可致候、直段ノ義ハ貴殿問屋店仲売平均相場ヲ以テ相定メ小俵売ハ相除キ候事

一浜諸道具ハ別紙之通り借用致シ候段実正也、期限ニ至り塩田返却ノ際ハ証人立会速ニ引渡シ可申候

　但シ　金物類ハ返却ノ際目方増減ハ代金ニ直シ取引可致候事

一塩石炭売買御貴殿問屋店ニテ履行可致候、他ノ問屋ニテハ決シテ売買致不申、若万一他ノ問屋ニテ売買致候時ハ、石炭壱艘ニ付、五円喰塩壱俵ニ付弐銭損害ノ有無ニ不拘、罪款トシテ拙者ヨリ弁出可致候事

　但シ三原尾道行小俵才田仕舞ハ相除キ候事

一入換土ハ毎年土入換ヲ百山以上使用可致候事

一貴殿問屋店取引ハ通ヲ以テ履行可致、万一年限中差引手尻相生ジ候共、塩田返却ノ際ハ速ニ精算可致候事

但シ諸道具之儀ハ明治廿七年ニ差入レ候預書証ヲ以テ履行可致候事

右定約致シ候段、相違無之候也

明治三十年旧暦十二月一日

（後略）

史料1は、生口島内に存する北生口村の明治浜について、三年契約で小作として貸与することを取り決めた小作証である。小作料（地子）は、五斗二升俵で六〇〇俵を支払うことが取り決められている。この小作料を現物で支払うことは、田畑と同様である。ただ、米麦の場合は、島内需要に対応したものであるが、塩は島内で不足していたわけではない。その意味で注目できるのは「塩石炭売買御貴殿問屋店ニテ履行可致候、他ノ問屋ニテハ決シテ売買致不申」という文言であろう。後述するが、堀内家の塩販売問屋は堀内支店といわれ、原則的に組織は別組織であった。ただ、小作料を支払うだけでなく、堀内支店の存在により、塩の商品集荷とそれにともなう販売口銭収入を得ることもできたのである。

それでは、島外の塩浜はどうであったのであろうか。

史料2　塩田預約定証

愛媛県越智郡木浦村字古江

一塩田壱箇所

但シ沼井数

一竈屋　　壱軒

一草藁台坪　　壱軒

一塩蔵　　　壱軒
一浜子小屋　壱軒
一草藁納屋　壱軒
一諸道具品預り証別冊之通
〆
一地子金壱ケ年金弐百円ノ相定メ
　但シ　百円本年三月二日ヲ以テ相納候事
　　百円同年旧七月五日限り相納候事
一地租金并ニ地方税其他浜方ニ関スル諸費一切私ヨリ弁金之事
一沼井総而盛り換建物新築屋根換等ハ貴殿ヨリ御調之事
一屋根野縺并ニ地場其外総而小普請損所仕戻シ等ハ私ヨリ相調候事
一問屋諸取引地主ニ関係無之候事
一十州同盟之集会決議免許及ヒ塩民集会確定之義堅ク相守り可申候事
右者貴殿御所持之塩田明治拾七年度壱ケ年間前顕之定約ニ而預り受候処確実也、然ル上者地子金期限之通無違背速ニ相納メ可申塩田諸事大切ニ執行可仕候、尚ホ如何体之豊凶有之候共、相互ニ異議申間敷年限相済候上ハ無違背差戻シ可申義ハ勿論ニ候、万一地子金定約之期ニ至ハ不納仕候時者不抱本人受人手元ヱ引受御迷惑相掛ケ申間敷、為其受人并ニ保証連署ヲ以テ証書差進置候也
　明治十七年三月二日

（後略）

小作人自体は生口島内の御寺村に所在しているが、塩田自体は木ノ浦村（伯方島）の古江に所在している。この場合、小作料の支払いは現物ではなく、年間二〇〇円と現金による支払いとしている。しかも「問屋諸取引地主ニ関係無之候事」と、製品である塩も、堀内家が経営している問屋を経由する必要はなく、直接販売することを認めている。堀内家所有塩田の地主―小作関係も、島内外において性格を異にしたのである。

③貸金業・銀行業

一八七七（明治十）年の段階で質屋商を営んでいるが、この時の資本金は二五〇円で、六七円の利益を得ていた。また、一八八五年三月には、五〇〇円の収入を見込めるとし、金穀貸付商の営業許可を願い出ている。一八八五年十二月段階での貸付金高は七五〇円となっている。この貸金業としての営みは、その後の堀内家にとって、近世以来の金融活動を引き継いだもので、その後、地元で勃興する銀行業への経営参加となって表れている。

竹原や三原を中心とした地域には、各所の銀行が支店を設立させている。堀内調右衛門は、この地域に林立した創業期の地元地方銀行に積極的に経営参加している。豊田貯蓄銀行（本店豊田郡忠海町、一八九七年設立、一九〇一年に豊田銀行）について、一九〇〇年六月三〇日に取締役を辞職している。しかし、翌一九〇一年三月、株主総会を実施し、普通銀行としての豊田銀行となり、再び取締役の一人として就任している。一九〇〇年六月に取締役を辞職した理由は不明だが、おそらく堀内調右衛門の体調などに問題を招いたからであろう。ちなみに、この堀内調右衛門は、一九〇六年四月二十一日に死去している。[17] なお、この豊田銀行は一九一六（大正五）年七月一日に広島銀行と合併している。

一方、大崎銀行（一九〇一年設立、本店東野村、後の大崎商業銀行）では一九〇三年から一九〇五年ごろ、堀内調右衛門は取締役頭取を勤めている。一九一四（大正三）年九月には大崎商業銀行が設立するが、このとき、代表取締役になっている。この大崎商業銀行の新設にともない、大崎銀行は、一九一五年二月五日に任意解散し、業務は引き継がれている（一九一五年二月九日）。さらに、一九〇八年には三原銀行を引き継ぎ西備銀行が設立した。堀内調右衛門はこの西備銀行においても取締役を勤めている。

一九一〇年十二月段階の竹原・三原周辺地域における銀行設立の様子を参照すると、県下に銀行が林立している様子がわかるだろう。なかでも、三原を中心とした豊田郡一帯を経済圏としていた、西備銀行、大崎銀行、豊田銀行の地方銀行三行は、堀内調右衛門自身が取締役を勤め経営参加していた。一九〇一年ごろには株式会社瀬戸田銀行の仮定款が作成されている。結果として設立されていないが、生口島内にも本店をもつ銀行の設立が計画されていたのである。

以上、簡単に三原・竹原・芸予諸島一帯の金融業の動向を紹介したが、堀内家の金融活動への具体的参加の様子を示した資料は残されていない。ただし、当時、地方金融の存在は、地元産業の勃興への資金提供機関であるとともに、日常的には円滑な海運業の発達に必要な為替の取り組みなどにも寄与していた。この地域の地方金融の成立は、地域経済の発展に大きな役割を果たしたものと考えられる。ただし、こうした金融活動への積極的な参加は、金穀貸付業を営んでいた元来の取り組みであったこともいうまでもないが、自身が行なっていた経営参加をも含めた当該地域への企業勃興にともなう株式投資や、海運業の活性化など重要な役割を果たし、ひいては、周辺地域一帯の経済発展の一翼を担ったといえるのである。

表４　堀内商店における塩・石炭取引相手と口銭利益

月	塩取引相手	塩口銭利益	石炭取引相手	石炭口銭利益
正月	三社丸清太郎	0.489	住江丸富次郎	32.894
	杉野茂吉	0.167	甚幸丸武市	6.531
			住力丸徳次郎	0.871
			伊勢丸佐太郎	14.488
2月	東雲丸岩吉	14.537	金吉丸重吉	33.886
	首尾木商店	-8.948	福吉丸桝太郎	7.284
	加悦丸仁三郎	16.193		
	三社丸清太郎	3.181		
3月	三社丸清太郎	2.445	金力丸万次郎	14.309
	佐々木商店	13.150	宝宮丸安治郎	8.113
	直江津商会同共同合資会社	-19.146	住徳丸徳治郎	0.744
	福悦丸白神	10.390	住江丸保太郎	19.826
			金力丸万次郎	20.834
			甚幸丸武市	9.336
4月	幸昌丸兼吉	17.510	住江丸松之助	28.093
	幸昌丸市太郎	138.929	住徳丸音兵衛	19.972
	北洋丸安太郎	31.478	住江丸代吉	38.824
	三好丸鶴吉	56.694	金力丸万次郎	19.600
	最洋丸房吉	18.094	住江丸富次郎	38.113
	三社丸清太郎	0.925	栄福丸信次郎	12.460
	直江津商店同共同合資会社	-5.245	甚幸丸武市	8.760
5月	福悦丸白神	-1.224	住江丸松之助	43.940
	若吉丸鶴吉	0.963	栄福丸信次郎	26.134
	幸昌丸市太郎	0.432	金力丸万次郎	15.012
	住若丸利吉	9.065	福栄丸若松	1.273
	住福丸文助	7.786	朝日丸文作	7.297
	住吉丸幸吉	34.803	金吉丸重吉	54.804
	金吉丸重吉	12.521	住江丸代吉	61.726
	佐々木商店	10.729		
6月	三好丸熊太郎	38.255	富栄丸力松	75.993
	三好丸清太郎	1.998	朝日丸長助	12.751
	永井重助	1.881	住江丸松之助	48.994
	佐々木幸栄丸	16.486		
	住久丸茂平	5.182		
	喜悦丸喜之介	3.830		
	妙見丸幸之助	2.009		
	永井重助	1.843		
	首尾木商店	86.241		
7月	幸長丸吉五郎	30.478	金比羅丸七五郎	80.400
	西本峯太郎	1.446	住徳丸音兵衛	17.985

月	塩取引相手	塩口銭利益	石炭取引相手	石炭口銭利益
7月	三社丸清太郎	2.954	八雲丸儀太郎	11.436
	住江丸松之助	17.504	久吉丸久助	47.428
	住江丸保太郎	23.916	栄福丸信次郎	24.543
	住久丸茂平	5.301		
	海遊丸七蔵	34.582		
	八雲丸儀太郎	10.927		
	福悦丸白神	14.522		
	幸亭丸栄治郎	22.796		
	神力丸弥三郎	3.312		
8月	佐々木宝盛丸	-1.004	住江丸代吉	49.119
	三好丸熊太郎	14.006	神幸丸武市	8.533
	佐々木報天丸	2.030	朝日丸長助	9.405
	住江丸富次郎	4.156	大国丸益之助	7.200
	三社丸清太郎	2.364		
	岸田商店	58.910		
	神宝丸利七	17.359		
	住久丸茂平	5.316		
	福吉丸代三郎	20.319		
	周陽丸利吉大福丸常太郎	57.155		
9月	大国丸益之助	8.625	栄福丸信次郎	36.208
	海遊丸七蔵	33.370	幸吉丸政右衛門	14.613
	永井重助	2.003	伊勢丸伊六	64.915
	三社丸清太郎	1.943	金吉丸重吉	50.034
	三社丸清太郎	2.507	栄福丸信治郎	7.565
	明神丸捨太郎	3.229		
	芸予合資会社岸田商店	57.272		
	岸田商店	35.815		
	蛭子丸庄治郎	11.270		
	神徳丸定市	1.860		
10月	妙見丸宗助	7.912	住江丸富次郎	52.923
	加徳丸増太郎	3.761	住吉丸房吉	6.868
	佐々木九重丸	19.324	住江丸亀右衛門	8.690
	東洋丸時治郎	28.291	万力丸万四郎	15.458
	首尾木商店	20.032	住若丸倉太郎	8.568
	佐々木平安丸	2.926	万力丸儀之助	16.125
	三社丸清太郎	4.411	住江丸芳太郎	57.388
	永井重助	0.466	住江丸富次郎	43.631
	佐々木報天丸	4.153		
	宮地商店	4.487		
	首尾木商店	10.248		
	順清丸清市他	8.840		

月	塩取引相手	塩口銭利益	石炭取引相手	石炭口銭利益
10月	永徳丸嘉平	9.063		
	佐々木九重丸	6.680		
11月	富浜堀内	6.496	住栄丸長吉	14.522
	八幡丸作十	4.305	住吉丸久五郎	8.734
	岸田商店	29.119	住江丸富次郎	49.082
	胡丸浅市	2.494	伊勢丸伊六	48.458
	八雲丸儀太郎	6.390		
	三社丸清太郎	2.059		
	妙見丸源市	2.650		
	住福丸庄吉	4.036		
	首尾木商店	10.534		
	香川利助	1.765		
	福寿丸泰次	23.472		
12月	神宝丸利七	5.710	住江丸長吉	16.146
	三社丸清太郎	1.964	万力丸儀之助	16.709
	福繁丸吉五郎	25.045	住江丸芳太郎	25.047
	福吉丸代三郎	24.331		
	吉中好助	3.424		
	宝福丸庄五郎	-0.466		
	大吉丸善兵衛	2.241		
	明徳丸善太郎	3.013		
	八幡丸代三郎	1.506		
	明神丸宗市	5.523		
	幸神丸安次郎	3.298		

④商業活動

②の塩田の集積の箇所でも触れたが堀内支店という名前で、生口島において製塩業の産地問屋が存在した。一八七三（明治六）年に万問屋職を願い出ている。堀内家自身が有した塩田は、「釜石」「縄筵」「鍬板器」「竹」「塩菰」「藁」「醤油」「酢」など必需品は一括して買入れている。

　製塩業におけるコストの費目のなかで、燃料費は大きなウエートを占めている。このため、石炭の供給のあり方は塩田経営において重要な意味があった。また、塩販売としても重要な意味があったのである。しかも、島内における自作塩田だけでなく、小作塩田に対しても石炭と塩の購入販売を担っていたのである。

　次に、塩販売の様子について紹介しよう。⑤で指摘するが、堀内調右衛門は住江丸（住之江丸）という手船を七艘有しているが、この住江丸を利用して島内産の塩を運ぶことはあまりなかった。一八五九（明治三十二）年の塩と石炭の取引相手と利益額を示した表4を参照すると、販売先は大きく二つに分けることができる。一つは、瀬戸田港に寄港した船に積載して販売する方法である。堀内支店に塩が貯蔵されていることがわかれば、恒常的に船乗りが購入することはしばしばあったことだろう。そして、もう一つは首尾木商店など糸崎・尾道に所在していた二次卸し問屋に送られる場合である。これらの二次卸し問屋とは、専売制以前は、芸備地域の塩販売の主流を占めており、新潟の塩商人や北前商人の依頼に応じて、塩の調達・保管・輸送・販売などを業務としていた。こうした二次卸し問屋は、北前船と連携しながら尾道周辺の塩田で生産した塩を集荷・保管し、販売している。また、この表に記載されないが、三原などへの地元販売もなされていた。

次に、石炭の購入について紹介しよう。石炭の取引先は、明治二十年代は深浦炭、江迎炭や唐津炭などから産出された九州炭であったが、一九〇八年ごろになると、元山炭（宇部炭）が中心となっている。また、表4を参照してもわかるように、瀬戸田にある堀内支店には手船である住江丸だけが寄港しているのではなく、むしろ、その他の石炭運搬船が寄港していることがわかる。

⑤海運業

明治二十年代から四十年代にかけ、瀬戸内海一帯を活動範囲として航行した住江丸は、堀内調右衛門が所有し、それぞれの船主が商品の取引を行ない活躍した。全盛期で第一住江丸から第七住江丸の七艘の手船を所有していた。佐賀県には、六角川の河口で、住ノ江という石炭積み入れ場がある。その石炭積入地の名称を船名にしたのであろう。この名称からも石炭輸送船であることが判明する。住江丸の輸送は塩なども輸送していたが、ほとんどが石炭であった。

この住江丸は、史料のなかでは一八二五（文政八）年に新造されているのがもっとも古い。生口島では一八〇〇（寛政十二）年の段階で、石炭が利用されていたが、こうした石炭需要に対応したものと考えられよう。また、一八八九（明治二十二）年一月に、第四号、第五号、第六号の「造船祝之物控」という史料が作成され、従来三艘の船であったのが、このとき六艘となったことがわかる。その後、さらに一艘増やして、七艘で運航する。

住江丸の輸送について、一八八九年の様子を示した表5を参照してみよう。九州で産出した石炭は瀬戸内各所へ送られていた。中村尚史氏の成果によれば、日露戦後期に九州地方で産出された石炭は、主として瀬戸内海各所と大阪に送られていた(18)。石炭の用途は、船舶用・工場用・鉄道用・製塩用などに使用されるが、住江丸の場合、大阪へ回送されず、もっぱら瀬戸内海の各所へ送られたのである。一九〇六年段階に瀬戸内海地域において石炭の主要な移入港を参照すると、主要な石炭需要港に製塩地が隣接していた。実際、住江丸の取引場所と取引相手のほとんどが製塩地における産地問屋であった。その意味で住江丸の石炭輸送は、瀬戸内各所の製塩地における石炭需要に応じたものであったのである。

⑥起業家活動と株式投資

堀内家は、土地を集積するとともに、そこで得られた富は、株式投資と起業活動に積極的に取り組んでいる。株式投資は一八九七年ごろから積極的に行なわれている。体系的に判明する史料は残されていないことから、残念ながら全貌は把握できない。株式投資の様子がわかる事例を紹介すると、名荷村の公益組合の顧問をしている。この名荷村の公益組合とは、海運業の発達を意図して船渠業を営むことを目的としている。また、一九一三（大正二）年七月二十九日に設立した愛媛綿布株式会社にも株式投資している。他にも、大日本葡萄会社の株主にもなっている。

江丸）の石炭取引

金銭	販売日	販売品目	販売量	販売先
151円06銭	2月23日	大牟田	3400振	備前国児島郡野崎定次郎
148円83銭7厘	3月30日		32万312斤	阿波国米谷徳次郎
145円75銭	5月11日		3450振	東野崎支店
187円70銭4厘	6月12日	大牟田浦山	3494振	野崎定次郎
48円				
140円80銭	7月30日	差武石炭	3505振	野崎定次郎
203円15銭	9月15日	江迎炭	3462振	野崎定次郎
217円12銭	11月5日	江迎炭	3450振	野崎定次郎
221円54銭	12月28日	江迎炭	3451振	野崎定次郎
347円55銭	2月3日	山上	3050振	野崎定次郎
112円63銭8厘	3月18日		2975振	野崎定次郎
115円66銭5厘	5月7日	江迎山上48艘		赤穂西浜田中太平
111円95銭5厘	5月23日		23万4375斤	阿州井内紋次
97円13銭	5月6日	江迎	2564樽	手浜
123円77銭5厘			24万6250斤	阿波井内紋次
65円	8月5日		5800斤	志和浜商栄社
123円06銭5厘			24万8750斤	阿波米谷徳次郎
102円02銭	3月29日		2454振	得能孫一郎
			160振	手浜
54円80銭8厘	5月15日	山上	25万4375斤	阿州井内紋次
211円735厘			1093振	手浜
			2619振半	得能、竪山、宮武
491円40銭	11月9日	江迎	3780振	野崎定次郎
234円60銭	12月26日	江迎	3224振	得能、宮武
210円40銭5厘	2月6日		59艘	赤穂西浜田淵正之輔

一八九七（明治三十）年七月の三原セメントの株式会社仮定款を参照すると、堀内調右衛門が発起人の一人として名を連ねている。三原セメントの発起人を参照すると、八田三郎など現広島市域の資産家が発起人に名を連ね、地元では、川口治左衛門や定森逞などとともに堀内調右衛門も参加していたことがわかる。

小　括

以上、堀内家の資産形成のあり方について、土地集積と貸金業、商業活動（堀内支店）、海運業、株式投資（起業家活動）を紹介してきた。堀内家の富の蓄積過程や、その再分配の在り方と範囲に注目しながら簡単にまとめておきたい。

表5　堀内家持船（住

船舶名	船長	買入日	買入品目	買入量	買入場所（取引相手）
第1号住江丸	代吉	22年1月14日	大牟田石炭	2158桶	肥前国平戸
		22年3月12日	高島粉石	31万750斤	高島出張所
		22年4月18日	江迎荒石炭、粉炭	950樽、1400樽	山上弥次郎
		22年5月2日		2133桶	山崎久次郎
		22年6月13日	小炭	1200樽	山中富蔵
			石炭	1510樽	山村久八
		22年9月1日	石炭	2390樽	山上弥次郎
		22年10月16日	石炭	2360樽	山上弥次郎
		22年	石炭	2332樽	山上弥次郎
		23年1月20日	石炭	2327樽	山上弥次郎
第2号住江丸	伊六	22年3月2日	江迎山上石炭	1105樽	山上弥次郎
		22年4月6日	江迎石炭	2103樽	山上弥次郎
第3号住江丸	保太郎	22年3月5日	高島粉石	23万3730斤	広長組高島出張所
			山上紋治郎	1766樽	山上弥次郎
第4号住江丸	伊勢松	22年2月12日	大牟田	1645樽	
		22年3月27日	平尾岩崎石炭粉石	1850桶	岩崎
第5号住江丸	庫太郎	22年2月11日	大牟田	1663樽	
第6号住江丸	代吉	22年3月16日	江迎山上	1907樽	山上源次郎
		22年3月16日			
		22年4月8日	江迎	1054桶	山上弥次郎
第7号住江丸	伊勢松	22年9月15日	山上	2491樽	山上弥次郎
		22年10月26日	山上弥次平	2551樽	山上弥次郎
		22年12月9日	山上弥次平	2550樽	山上弥次郎
		23年1月11日	山上弥次平	2535樽	山上弥次郎

近世以来営まれていた堀内家の貸金業は、田・畑・塩田を担保とした書入質によって借用金がなされ、そのまま返済されないことで土地が集積されている。堀内家の土地集積のあり方は、実際に購入することもあったが、貸与した支払いが未済の結果、地主化することが一般的であった。小作料の支払いは多様だが、田畑の場合は米・麦を現物で支払わせ、それらは塩田における浜子の飯米として利用される。生口島は、畑作が中心であり、一九〇六（明治三十九）年ごろにおける瀬戸田港の移出入を参照しても、米が移入されていた。他方、塩田の場合はいちがいにはいえないが、島外の塩田は小作料として金銭による支払いがなされ、

島内の塩田の場合は、現物の塩を堀内家が経営する産地問屋＝堀内支店へ納めることになっている。ちなみに、燃料や包装なども堀内支店から購入することが取り決められている。堀内支店は、産地問屋として成立するが、自身の塩田の必需品の購入と生産塩の販売がなされている。

他方、堀内家は住江丸という手船を有し、最大時七艘で石炭輸送を行なっている。住江丸が積載した石炭は、自身の経営する堀内支店にも運ばれたが、堀内支店を優先するのではなく、九州から瀬戸内各所の各塩田地帯に運ばれている。その意味では、堀内家の経営として行なわれた海運業と製塩業は必ずしも連携されていたわけではなく、独自な経営体としてそれぞれが存在したのである。

かくして、自作・小作を含めた塩田経営や産地問屋経営、さらには海運業によって富を蓄積させている。これらによって得られた富は、小学校改築への寄付などによって地域の文化活動へも還元されるが、それだけでなく、株式投資や地元金融業への経営参加、さらには地元産業の育成によって生口島周辺の島々や三原地域一帯に再分配されていく。株式投資の具体的な内容は今後の検討課題とするが、地元金融業への経営参加は地域活性化のうえで重要な意味をなし、さらには地元の産業育成への積極的な取り組みとして展開したのである。

この堀内家の取り組みは、生口島を中心としながら、周辺地域を対象として土地集積が行なわれ、小作料である米麦などを生口島に供給し、浜子の飯米に使用された。島内で展開した製塩業は、瀬戸田港へ寄港する船に積載されたり、尾道に所在する二次卸し問屋へ運ばれた。また、瀬戸内海一帯を中心に住江丸により石炭輸送が行なわれ、主として塩田地帯において石炭が供給されたのである。

二、堀内家の家業経営の問題と銀行経営

前項では、堀内家の多角的な経営が展開されるなか、資産が蓄積される過程を明らかにしてきた。事実、一九一一（明治四十四）年には広島で橋本吉兵衛に次ぐ二番目の直接国税納税者となっている。しかし、それらの経営は必ずしもうまくいったとは限らなかった。堀内家は、島内外に土地を集積し、その面積は九〇町歩におよぶことは先に指摘したとおりだが、島外の場合、借用金や小作料は代人を通じて取り立てている。このため、代人の不正や小作人との間で訴訟になることもしばしばみられる。堀内家の地主経営は、その意味では土地集積の過程の段階ですでに問題を内包していたのである。本項では、堀内家の家業経営のなか、①製塩業、②海運業、③三原セメントの解散、④銀行破綻の四つの点で述べていくことにしよう。

①製塩業――塩専売制の実施と産地問屋

一九〇五年一月、政府の財政収入と国内塩業の保護育成を目的として塩専売制が公布された。塩専売制が実施されるということは、国家が製塩業を把握することを意味するが、その結果、製塩地にとっては、安定的な収入確保を可能とする一方、多額な利益を得ることも困難としたのである。この点は生口浜も同様なことといえる。この点、再び表3を参照してみよう。専売制以前は、塩田一浜当たり五〇〇円から一〇〇〇円程度の利益があったのが、専売制実施後は売上額はあまり変わらないにもかかわらず、利益としては二〇〇円程度に下がっている。

こうした塩専売制の実施は、塩田だけではなく、産地問屋にも大きな影響を与えている。すなわち、塩専売制の実

施を政府が担う以上、公権力性が求められるようになり、塩の安定供給が意図される。その具体的な取り組みが、流通機構の整備であり、輸送手段の整備であった。流通機構の整備は、一九〇六（明治三十九）年に塩売買業者は塩価格を店頭に掲示する義務がなされ、一九〇八年二月に塩売捌人指定制が実施される。また、輸送手段の整備においては、官費回送における政府の回送負担が漸次ウエートを高めている。

こうした塩専売制に基づく流通政策は、産地問屋に大きな影響を与えている。ただ、堀内支店については、一九一〇年に塩元売捌人の許可を受けることがわかるのみで、当時の具体的な動向はわからない。同じ産地問屋として存在した松永塩商社を例にすると、一九〇八年から一九一一年の四年間で、取引量と取引額共に一〇分の一を割っている。堀内支店も専売制後、首尾木商店と特約契約を結び販路の確保に努めているが、最終的には同様な傾向をたどっていくものと考えられる。

また、一九一〇年二月には有限責任瀬戸田塩業購買組合が許可され、三月に設立している。これにより、石炭を含めた製塩用品の購入販売がなされるようになったのである。

こうした塩専売制実施の経緯を見るとき、産地問屋として存在した堀内支店は、塩販売の元売りとして存在し、石炭や包装などの購入からは離れていったものと考えられる。要するに、堀内支店としての経営から見たとき、石炭や諸物資は、瀬戸田塩業購買組合によって担われることで取引はなされなくなり、堀内支店による取引は塩だけとなる。そして、塩口銭もリスクが減少する代償として、利益（口銭収入）も減少することとなるのである。

②海運業の展開——物流システムの転換

石炭は、近世後期、製塩業の燃料需要から始まるが、産業革命以降石炭需要は、工業用を中心に拡大した。塩の輸送は官費回送の実施とともに、一九一〇（明治四十三）年に塩回送会社が設立することで回送方法が組織化された。県下でも、一九一〇年九月に尾道塩回送株式会社を設立している。その一方、一八八四年に瀬戸内海・九州航路の群小船主が乱立し、共倒れの危機に陥ったことから大阪商船会社が組織されるが、その開業当時から大阪—馬関線が開設され、その後整備されていく。さらに一八九二年七月には山陽鉄道が糸崎まで開通する。こうした近代における海上輸送・陸上輸送の展開は、瀬戸内海における物資流通において、沖乗りコースというよりも、海運—鉄道輸送を基調とした物流構造へと転換するようになったのである。石炭の輸送手段自体は、帆船であるのが一般的であることに変わりないものの、住江丸の様な個人経営による輸送が、石炭輸送の主流から転換していくのである。

また、明治期においても、恒常的に海難事件が起きている。たとえば、一八九三年八月には、第三住江丸（四九八石積）が生名島沖合の暗礁に触れて船体を破損している。同じ第三住江丸は、一八九七年十一月にも岬に座礁している。さらに、一九〇七年十一月には、汽船能登丸と一号住江丸が衝突し、乗組員八名のうち一名は行方不明となり、さらに積載していた石炭四一万斤すべてを失っている。

このように、住江丸の石炭輸送は、度重なる海難事故や、塩専売制の実施にともなう各所購買組合の設立、さらには物流構造の転換の結果、住江丸のような買い積みによる石炭輸送は、その主流からはずれることになったのである。

③株式投資——三原セメント株式会社の解散

堀内調右衛門は、各所に株式投資を行なっているが、とくに地域発展を目的とした株式投資が行なわれている。三原セメント株式会社の設立には、発起人として名を連ねていたことは先にも指摘したとおりである。この三原セメントは設立の計画がなされて約一年半で解散している。この点、三原セメント株式会社の解散の経緯を紹介していくことにしたい(19)。

三原には、海にセメントの原料としての粘土が多くあり、しかも労賃も安価ということで、明治三十年末に三原にセメント会社設立が計画された。設立に際し、資金調達において、一年四割の利益配当を与えることを宣伝文句として、株式を募集したのである。しかし、三原セメントが設立したものの、一八九八（明治三十一）年六月に社長八田三郎が辞任し、そのあとも取締役二人が辞任するなどの事業熱が覚めていく。こうしたなか、煉瓦購入や機械契約などの未払いが露呈し、経営の行き詰まりを見せることになる。かくして、調査委員会が組織され、一八九九年六月の三原において開催された臨時総会によって、セメント操業自体がなされないまま解散が決議されたのである。

わずか二年程度で三原セメントの設立から解散に至るなか、一つに用地購入、二つ目として煉瓦購入・販売において不始末が発覚する。

一つ目の用地購入は、三原セメントが設立するまえ、三原煉瓦製造会社を設立する計画がなされていた。この煉瓦製造会社設立に当たり、旧三原城跡地を購入したが、煉瓦製造会社の設立が中止になったのを受けて、三原セメントの敷地としたのである。ここで問題なのは、購入先と購入相手であるが、ともに三原セメントの発起人の中の同一人物であった点である。そして、買い取り価格は三〇〇〇円だったのが、三原セメントへの敷地販売価格は五八〇〇円と、一年程度で二八〇〇円もの値上げした価格で販売がなされている。

さらに、会社解散後に煉瓦の入札を行なったところ、発起人のなかで購入者が出ている。すなわち、解散を見越して煉瓦を購入し、さらにそれを自身を安価に入手しようとしたのである。このように、三原セメントの設立は、なかば解散を前提としながら株式投資の募集がなされ、敷地や煉瓦を会社を通じて売買したのである。かかる解散について、当時の中国新聞は以下のように述べている。

史料3　セメント会社瓦解の事に依つて証明せられんとは豈また驚歎すべきならずや、何故にこれを云ふ、抑もセメント会社は何種の人に依って組織せられ、経営されたるか、固より株式組織なるが故に必ずしも大資本家に限らず一地方の人のみに限られたるにはあらざれども、其の大部分の資本が三原人士の中この衝に立ちしものは、地方の資産家を以て目され名志を以て居り名誉職を担へるの人にして、取りも直さず土地の名誉と士人の品格とを代表すべきものたりしなり、然るに何事かこの重大なる責任者が殆んど揃ひも揃ひて悪計を巧ふし、単に自家の栄誉と地位とを失墜せしに止まらず、地方の大恐慌を来し百年逸すべからざる大頓挫を各人起業心の上に深く印象せしめたるの罪は必ずやこれを社会万衆の目前に弾ぜざるべからざるなり

三原セメントについて、堀内調右衛門の記載はまったく見ることはできない。その意味で、三原セメントの経営において、いかなる活動がなされたかわからないが、逆に記載されていないということは、少なくとも、この三原セメントの不始末に同調したわけではないことが判明する。このように、三原セメントの場合、堀内家にとって、株式投資をするものの経営参加までは至らず、結果として解散の憂き目を見るに至ったのである。堀内調右衛門の投資活動は必ずしも成功したものばかりではなかったのである。

④銀行業

銀行業については、堀内調右衛門自身が積極的に経営参加を行なっている。豊田銀行・西備銀行・大崎銀行などといった竹原・三原や芸予諸島一帯を対象とした地方銀行へは取締役などを勤めることで、積極的な取り組みが行なわれている。しかし、必ずしもうまくいったとはいえなかった。堀内家の家業経営において、もっとも大きなダメージを受けた、一九一六（大正五）年の西備銀行の破産について紹介しておこう。

この西備銀行は三原銀行を改組したもので、三原に本店を有するとともに、本郷や因島・瀬戸田などに支店を設け、三原を中心とした地方銀行の地位を有していた。この時期、竹原銀行・賀茂銀行・豊田銀行・大崎銀行の四行との合併も取りざたされていた。しかし、こうした噂も束の間、一九二五年一月二十五日に「帳簿整理の為め二月二十八日迄臨時休業す。一月二十五日」の貼紙を出し、突然閉店したのである。この閉店は本店のみならず、支店も含めたものであった。そして、とうとう一九一六年九月二十一日に破産申し立てがなされたのである。史料4を参照してみよう。(20)

史料4　愈々破産……西備銀行

昨年一月廿五日支払停止を発表して以来、破産申立を蒙り居れる御調郡三原町大字三原六一〇番地株式会社西備銀行は昨廿日当区裁判所に於て破産主任官判事前田幹雄氏立会の上破産管財人に篠原井筒両弁護士を定め、破産宣言に決定せられ、直ちに広島区裁判所執達吏をして、三原町の西備銀行本店を始め、御調郡田熊村因島支店、豊田郡瀬戸田町同支店、同郡本郷村同支店、賀茂郡東高屋村同支店、御調郡糸崎町同支店、及び同行重役同郡三原町檜崎亨道、同町河口弥次郎、豊田郡瀬戸田町堀内調右衛門、御調郡田熊村村上徳十郎、同郡三原町檜原松三郎、同郡中庄村宮地寿三郎、賀茂郡竹原町森川八郎、御調郡三原町定森逞等の動産に封印を施し、関係帳簿書類は一切区裁判所に引上げられたり、猶破産者西備銀行に対する総ての債権者の其債券は大正六年一月二十日迄に破産主任官に届出つ可しと

かくして、破産宣告がなされ、同時に重役であった八名の動産に封印がなされ、関係諸帳簿類は全て区裁判所に引き上げられたのである。

小括

本項では、堀内家における家業経営の展開と、その問題点を指摘してきた。堀内家の家業経営のなかでの問題点は、①経営自体にすでに問題を内包していたもの、②交通システムの変化や塩専売制の実施により担い手が変化することによるもの、の二つに大別することができるだろう。前者は、海運業の海難事故や土地集積に際する代人の不祥事によるものなどがそれに該当する。海難事故は、近世にも見られることであり、やむをえないことではあったが、度重なる海難事故が生じることは、大量の物資輸送を行なうに当たり、輸送手段として鉄道輸送という選択肢が新たに得られた近代の場合、海運業よりも鉄道輸送にシフトする契機となり、堀内家にとって必ずしも望ましい結果に至らなかったのである。土地集積においては、生口島島外では代人などに依託していたが、この代人の不祥事や小作人などとの事件が頻発したのである。

また、堀内調右衛門は、積極的に地域経済の進展を志向した株式投資や堀内家が伝統的に担っていた金融業への取り組みは、必ずしも成功したとはいえなかった。これら失敗の要因は、資金投下（あるいは土地集積）はするものの、経営の具体的な取り組みには十分に参加できなかったことに求められるだろう。原因は多様に考えられるが、一つの大きな理由は島嶼に住む堀内家にとって、状況把握が不充分で、また情報伝達に遅れをとった点があげられよう。要するに、堀内家にとって、「目が届かない」ことによる障害が結果としてこのような事態として表れたものといえるのである。

他方、後者については、塩専売制の実施により、製塩業・産地問屋ともに多額の利潤が期待できなくなっている。また、海運業においても、大阪商船が定期航路を決めたり、山陽鉄道の開通により輸送システムの変化のなか、個人経営として存在した住江丸は、その優位性を失っていったのである。

おわりに

一九二四（大正十三）年における「五十町歩以上ノ大地主」を参照すると、堀内調右衛門の名前は掲載されていない。(21)一九一九年の「広島県地主会正会員」の名簿を参照しても、堀内調右衛門の名前は記載されていない。一八九五（明治二十八）年の段階で九〇町歩を超える面積を有した土地は、失われたのであろう。参考に、一九二一年の瀬戸田町における「本市町村住民ノ他市町村ニ有スル土地」の面積は五町一反三畝である。(22)すべてが堀内調右衛門の土地であったとしても、土地所有面積が縮小していることがわかるだろう。一九一六年における西備銀行の破産は、堀内家の家産に大きな影響を与えたのである。

一九一一年十二月、第一回島嶼会大会が大崎島木の江港において開催された。そこでは、広島県島嶼同盟会規約が協定されるが、その協定事項は、汽船による沿岸交通の配備、港湾新築の支援、島嶼郵便の速達など、近代的交通体系の整備が多く盛りこまれている。島嶼における交通体系の整備が急務の課題となったのである。これにより、島嶼の特性が失われ、孤立化しつつある姿を見ることができる。一九一二年、第二回目の島嶼会の開催が瀬戸田で行なわれていることからも、生口島も同様な問題を抱えていたといえるだろう。

堀内調右衛門のように巨大な資産を有し、三原セメントの発起人に名を連ねるなど生口島の地域経済を基礎に据えながら、積極的に地域経済の進展に寄与しながらも、結果として失敗するのは、投資活動をしながらも、結局具体的な経営参加がなされなかったことに大きな要因があるといえる。このことは、西備銀行や大崎銀行においても同様である。取締役を勤めながらも、情報が遅れがちという島嶼の要素は、この時期、堀内家の経営参加に必ずしもいい結果を生まなかったのである。

この後、生口島において、堀内家のような広範囲な交易圏としながら経済活動を推進する人物は見られなくなる。生口島自体を経済圏として、地域経済の発展へと質的変容を見せていく。また、地域を支える担い手は、経済・文化・行政など諸側面を担う名望家ではなくなった。この後、地域を支える担い手は、二つの方向から展開されたといえるだろう。一つは、政治化される姿である。県会や帝国議会へ積極的に参加することによって、地域へ利益を誘導していく姿である。もう一つは篤農家によって表れる。生口島では柑橘業が重要な産業となるが、明治期に五果園などを設置し、柑橘栽培の普及に尽力した能勢七郎は、篤農家として、その後高く評価されるのである。(23)

註

(1) 西村晃「幕末における広島藩と薩摩藩の交易について」(『広島市公文書館紀要』九、一九八六年)
(2) 拙稿「『薩摩藩蒸気船砲撃一件』に見る薩摩藩と長州藩」(『明治維新史学会会報』第三五号、一九九九年十月)
(3) 拙稿「『竹島渡海一件』について」(『中央史学』二四、二〇〇一年三月)
(4) 拙稿「幕末期広島藩藩札と大坂商人――嘉永五年の改印札発行を中心として」(藤野保編『近世国家の成立・展開と近代』、一九九八年)、渡辺則文・土井作治「芸藩諸藩の藩札発行・通用に関する考察」(日本銀行金融研究所編『日本銀行金融研究所委託研究報告』№二、一九八七年)
(5) 拙稿「十州休浜同盟の展開と芸備塩田――『生口浜増稼一件』を素材として」(『ヒストリア』一二〇号、二〇〇〇年五月)
(6) 谷本雅之「日本における地域工業化と投資活動――企業勃興期：地方資産家の行動をめぐって」『社会経済史学』六四―一、一九九八年)

（7）山中永之佑『近代日本の地方制度と名望家』（弘文堂、一九九〇年）、丑木幸男『地方名望家の成長』（柏書房、二〇〇〇年）など
（8）「北生口村・西生口村果樹栽培現況」（『瀬戸田町史　資料編』一九九七年）
（9）「瀬戸田地方の近況」（「芸備日々新聞」大正七年八月十一日）
（10）「日本帝国港湾統計」参照
（11）有元正雄「瀬戸内島嶼部における資産形成の一事例」（『内海文化研究紀要』第七号、一九七九年）
（12）「瀬戸田の一日」（明治四十五年四月十八日「中国新聞」）
（13）「瀬戸内島嶼部における資産形成の一事例」（『内海文化研究紀要』第七号、一九七九年）
（14）広島県教育委員会編『塩の民俗資料緊急調査報告書』一九七四年）
（15）後藤陽一編『瀬戸内海地域の史的展開』（一九七八年）、後に『近代瀬戸内塩業史研究』（一九九二年、清文堂、所収）
（16）瀬戸田町史編纂室蔵堀内家文書、本文においてとくに注記のないものは、同文書による。
（17）明治三十九年四月二十八日「商業登記公告」（「中国新聞」）
（18）中村尚史「明治期における鉄道敷設と物流構造」（『社会科学論集』第九九・一〇〇合併号、二〇〇〇年）
（19）「三原セメント会社の不始末」（一）〜（一三）（『中国新聞』明治三十三年三月四日から三月二十日）
（20）大正五年九月二十一日「中国新聞」
（21）渋谷隆一編『都道府県別資産家地主総覧（広島編）』（日本図書センター、一九九八年）
（22）「大正十年度資力調」『豊田郡誌』（一九七二年、名著出版）
（23）大正五年十一月の「副業功労者」（「芸備日々新聞」）に、明治十五年ごろから果樹栽培について各地を視察し、島嶼に適することを確信し、その育成に尽力した能勢七郎が紹介されている。

大正デモクラシー期の島嶼振興運動——融解する島々

片岡　智

はじめに

ここに一篇の詩がある。作者は広島県豊田郡西生口小学校に通う尋常四年生の児童である。(1)

遠い所でいふことが
この生口島でわかるのだ
東京・横浜ですることが
青森の方へも知れて行く
ほんとに便利のよいラヂオ

この詩の余白には、透明なインクで記述された北海道・沖縄さらには植民地が配されていることであろうが、とりあえずつぎの二点を指摘することに留めておこう。第一に、ラジオという媒体によって列島内部の時間・空間が凝縮され、単一・均質な国民国家が産出されたことに対する、子どもの素直な驚きが表現されていること、そして第二に、列島内部の地政学的配置が周到に想い描かれていることである。(2) 自分の居所を、西生口村という行政村ではなく、この村が帰属する生口島という島嶼に代理させている。そして、生口島・青森それぞれに島嶼・東北を代理表象させ、両者は同じカテゴリーにくくられて、僻遠の地として大都会東京・横浜に対置させられている。島嶼には僻地という地政学的配置が与えられているわけである。

地域の自画像は、大都会に対する僻地というように、他者を媒介として表象される。それは、主体を放逐された、均質な国民国家の陰画とは限らない。地域個性の承認を求める陽画としての自画像もあろう。近年の地域研究は、西南日本に対置され異域と結合した東北、表日本に対置された裏日本、といった否定的に規定された地政学的配置について検討してきた。それとともに、それらの地域が北東アジア圏や環日本海地域に投錨することで、国民国家を越える志向性をはらんでいた、ということも明らかにしている。(3)

瀬戸内島嶼も国民国家や僻地一般に回収されない、それ独自の課題を背負い込んだ地政学的配置にあった。本稿では広島県下の島嶼振興運動を素材に、本土を媒介に表象された島嶼像を、二重の一体化と分裂——本土との関係、島嶼同士の関係における——という地政学的配置の変転を通して描き出してみたい。

一、広島県島嶼会の動向

1　島嶼会の誕生

広島県では一九一一（明治四十四）年に島嶼会なるものが結成された。この組織の結成については、豊田郡島嶼の主導性が認められる。発起人は、瀬戸田町長・東生口村長（以上生口島）・大崎南村長・東野村長（以上大崎上島）・久友村長（大崎下島）の五町村長で、いずれも豊田郡内の島嶼部であった。(4) これ以前、豊田郡町村長会同において、久友村村長高橋一雄は、「島嶼会ヲ設ケ島方ノ発展ヲ謀ル事申合ス事」と、島嶼会結成について打診しようと試みていたことがわかる。(5) 高橋は豊田郡役所学務主任・豊田高等小学校校長を経て県属となり、一九〇三（明治三十六）年に故郷久友村に乞われて村長となり、以来六期二三年間奉職した。当時の新聞には、彼の功績として、「島嶼会を作り島嶼部の啓発に努力」したことが特記されている。(6) 高橋こそ島嶼会結成のキーパーソンであった。

なぜ、高橋は島嶼会の結成を思い至ったのであろうか。村長就任間もない一九〇四年、久友村住民に対して「汽船ノ通路ヲ開ク事ニ付、有志ノ者出張方等協議」を謀っている。(7) その後、一九一三（大正二）年に東野町（大崎上島）・豊浜村（豊島）・鷺浦村（鷺島）と交渉し、各島を経て尾道へ巡航する発動機船を就航させるため、その補助金分担の協定まで漕ぎつけたが、これは計画倒れに終わった。しかしついに、一九一四年には汽船十一丸の株式を買い入れて尾道への航路を開いた。さらに一九一七年には汽船十一丸を買い取るに至るが、結局汽船会社の競争が激しく撤退することになった。(8) 彼の汽船就航への執着のほどがうかがえよう。高橋にとって、島嶼部交通の利便性を図ることが、島嶼会結成の動機であったと思われる。

利便性の問題をはじめとする島嶼部に対する振興策の遅れは、本土と島嶼部の格差、あらゆる面での島嶼部の停滞性の要因として理解されている。島嶼会第三回総会開会の挨拶で高橋は、「嗚呼、吾が島嶼十五万の民衆も亦斉しく同一県民にして同一義務を負ふものなり、県治の上に於ては其間素より不公平・不均衡の事あるべからざるなり」と述べており、島嶼会の要求はこの不公平・不均衡是正が最大の課題であった。(9)

このことに関連して、島嶼会の活動に注目していたジャーナリスト前田三遊もつぎのように述べている。(10)

同一なる政府の下に生存する国民の中にも幸不幸の分るゝものは極めて多し。即ち各個人の有する学識・才能・健康・財産等は、決して同一平等なること能はざるものなり。然れども是等の多くは各個人の努力如何に依りては、向上発展せしむることを得べき場合無きにしもあらざるも、自然の与ふる障碍は、容易に除去すること能はざるものあり。土地の地理的関係の如き其第一なり。（中略）殊に本県の如き瀬戸内海の多島海を其区域内に含有せる地歩にありては、必ずや海辺及び島嶼を閑却すること能はざるなり。然るに本県に在りては、此特別的事情を有するに拘らず、尚島嶼なき他府県と同様なる行政方針を採り来りたるが如きは、実に遺憾千万と謂はざるべからざる也。

自然的条件の差異を勘案して、振興策に機会均等の考え方が必要であるとして、広島県行政の在り方を批判している。ただし、自然的条件という差異がどのように不公平・不均衡という格差をもたらすのか、その実態が不分明である限り島嶼振興の正当性を説得的に主張することは難しいとして、具体的調査と研究者の援助が必要であるとしている。(11) 島嶼部の地政学的配置を科学的に検討するということであれ、不公平・不均衡是正や機会均等といった貸借対照表の作成は、本土に対置された島嶼部を自明とする二分法的な問題構制であったことに変わりはない。

しかし、島嶼会の主張は、不公平・不均衡是正といった問題のみに集約されていたわけではなかった。当初、島嶼会が目指したものは何であったのか。豊田郡島嶼で島嶼会準備会が産声を上げたときには、「陸地と島嶼との利害一致せざる為め、各島嶼連合して一郡を組織し、行政上陸地より独立せむ計画にて、其方法及び利害関係を協議せむ」という理念が掲げられていた。(12)

本土と島嶼部を対置させつつ、差異を差異として承認する島嶼部独立行政区論が提唱されている。本土からの分離・独立によって自らを異化することで、島嶼部のアイデンティティを確保しようとしている。その後、このような議論は、島嶼会の協議項目からは消えているものの、隠然たる要求としてくすぶり続けていたと思われる。広島県会で島嶼振興の姿勢を問われた山県知事は、「島嶼ヲ合併シテ一郡役所ヲ造ツタラドウカト云フ御説モアリマシテ、能美島ヤラ厳島ヤラ大崎島ヤラ因島ヤラガ一郡デハ却テ不便デハナイカト思フノデアリマス」と答弁していることからも知れよう。(13) しかし、一九二六（大正十五）年の郡制廃止により、このような議論の余地は消え失せたものと思われる。

また、島嶼会幹事となっていた高橋一雄は、第四回総会に際してつぎのような協議事項を提案している。(14)

一瀬戸内海ノ風色誌ヲ編シ勝景ノ写真等ヲ挿ム如何
一島嶼雑誌月刊ヲ発行シテハ如何
一島々ノ汽船時間等日々新聞紙ニ掲クルカ、又ハ島嶼公報ヲ発行シテハ如何

これらは実際に大会に提出されて議論されており、さまざまな形で島嶼部の社会的認知を得ることを、島嶼会の活動として提起している。高橋自身、「村長（注—高橋）熱心なる島嶼部の紹介者であり又改良者である。『広島県下島嶼』の著者は此人である」と、島嶼部を紹介する小冊子を著しているように、島嶼会における高橋の主導性がここでも確認できる。(15)

さらに、彼は広島県下の島嶼部のみならず、瀬戸内海の島嶼を糾合する組織の結成という大志も抱いていた。第七～一〇回総会の協議事項において、瀬戸内海有志大会開催を掲げている。この瀬戸内海島嶼連合構想に対して、いくつかの反響が寄せられている。香川県選出代議士小西和は、積極的に支持を表明している。(16)

芸予海峡と安芸灘に碁布せる広島県の島嶼の有志が、島嶼大会なるものを開いて、共同一致能ふ限り、母陸の口絆を脱すると共に、島嶼の発達を計らうとの議を決し、兼ねて相互の親睦を期したのは実に要領を得て居る。これは蓋し内海方面の全般に向つて、結合の必要を促す暁鐘であらう。

広島県島嶼会が他県では見られない稀有な組織であったことがわかり、この組織が瀬戸内海島嶼部をまとめあげる組織へと発展することを期待している。さきの前田三遊も持論に引きつけつつ、つぎのような主張をおこなっている。(17)

瀬戸内海有志大会を開催すべき提案があつて、而もそれが満場一致で決議されました。この大会は、直ちにそれが、瀬戸内海共同設営を目的としてのものではありますまいが、どうしても夫れを其目的の一つとすべきものでありませう。

前田はかねてより、行政区を越えて瀬戸内海一帯の観光地化を目指す「瀬戸内海共同設営」論を唱えており、瀬戸内海島嶼連合構想をその布石としてとらえている。小西も国政レベルで瀬戸内海の国立公園化をライフワークとしており、両者は共通する方向性を持っていた。島嶼振興は沿海部を含む瀬戸内海全体の振興なくしては果たせないということである。彼らは島嶼部だけに目を向けていたわけではなく、その意味では島嶼部は本土と一体化すべきものと考えていた。この点で、独立行政区論を唱えていた島嶼会との温度差が認められよう。

島嶼会の始動期における理念は、公平性・機会均等の観念を媒介に生み出されたものであり、本土の陰画として島は発見された。そして、本土に対する異化志向を促し、島の個性が求められて、島固有の資源・価値の発見と行政的独立が提起された。すなわち主体の奪還——本土に対する陰画から陽画へ——が目指されたといえよう。しかし、そのような企図は、しだいに後景に退いていった。

2　島嶼会の変質

島嶼会は始動期の理念と活動の方向性を次第に見失い始めた。表1は島嶼会総会の開催形態を一覧にしたものである。ここから読み取れることを順次指摘しておきたい。

表1　島嶼会開催一覧

開催年月	通算回数	開催地	参加人数
1911・3	1	大崎上島・東野村	67
1912・4	2	生口島・瀬戸田町	54
1913・5	3	倉橋島・音戸町	100余
1914・12	4	因島・土生町	74
1915・9	5	厳島・厳島町	
1916・5	6	大崎下島・御手洗町	90余
1917・5	7	江田島・江田島村	40余
1918・12	8	向島・向島西村	80余
1920・6	9	田島・田島村	
1921・6	10	厳島・厳島町	
1923・8	11	広島市・陳列館	40
1925・7	12	広島市・陳列館	
1926・10	13	広島市・陳列館	
1931・8	15	広島市・県庁	
1932・9	16	広島市・県会議事堂	50余
1934・10	18	広島市・県会議室	50余
1935・7	19	広島市・県庁	48
1936・9	?	広島市・県会議事堂	43
1937・6	22	広島市・県会議事堂	
1938・9	23	広島市・県会議事堂	46
1942・11	?	広島市・県会議事堂	

「芸備日日新聞」、「中国新聞」、1916年『特別記録』（豊町教育委員会所蔵）より作成。

開催地は各島嶼町村の持ち回りとなっていた。ところが、第一一回総会以降は広島市に所在する陳列館からさらに県庁・県会議事堂へと変わっている。次章と関連してくる問題であるが、島嶼会が陳情団体化して県会との関係を深めていたことを意味する。

開催地の移動にともない、参加人数が減少している。島嶼部全町村数は四八ケ町村であり、第一一回総会以降は、町村長及び島嶼選出議員の参加で占められる状況となっていたことがわかる。それ以前には、総会に町村長だけでなく有志者の参加が見受けられた。第一回総会の前には、「町村代表者二名、若しくは三名其他の有志者をも参列せしむ」と呼びかけられていた。[18] 幹事長の通知においても、「御部内有志ノ方々モ多数御参会相成候様特ニ御配意被下度」と、有志者への参加勧誘について念を押している。[19] ところが、第一五回総会の報道記事によれば、「広島県下の島嶼部町村長および島嶼部選出県会議員をもつて組織する広島県島嶼会」と明記されるようになっている。[20] つまり、開催地の移動は有志者の締め出しとなっていた。では、有志者からの要求はどのように総会に反映されたのであろうか。

豊田郡大崎下島では、一九一八（大正七）年に高橋一雄が豊田郡町村長会同において大崎下島有志大会開催を提案しており、これ以降その開催が確認できる。[21] 島嶼会総会からの有志者の締め出しにともない、この大崎下島有志大会が有志者の要求集約・合意形成の受け皿として機能していった。たとえば、「近く県道問題に就て県下島嶼会を開く予定となつたので、その下相談として特に時期を早めて本会を開催」しており、通常は大崎下島における要求集約の場であったものの、議題によっては島嶼会総会に合わせて開催されることもあった。[22] 個別島嶼における有志大会は、不定期ではあるが生口島八ケ町村でも開催されていたが、島嶼会との関係は不詳である。[23] 県会議員選挙の銓衡会を除いて、その他の島嶼では有志大会は確認できないので、基本的に有志者による島嶼会への要望は締め出されていたものといえよう。

島嶼会組織の人的構成にも変化がうかがえる。幹事長には高橋一雄が就任し、島嶼部を六支部に分けて各一名の幹事がいた。幹事長・幹事ともに町村長であった。ところが、第八回総会で会長職の設置が検討され、翌年に高橋一雄が幹事長と兼務で就任している。一時、厳島町長で県会議員も歴任した岸本斐文が就任しているが、しきりに辞任を申し出ている。その後の経緯は不詳であるが、第一三回総会では高橋一雄は久友村長を辞任しているので、島嶼会からも手を引くことになり、高橋の影響力はなくなった。多分、高橋の引退で幹事長職はなくなり、会長職に一本化されたものと思われる。そして、少なくとも第一六回総会で、会長に元県会議長の政友会望月乙也、副会長に県会議員の民政党吉原源一郎が就任しており、以後望月が会長職にあったようである。島嶼会は県会との人脈を強めていったものと考えられる。ただし、その要因が、たんに高橋の引退によるものか、普選状況による政治熱の到来によるものか、にわかに判断はつきかねる。その点について、島嶼会総会における要求内容をとおして検討してみたい。

高橋一雄の島嶼会からの引退は、島嶼会の変質を加速化させたが、それ以前から徐々にではあるが、島嶼会の組織的分裂と県会との関係強化という政治志向が進行しつつあった。島嶼会総会における協議事項をまとめたのが表2である。ここからも島嶼会の変質を読み取ることができる。

第八回総会において、「兎もすれば島嶼会の同盟より脱退せんとするが如き軽薄の態度ある島嶼住民」に対して指弾する発言がおこなわれている。(24) この総会後の幹事会には、これまで豊田郡支部から二名参加していた幹事が一名しか参加しておらず、安芸郡支部からの参加もみられない。そして、県会議員を島嶼部から五ないし七名を選出することを目標として掲げる提案もなされている。組織的な動揺と同時に政治志向を垣間見ることができる。(25) ついに、第一一回総会では脱会島嶼に対する非難決議が採択されている。この総会前の案内には、つぎのように自らをマイノリティーとして位置づける言説が援用されている。(26)

本年度の島嶼会に於て岸本会長・高橋幹事長等相図り、交通の不便から来る島嶼部の改革は勿論、差別撤廃と島嶼解放の為め島嶼部四十八ケ町村の十五万人に檄を飛ばして、之が因習を打破すべく三十日第一烽火を広島市商品陳列場に於て挙ぐることに決定した。

メディアによる誇張はあろうが、「差別撤廃」、「島嶼解放」、「因習を打破」といった、当時の部落解放運動に多用された修辞によって、島嶼振興運動が表現されている。第一三回総会では、「文明に遅れる島民を救へ」という見出しを付して報道され、決議文では「本土より公課の多くを納付せるにも拘はらず平等なる文明の恩沢に浴し得ざるは頗る遺憾」と表明しているように、文明と対置されて島嶼部が表象されている。(27) 島嶼部を本土に対するマイノリティーであるという自意識をあおり、島嶼部の結集を図らねばならないような事態に陥っていたことを示唆している。このこ

表2　島嶼会提案一覧

通算回数	提　案　項　目	提　案　主　体
1	沿岸交通利便化、港湾施設新築修築補助 水産業発展保護、耕作船免税、耕作荷車免税 里道改修補助	全会
2	汽船県費補助、島嶼部発展の特別調査・指導 浚渫船県費新造、汽船航路県費補助 大会への県官臨席、島嶼部出身代議士・県会議員大会参加、同盟会費一戸一銭徴収	全会
3	沿海部町村との共闘、電信電話増設、功労者顕彰、柑橘試験場設置	全会
4	沿海部町村との共闘、島嶼部紹介小冊子発行 殖産関係調査委員設置、新聞社特約汽船時刻表掲載、名士招聘講演依頼	全会
5	沿海部町村との共闘、外国航路船員の在郷軍人会簡閲点呼免除、因島船渠職工県税免除	全会
6	島嶼部事業調査、特産物海外輸出品保護奨励 島嶼部海外紹介	全会
7	瀬戸内海有志大会開催、職工学校設置、大工場職工税徴収、汽船税減税、県費対象外道路改修手続き簡素化、島嶼部・広島間汽船確実運航設備	全会、因島土生町、下蒲刈島村
8	瀬戸内海有志大会開催、島嶼交通船設置 職工学校設置、小型浚渫船新造、要港航路汽船・発動機船会社大合併、会長職設置	全会
9	瀬戸内海有志大会開催、島嶼遊覧船設置 島嶼地図作製、県庁・郡庁関係業務状況調査	全会
10	瀬戸内海有志大会開催、汽船・発動機船競争抑止、汽船・発動機船営業者県費補助、町村道県道編入、漁業奨励金県費交付	全会
11	汽船・発動機船営業許可制制定、島嶼関係雑誌発行、漁業講習会開催、島嶼会脱会抑止 園芸技師配置	全会

12	島嶼交通機関完備、小型浚渫船新造、郵便速達県費補助、郡役所廃止後島嶼部受持ち巡視官・学視特設、柑橘栽培見習制度制定	全会、大崎下島御手洗町・大長村
13	電話未設置架設促進、郵便速達、県道認定規定幅員一間半以上に改正、園芸学校設置、園芸技師配置、満鮮地方柑橘販路拡張県費補助	?
15	土木関係16件、勧業関係7件、汽船関係3件、課税関係1件、教育関係4件、瀬戸内海国立公園指定促進1件	倉橋島音戸町・倉橋島村、上・下蒲刈島村、大崎上島木江町、因島土生町
16	土木関係16件、汽船渡船関係2件、勧業関係8件、課税関係4件、教育関係1件	?
?	土木関係2件、汽船渡船関係2件、勧業関係3件、課税関係3件	因島、高根島村、生口島、大崎上・下島
19	土木関係6件、勧業関係8件、汽船渡船関係2件、課税関係2件、免税燃料事務1件	江田島村、因島、高根島村、大崎上島中野村、県会議員
?	土木関係8件、勧業関係11件、汽船渡船関係4件、課税関係1件、衛生関係4件、教育関係1件、免税燃料事務1件	因島、大崎上・下島、生口島、江田島村、高根島村、能美島中村
22	土木関係9件、汽船渡船関係2件、課税関係1件、勧業関係1件、衛生関係2件、免税燃料事務1件、航路標識関係1件、通信機関整備1件、照明等施設関係1件、保安関係1件	因島、江田島村、南生口村、走島村
23	土木関係4件、勧業関係2件、課税関係2件、通信関係1件、航運業関係1件	因島、江田島村、大崎上島東野村・中野村、倉橋島音戸町
?	土木関係3件、汽船渡船関係4件、課税関係1件、配給関係4件、船舶関係2件、風水害復興工事	全会、大崎下島、生口島向島、因島、倉橋島村

「芸備日日新聞」、「中国新聞」より作成。

とは、総会開催状況からもうかがうことができる。第八回総会まで毎年開催されていたが、第九回～一五回総会は隔年開催という状況となっており、組織的動揺の証左といえるであろう。

さらに協議項目の傾向をみると、第一五回総会から要求項目が大幅に増加している。その内容たるや、インフラ整備や産業・教育振興に関するものである。もはやここには、島嶼会の始動期の主張はみる影すらない。すでに、このような事態に対して危惧が表明されていた。(28)

島嶼には島嶼としての特別な問題が多い。それは其特別な事情から来る必然的結果なのである。島嶼大会の主として考へねばならぬ所は其点にあらうと思ふ。然も従来その大会に提出された問題の中には随分一般的なものがあつた。若し夫が為に不覚と無謀とを以て島嶼が先走るならば却つて益々島嶼に特別な問題が閑却される道理である。そこで島嶼は必らず夫れ自から脱線してはならぬ。

島嶼部の抱える独自の課題が等閑視されてしまうならば、一般的な問題、すなわち本土でも同様に要求されるであろう問題に回収されてしまい、逆に島嶼振興は失敗に終わると警鐘を鳴らしている。島嶼の本土に対する、同化／異化戦略は転換点に立たされていたわけである。

それとともに、少なくとも第一二回総会までにみられた全会一致による決議項目が消え、個別島嶼町村が要求項目の提案主体となっている。組織的な分裂とともに、要求主体の分裂という事態に陥っている。実質的には、島嶼会は烏合の衆と化している。辛うじて、政治志向によって県会とのパイプを持つことで島嶼としてのまとまりを維持していたといえよう。

島嶼会は、公平性・機会均等の観念を媒介に認識された本土との格差を埋めるべく、本土並の施設要求を個別に噴出させてゆくことになる。これは島嶼会から有志者が排除され、政・官によって運動が囲い込まれてゆく過程に符合している。島嶼振興運動の新たな統一化は、本土への同化志向によって果たされることになった。それは、集票に奔走する県会議員による利益誘導の軌道に乗せられてゆく、政治志向への変質であった。

二、広島県政と島嶼問題

1　島嶼部における政治的陣地戦

島嶼振興運動は、どのようにして政治的志向性を帯びていったのであろうか。二大政党による地域掌握は、島嶼部においても無縁ではあり得なかった。メディアによるものであり、どこまで事実を証しているかわからないが、つぎのような報道がおこなわれていた(29)。

御調郡島嶼部の各町村長及有志は二十七日午後郡衙楼上に会合し、表面本年の島嶼大会集会場所協定を装ふも、其実来るべき県会議員候補者推薦の事に関して協議する所あり。

これは政友会系の中国新聞の報道であり、県会議員候補者を推薦しているということは事実かどうか別にして、島嶼会が憲政会系であるといわんばかりの認識を示している。確かにこれまでにも、島嶼部から議員を選出しようという意志表明は見られたが、どの党派であるかということは不問にされていた。御調郡の場合、向島の吉原一夫・吉原源一郎がともに一九一九（大正八）年には島嶼会幹事に名を連ねているが、県会議員選挙に際して、各々中立・政友会を標榜している。また、島嶼会会長に一時就任した岸本斐夫は、佐伯郡における政友会の長老的存在であった。島嶼会が憲政会のフロント組織であったという確証はない。

豊田郡では、一九二三（大正十二）年に郡部としては初めて憲政会広島県支部の分会が結成されている。会長には生口島瀬戸田町医師太黒玄一が、副会長には大崎下島御手洗町医師藤林政五郎が就任している。豊田郡分会では、地域に即した政策大綱を決議（乙号）として三項目掲げていた。地方課税の公平性と負担軽減を党是として掲げている一方、政友会が展開していた呉―三原間の鉄道敷設要求に対抗して、インフラ整備など積極財政も提起している。幹部が島嶼部出身者であることもさることながら、興味深いのは、「島嶼の開発をなし其発展を期す」という一項が決議されていることである。(30)

豊田郡においては、大崎上島が政友会代議士望月圭介の地盤であり、生口島が憲政会の地盤という具合に、島嶼ごとに地盤の確保を目指す陣地戦が先鋭化していた。島嶼部が両派の磐石であり、島嶼振興は政策課題として重視されていたわけである。

それを証するかのように、メディアが政治的陣地戦の代理を買って出ていた。大崎下島御手洗町に島嶼部最初の芸備日日新聞支局が一九二三年に開設された。そのときに、高橋一雄が祝辞を送っている。(31)

県当局に対する島嶼民の覚醒より、島嶼大会の経過、及び芸備紙が如何に既往島嶼に対する甚大な援助をして居るかを謝し、而もそれが今度支局を此島に設置せらるゝに至りし事は、ひとり此島のみに止まらず、島嶼部全体のために衷心より感謝と慶賀に堪へない。

リップサービスを差し引いてみても、たしかに、芸備日日新聞は島嶼会の活動を大きく取り上げており、島嶼大会特集号を発行するなど、主筆であった前田三遊がかなり梃入れしていた。憲政会系であった芸備日日新聞支局が生まれるやいなや、その半年後に隣村大長村に政友会系の中国新聞支局が開設され、大崎下島では、「外国の刺激からでもあらうか開闢以来未だ嘗つて一度も開かれなかつた政談演説会が三ケ所も開かれる」という状況となっている。(32)　生口

表3　島嶼部選出議員数

改選	佐伯郡	安芸郡	豊田郡	御調郡	合計
1911年	2(政2)/3	1(非政1)/4	1(非政1)/4	1(非政1)/3	5(政2非政3)/14
	−	−	−	−	−
1915	1(政1)/3	0/4	2(政1憲1)/4	1(他1)/3	4(政2憲2他1)/14
	34.3	46.6	37.3	40.8	39.4
1919	1(政1)/3	0/4	1(政1)/3	1(政1)/3	3(政3)/13
	34.6	46.2	36.3	40.8	39.1
1923	1(憲1)/3	2(憲1他1)/4	2(政2)/3	2(政2)/3	7(政4憲2他1)/13
	44.4	73.9	62.3	55.8	59.1
1927	1(民1)/3	3(民1他2)/4	1(政1)/3	1(民1)/3	6(政1民3他2)/13
	34.8	77.4	68.3	61.6	58.7
1931	1(民1)/3	1(民1)/3	2(政2)/3	2(政1民1)/3	6(政3民3)/12
	44.0	105.3※	70.7	61.8	67.8

「芸備日日新聞」、「中国新聞」、「広島県市町村資力調」より作成。（上段）島嶼選出議員数／定数（下段）対本土島嶼有権者比率（%）を示す。※は市町村合併の結果による。略称は以下の通り。
（政）政友会（憲）憲政会（民）民政党（他）中立・その他（非政）非政友会。

島でも同年に瀬戸田町に中国新聞支局が開設されており、憲政会の地盤への食い込みが図られている。このように、豊田郡で顕著に見受けられたように、島嶼部も既成政党の競合に巻き込まれてゆくことになった。

選挙制度改正によって島嶼部も大衆社会状況に巻き込まれていった。二度にわたる選挙制度改正で、島嶼部の有権者数は飛躍的に増加した。[33] 表3は県会議員数と対本土有権者数比率を示したものであるが、制限選挙改正で一九二一（大正十）年、続いて普選で一九二七（昭和二）年には、本土選出議員とほぼ同数の島嶼選出議員を輩出するようになっている。しかし、島嶼選出議員の増加は、島嶼部の代言者の増加を意味するものと即断できない。

佐伯郡能美島の場合、一九一九年県会議員選挙に際して地元出身候補者は公認候補者協定会で落され、「毎回地方候補者の戦地となり、一千五百の投票は徒に地方の候補者の為めにするは遺憾」というように、本土候補者の票田として島が蹂躙されるという苦渋をなめている。[34] 制限選挙改正後の一九二三年県会議員選挙では、政友会・憲政会双方が立候補を表明し、「二兎と追ふて一兎を得ずに至つては島の為めにもならぬとて全島九ケ村より各村長・農会長・有志の合計二十七名は十六日中村原神官宅に会合し調停を試みる」こととなったが、失敗に終わって二名とも出馬するに至っている。[35] これまでの状況とは打って変わって、島嶼部は調停を無視した党派間の陣地戦に巻き込まれるようになった。能美島としての統一候補の模索の努力も、普選期になるとさらに困難となり、「島嶼部も民・政両派入り乱れての混戦地と化す可く、従つて両派共島嶼部のみでの投票数では当選不能に陥つたので、沿海部方面に対して激烈な運動を開始」しなければならない状況となっている。[36]

安芸郡では、普選前までは至って平穏であったが、「平素は政治談なぞ夢にもない静寂そのものゝ様な純農漁村部落の安芸郡上下蒲刈島も昨今は同郡県議選の中心地」となっており、本土選出議員の票田として重視されるようになっている。[37] 佐伯郡・安芸郡ともに、島嶼選出議員は本土への進出が、本土選出議員は島嶼への侵入が不可避な状況となった。

豊田郡では、「望月氏は普選となつては上下大崎島を地盤として他町村には一足を踏み入れずとも当選が出来る」と、島嶼有権者のみで当選確実な島嶼も存在するようになった。しかし、生口島では、「橋岡氏は生口島全島を地盤として沿岸部中部に蚕食せねば当選困難であり、（中略）黒川・橋岡両氏が中部・沿岸部において鎬を削るのであつたが、その間にデリケートの空気が橋岡氏の断念をよぎなくせしめた」という結果になっている。[38] 橋岡は、地盤が固められている大崎上下島には進出できず、本土への進出を余儀なくされている。

このように、本土—島嶼の政治的境界は打ち破られた。県会議員の本土—島嶼の相互乗り入れという普選状況下、果たして島嶼を代言・表象することは可能だったのだろうか。

2 「島嶼」の終焉

島嶼部の政治的志向性を検討するまえに、普選前後の島嶼部の社会状況を簡単にみておこう。まず、島嶼部に限られないが、公平性・機会均等を要求する根拠が与えられるという、新たな時期を迎えている。つまり市部・郡部の財政配分の公平性を求めた、三部経済制が廃止されつつあるという状況下にあった(39)。

また、個別島嶼において偏差はあるものの、一戸当たりの生産額について島嶼を擁する郡部本土と比較すると、一九〇八（明治四一）年八八・〇％、一八（大正七）年一一七・四％、二八（昭和三）年八一・三％という状況である(40)。大戦景気で本土を上回る時期もあり、おおむね八割台の生産力水準ということで、市部予備軍の町を除外すればなんら遜色のない水準に達していたといえるであろう。戦間期の反動恐慌を経験したものの、メディアなどで盛んに使われていた、「黄金島」という言説がこの間の状況をよく示していよう。そもそも島嶼は「黄金」に無縁な存在である、という前提のもとで生み出された言説である。経済的指標にのみ還元された修辞法であり、本土との政治的・社会的差異や格差は無化されてしまっている。また、つぎのような記事も島嶼を語る修辞法の一つである(41)。

島の施設、島の教育、島の産業、島の人物、島の人心など眼のあいた人達には今更こと新しく書き立てるまでも云ふはやすまでもなく百も合点二百も御承知だが、海さへ見たことのない山奥の人達に昔ながらの蒙を開くためと云ふよりも、この素晴しい発展を知らせて雪や氷に閉ぢこめられ徒らに酒でもあふりながら炬燵や炉辺にふざけた日暮しを続けてゐるものどもに刺激を与へ発奮躍起さすのも年頭の徒事でもあるまい。（中略）かくて子供が泣いたら「島へ流す」と蔑視されておつた島々は今や万人羨望の的になつて島にあこがれるに至つた。

山間部地域の住民を揶揄する体裁を採って、施設・人物などをとおして島嶼部の目覚しい発展振りを紹介している。ここで注意を促しておきたいのは、山間部と対置されて島嶼部が語られるという構成をとっていて、けっして本土一般との対比ではないということである。冒頭で紹介した詩と同様、島嶼は僻地一般へと回収され、島嶼なるものは依然として不可知な存在であり続けた。ともかく、島嶼部は公平性・機会均等を主張し得る自信を獲得している。

このような社会状況を前提に、島嶼選出議員の県会における発言をとおしてその島嶼認識をみておこう。制限選挙改正後から一般質問において島嶼振興に関する発言が目立ってくる。浜井照人議員（能美島・憲政会）は、県立学校三五校余りのうち島嶼部に一校設置あるのみで、人口比率一〇分の一に対して県道延長比率は二、三〇分の一という施設設置状況を示したうえで、「吾々ハ所謂島人ト雖モ亦同ジク陛下ノ赤子デアル、同ジク長官ノ下ニ生活致シテ居ル県民デアル」と、公平性の主張を「一視同仁」的に根拠づけて発言している。(42)

さらに浜井は、「戸数割ガ本年ヨリ課率ヲ減額シテ頂クト云フコトハ、吾々田舎ニ居ル者ニハ非常ニ喜バシイコトデアリマスガ、御承知ノ通リ三部制ノ結果デアリマス」であるとか、「中央集権ニ偏セズ、地方分権ノ制ヲ重ンズルト云フコトハ、天下ノ与論デアル」などと述べて、三部経済制の実現と国政レベルで焦点となっていた地方分権論を背景に島嶼振興を積極的に主張している。(43)

普選後には、浜井に限らず島嶼選出議員の発言の増加が見受けられる。吉原源一郎議員（向島・民政党）は、島嶼部人口が広島市以上にも関わらず県道延長は約二八分の一で、「島嶼ノ者ハ等シク県費ノ負担ヲシテ居リマスケレドモ、此ノ県費ニ浴スルコトハ至ツテ薄イ」と述べている。(44) 池田一二議員（倉橋島・民政党）は教育問題から切込み、「然ルニ都市ニ参ツテ見マスルト車夫馬丁ノ子ニ至ルマデ中等教育ヲ受ケテ居ル、其ノ懸隔ハ雲泥ノ差ガアルノデアリマス」といった具合である。(45) 吉平佐市議員（因島・政友会）も、「普選後ノ今日ノ政治ハ普遍的デアルトシタナラバ、須ラク均霑的ナ施設デナクテハナラヌノデアリマス」と、普選を公平性・機会均等の根拠として島嶼振興を主張している。(46) これらの発言は、公平性を前面に打ち出した主張に彩られていた。

このような議論に対して、県知事・県官からの反論は、おおむねつぎのような発言に集約されよう。(47)

脳髄ガ不随ニナリマシタラ幾ラ腕ガアツテモ、用ニ足ラヌヤウニナリマスノデ、是ハ地方民ノ利害ハ大イニ重キヲ置カナケレバナラヌガ、又国全体、即チ中央ノ方針モ大イニ重キヲ置カナケレバナラヌ

国家有機体説を用いた地方分権論批判であり、公平性を根拠とした島嶼振興の要求はこの前では期待できるものではなかった。さらに、公平性それ自体に対する考え方はつぎのようなものであった。(48)

普通ノ事業ニ於キマシテモ、或ハ学校ノ設置ニ於キマシテモ、各々其地方ニ於キマスル或ハ産業、教育ノ欲求、或ハ要求ノ範囲、各種ノ沿革トカ云フコトガアリマスノデ、直ニ是ガ山間部ト海岸部、或ハ平坦部ト山間部、或ハ島嶼部ト本土ト、同ジヤウナ数字、同ジヤウナ人口割合ヲ以テ、同ジヤウニ行カナケレバナラヌモノダト云フ原則モナカラウト思フ。

数量に還元されるような形式的平等によるのではなく、「欲求」「要求」「沿革」ということを考慮した、すなわち必要性に応じた実質的平等をもって振興策はおこなわれるべきだという主張である。したがって、振興策の優先順位が出てくるのであり、「大体ハ此ノ陸地部ニ於ケル施設ト云フモノガ整フテ居ルト思フノデアリマス」といって、本土側の振興がようやく終了したので、これからは島嶼部の振興に手をつけるという発言がなされるわけである。(49)地域振興の不公平な在り方は当然視されていた。

島嶼振興の遅れは、行政側の姿勢だけに限られるものではなかった。地域の代言者である議員の利益誘導にも一因があるという認識が、池田一二議員より示されている。(50)

郡制廃止及郡役所廃止、此ノ間ニ於キマシテ政党屋ノ利権欲ノ魔手ガ延ビマシテ、深ク内容ヲ知ラズシテ陋劣ナル運動ノ下ニ、一モ二モナク（注―中等学校）県移管ニセラレマシタルオ土産デアルト云フコトハ争ハレヌ事実デ

アリマス、然ラバ斯様ナ状態デアルト致シマシタナラバ、此ノ緊縮節約ノ折カラ、斯ク云フ不良学校ハ早速整理処分ヲ断行サレテ、知識欲ニ燃ヘ盛ツテ居ル所ノ沿海、島嶼部ニ、適当ナ土地ニ施設ヲ設ケラレマシテ、丁度相補ハシムルノ御英断ニ出デラレル御意見ナキヤ否ヤ。

中等学校の県立化が政争の具として例示されているが、利権を脱して公平性を貫徹することを要求している。本土優先の振興策に対する改善の兆しを示唆する、さきの県官の発言に見受けられるように、島嶼部が利益誘導の焦点となりつつあったと思われる。

煩雑となるので逐一提示することは避けるが、広島県会における島嶼部関係意見書の提出状況をみると、一九〇九～二三年には年平均一～二件であったものが、二六～二七年に年平均三～四件、そして二九～三一年に年平均六～八件、というように普選前後に増加している。そして、発議者にはほとんど本土選出議員が含まれており、党派にについても相乗り状況である。特徴としては、とりわけ目につくのが安芸郡・御調郡の個別島嶼における施設要求である。[51]では、個別島嶼利害が噴出する状況下、広島県下島嶼部全体を代表する島嶼会の存在意義は何であったのか。

浜井照人議員は、県費の恩恵に与れない島嶼部への振興を要求するなかで、「吾々ハ多年島嶼大会ノ名ノ下ニサウ云フ問題ヲ叫ビマシタケレドモ、其ノ声ハ小サク、其ノ力ハ弱クシテ今日ニ至ルマデ県当局ノ耳ニ入ラナイノデアリマス」と述べている。[52]吉平佐市議員も、県行政の不公平性を指弾して、「島嶼民ハ、今ヤ翕然トシテ島嶼部発展ノ為ニ起タントシテ、年々広島市ニ集ツテ、島嶼会ナルモノヲ組織シテ、色々ナ運動ヲ試ミテ居ルノデアリマス」と付け加えている。[53]島嶼会の代言者であることを担保に、主張の正当化を図っていた。島嶼選出議員は、島嶼会の代言者として承認される存在から自認する存在へと変わり身している。

島嶼選出議員は選挙区島嶼の利害を代表している。しかし、選挙区に関わらず島嶼一般として代言しなければならなかった。なぜなら、島嶼部の一般意志——本土に対置されて顕現する公平性・機会均等の要求——を根拠にしなければ個別利害を正当化し得ないからである。この矛盾の解決のため、島嶼会は島嶼部全体を代表するものとして表象されねばならない、ということである。島嶼選出議員は、この島嶼会を媒介に自己を島嶼部全体の代言者に仕立て上げ、そのために島嶼会を島嶼部全体の一般意志の体現者として認知する必要があった。つまり、代言の二重構造——島嶼会＝島嶼部全体の一般意志、議員＝個別島嶼の利害——における両者の相互依存によって、二つの顔をもつ代言者が現れたということである。こうして島嶼会は、政治的陶冶を受けていない島嶼有権者を締め出すことで、一般意志を代言しつつそれを根拠に個別島嶼利害を代言する地域団体として機能した。(54)

島嶼部の政治的結合は、選挙区によって分断され解体された。島嶼会における個別島嶼の町村長・有志のネットワークは、新たな代言者＝議員のネットワークに置換され、本土—島嶼の相互乗り入れにより、本土並の大衆社会状況を生み出した。公平性・機会均等という一般意志は、利益誘導の代名詞に貶められてしまった。それと同時に島嶼会は、大衆社会状況に対応すべく島嶼部から離陸した。

おわりに

島嶼は自らを表象することができるのだろうか。島嶼会は始動期において、公平性・機会均等の要求とともに、島嶼の固有性を主張しようとしていた。しかし、本土と結合された不均衡という格差、本土に対置された異質さという差異、いずれにしろ島嶼は本土を媒介に表象されていた。自らを表象することは不可能であった。一人称の語りでさえ、他者の語りの翻案に過ぎないのである。

それでは、島嶼は誰によって表象されていたのであろうか。本土との同化／異化戦略を共存させていた島嶼会はしだいに変質し、本土との同化志向を強めて個別島嶼の施設要求を噴出させた。このような事態は、多数の有権者が政治参加するにようになる、本土並の大衆社会状況の現出と揆を一にするものであった。選挙区で分断された個別島嶼から県会議員が多数輩出され、公平性・機会均等の一般意志を根拠に利益誘導を主張し、個別島嶼の施設要求が掘り起こされていった。島嶼会は、有権者を締め出しつつ県会議員との相互依存により自己革新を遂げ、一般意志をもって個別島嶼の利害に正当性の根拠を与えた。そして、県会議員が本土―島嶼双方の地盤に相互浸透することにより、本土―島嶼は一体化された。島嶼ネットワークは議員ネットワークに置換され、島嶼部は個別島嶼に分解してゆき本土に融かし込まれていった。島嶼部は、二重の意味で創造されたものであった。本土との鏡像関係において、そして議員による利益誘導―集票を正当化するために。本土に翻弄される島嶼という、存在の堪えられない軽さの起点はここにある。

唯一残された、一人称で語り得る島嶼の徴表は、実体的な自然地理的配置であった。つまり、島は島であるというトートロジーである。自然地理的な相貌は、勃興するツーリズムの名のもと美しい修辞でもって語りかけられ、文化生活の名のもと好奇な視線に包み込まれる。これら二人称の語りの地政学については、別の機会にゆだねたい。

註

（1）「中国新聞」一九二六年十一月二十七日付。

（2）吉見俊哉『声の資本主義』（講談社、一九九五年）は、国民国家創出と市民的公共圏形成に果たすラジオの役割について指摘しているが、そのことが逆に地政学的断裂（均質であるがゆえに差異が顕現）を生み出すことを見ておかねばならない。
(3) 河西英通「〈東北〉史の意味と射程」(『歴史学研究』七四二号、二〇〇〇年)、古厩忠夫「『裏日本』の成立と展開」(『日本通史』第一七巻、岩波書店、一九九四年)など参照。ただ、「非表日本の共生社会志向」なるものも、論理的には「表日本」にとらわれた言説である。むしろ自立した非対称的な地域像は可能なのか、と設問すべきである。
(4) 「芸備日日新聞」一九一一年三月十九日付。
(5) 「注意事項書留帳」(一九〇三～二六年、「久友村役場文書」、豊町教育委員会所蔵)。なお、町村長会議について、大石嘉一郎『近代日本の地方自治』第四章(東京大学出版会、一九九〇年)は、地方改良事業の推進主体育成を目的とした官治機構と評価している。しかし、町村長間の独自なネットワーク形成の母体であったことも考慮すべきである。
(6) 「芸備日日新聞」一九二六年七月二十六日付。
(7) (5)に同じ。
(8) 「村長一代記」(一九〇三～二六年、「豊町教育委員会所蔵文書」)。
(9) 「中国新聞」一九一三年五月十三日付。
(10) 「芸備日日新聞」一九一六年五月十六日付。
(11) 「島嶼の有志へ」(『三遊随筆』、一九二四年、広島県立文書館架蔵複製史料)。
(12) (4)に同じ。
(13) 「大正一三年通常県会議事日誌(広島県)」(広島県立文書館所蔵)。
(14) (5)に同じ。
(15) 「中国新聞」一九一七年一月二十九日付。
(16) 小西和「内海の活用策と其繁栄策」(『ツーリスト』二五号、一九一七年)。

(17)　前田三遊「瀬戸内海有志大会」(『ツーリスト』二七号、一九一七年)。
(18)　(4)に同じ。
(19)　「町村長会同示談要項綴」(一九一六年、「瀬戸田町役場文書」、瀬戸田町教育委員会所蔵)。
(20)　「中国新聞」一九三一年八月八日付。
(21)　(5)に同じ。
(22)　「中国新聞」一九二六年六月二日付。
(23)　「中国新聞」一九二三年六月十日付。
(24)　「中国新聞」一九一八年十二月十七日付。
(25)　「中国新聞」一九一九年四月十六日付。
(26)　「中国新聞」一九二三年八月二十一日付。
(27)　「中国新聞」一九二六年十月一日付。
(28)　「芸備日日新聞」一九一八年十二月十五日付。
(29)　「中国新聞」一九一五年八月三十日付。
(30)　「芸備日日新聞」一九二三年十月二十一日付。翌年、藤林は破産して愛媛県菊間町へ隠遁しており、自己犠牲的な活動を強いられていたようである(「大正十五年六月二日付藤林政五郎より北川新吉宛書状」、豊町・北川家所蔵)。
(31)　「芸備日日新聞」一九二三年二月二十七日付。
(32)　「芸備日日新聞」一九二三年八月二十四日付。
(33)　棄権率を問題にしなければならないが、普選前後の県会議員選挙のデータがないので、「翼賛選挙貫徹運動の概況」(広島県振興課、一九四二年)の一九三二(昭和七)年衆議院議員選挙の結果を挙げておく。島嶼部平均二六・六%、本土平均（島嶼部所属郡部）二二・八％、市部平均二二・九％となっており、識字率が低い漁民や不在がちな海運業関係者など選挙弱者が多いことを差し引けば、本土とほとんど違いはない。

(34)「中国新聞」一九一九年九月四日付。

(35)「中国新聞」一九二三年七月十九日付。

(36)「中国新聞」一九二七年九月十六日付。

(37)「中国新聞」一九二七年九月二十付。

(38)「中国新聞」一九二七年九月三日付。

(39) 金澤史男「日本府県財政に於ける『三部経済制』の形成・確立」（『神奈川県史研究』四三・四四号、一九八一年）参照。

(40)「広島県市町村資力調」より算出。

(41)「芸備日日新聞」一九二九年一月一日付。「子どもが泣いたら島へ流す」という俚諺の記憶は、現在でも豊田郡豊島などで確認できる。

(42)「大正一三年通常県会議事日誌（広島県）」。

(43)「大正一三年通常県会議事日誌（郡部会）」、「大正一四年通常県会議事日誌（広島県）」。

(44)「昭和二年通常県会議事日誌（広島県会）」。

(45)「昭和六年通常県会議事日誌（広島県会）」。

(46)「大正一四年通常県会議事日誌（広島県）」・浜田知事発言。

(47)「昭和二年通常広島県会議事日誌（郡部会）」・横山知事発言。

(49)「昭和四年通常県会市部郡部会議事日誌（広島県会）」。

（50）　明治四二～昭和六年「通常・臨時県会議事日誌（広島県会・郡部会）」。

（51）（42）に同じ。

（52）（45）に同じ。

（53）　普選体制下における有権者の政治的陶冶方法――政治社会の再編について、源川真希「普選体制確立期における政治と社会」（『日本史研究』三九二号、一九九五年）が検討を加えている。島嶼部の場合、政治社会の再編なくして、島嶼会の自己革新で大衆社会状況を乗り切ったといえる。

第五二回（尾道）大会の記録

大会成果刊行特別委員会

はじめに

地方史研究協議会第五二回（尾道）大会は、二〇〇一年十月二十日から二十二日までの三日間、共通論題を「海と風土―瀬戸内海地域の生活と交流―」と設定して開催された。大会は二十、二十一日の二日間に、尾道市のテアトロシェルネ（しまなみ交流館）において開催され、第一日目は自由論題研究発表・公開講演、第二日目は共通論題研究発表・共通論題討論が行なわれた。三日目は、しまなみ海道、鞆・神辺コースの二コースにわかれて巡見が行なわれた。

本書は、この大会の成果を当日の共通論題研究発表を中心にまとめたものである。本大会で共通論題として掲げた『海と風土　―瀬戸内海地域の生活と交流―』を書名とし、Ⅰ瀬戸内海の個性、Ⅱ瀬戸内海地域の特質と生活、Ⅲ瀬戸内海地域のネットワークとアイデンティティという三部構成とした。

一　大会テーマ設定の経緯

一九九九年十一月九日、地方史研究協議会では第五二回大会の開催に向け、常任委員会内部に大会準備委員会を設置した。準備委員は佐藤孝之（地方史研究協議会常任委員長）、國雄行（大会準備委員長）、上田紋代、牛米努、鍛代敏雄、櫻井昭男の七名で構成した。準備委員会では広島の歴史や民俗について学習会を行なうとともに、会期や開催地等について打ち合わせを行なった。

二〇〇〇年三月十八日、広島市婦人教育会館において、広島の歴史研究者と地方史研究協議会の佐藤常任委員長、國とにより、大会開催までの経緯等について打ち合わせを行なった。同年七月一日、広島において地元研究者による大会実行委員会が結成された。メンバー（大会開催時点）は委員長に渡辺則文氏、事務局長に中山富広氏、事務局長補佐に長谷川

博史氏、新名一仁氏、引野亨輔氏、事務局として岡本健一郎氏、落合功氏、勝部眞人氏、菅真城氏、黒田信二氏、斎藤義朗氏、佐竹昭氏、藤川誠氏、増田実氏、松原勝也氏、実行委員として荒木清二・池田剛・石本正紀・数野文明・勝矢倫生・木村信幸・下向井龍彦・鈴木幸夫・棚橋久美子・土井作治・西別府元日・西向宏介・西村晃・畑野順子・濱田敏彦・本多博之・松井輝昭・三宅紹宣・吉田正秀の各氏が就任した。

以後、地方史研究協議会の準備委員会と、広島の実行委員会とが連携をとりながら準備を進めていった。

二〇〇〇年十月、第五一回（松本）大会終了後、準備委員会は、大会運営委員会と改称し、委員長には須田肇常任委員長、副委員長に國雄行、委員に上田敍代、牛米努、鍛代敏雄、國雄行、櫻井昭男、佐藤孝之の常任委員が就任した。

大会テーマは、大会実行委員会の原案に基づき大会運営委員会で論旨を整理し、瀬戸内海特有の地形である多島海地域に視点をおき、そこで展開される生活、交流を解明していくこととなった。

以上のように全体の方向性を決定した後、つぎのような大会趣意書を作成し、会誌『地方史研究』第二九〇号（二〇〇〇年四月）・第二九二号（二〇〇〇年八月）・第二九三号（二〇〇〇年十月）に掲載した。

第五二回大会を迎えるにあたって
「海と風土―瀬戸内海地域の生活と交流―」

常任委員会

第五二回（尾道）大会実行委員会

地方史研究協議会は第五二回大会を本年一〇月二〇日（土）から二二日（月）までの三日間、広島県尾道市において開催する。本会常任委員会および開催地の研究者で組織された大会実行委員会では、大会の共通論題を「海と風土―瀬戸内海地域の生活と交流―」と決定し、大会に向けて準備を進めている。

本会は、一九八一年度に愛媛県松山市において第三二回大会を開催し、共通論題を「瀬戸内社会の形成と展開―海と生活―」とし、瀬戸内社会の人々の生活や文化などの諸問題を追究した。その後の大会においても地域に生活する人々の歴史的いとなみと各地域間に展開する交流について検討を重ねてきた。尾道大会では、これらの成果を引き継ぎ、人々の生活と交流を、海を中心に分析し、日本を代表する多島海地域である瀬戸内海の歴史的、地域的特質を浮き彫りにすることを目的とする。

瀬戸内海は大小数多くの島々が点在する多島海地域である。海は島々を結びつけ、内海には古来より網の目のように張り巡らされたネットワークが形成されていた。このように多島海地域とは、島が多数存在し、それらが互いに生活・情報・文化などの面で有機的な関係をもつ地域である。従来から瀬戸内海が畿内と全国とを結ぶ大動脈、さらには、東アジア海域と日本を結ぶ大動脈としての側面は強調されているが、尾道大会では多島海地域の特徴である内海に毛細血管のように展開する生活に密着した交流の存在形態に着目する。

温暖な気候に恵まれた瀬戸内海は、古代から主要な海上交通ルートとして発展した。内海に生活した海民は、漁撈や製塩をいとなむとともに、海上交通にたずさわっていた。それらの中には、「海賊」行為をはたらく者も出現し、藤原純友の乱のひとつの背景にもなった。平清盛の厳島神社信仰、宋船の瀬戸内海航行の開始などにより、中世になると水運はさらに発展し、沿岸部には尾道・瀬戸田などの港湾都市が誕生し、活発な商業活動が展開された。草戸千軒町遺跡の発掘により、こうした港町や市場町で活動した人々の生活、文化などが明らかとなっている。また、厳島神社反故紙経紙背文書などからも窺えるように、中世の内海の商人らは、京都・淀の商人と経済的な信用関係を形成し、物価情報を共有しながら、為替取引を行なっていた。塩や米を売買する際には、その物価情報がきわめて重要であったのである。

一三世紀に入ると再び「海賊」の動きが活発化し、地頭御家人らの海上警固が整備され、警固衆が形成された。さらに一五〜一六世紀になると、倭寇の活動に象徴される東アジア海域の交易・流通の大規模な展開が、瀬戸内海地域にも大きな影響を及ぼし、地域内部の交流は新たな展開をみせる。ルイス・フロイスをはじめとするキリスト教宣教師たちが記したところによれば、内海を航行する船の船頭たちが、船舶や港に関する情報や、大名・領主権力や海賊衆の動向について、かなり正確な情報をつかみながら活動していたことが知られる。近世になると、島々の中には、人口の増加により島内の生産物では生活できない状態が発生した。このことは、ネットワークを通じた他の島々や港との交流を発展させる要因となった。また、西廻航路が整備されると日本海沿岸の物資を運ぶ千石船が出現し、これにともない航路にあたる地域には、風待ち、潮待ちの港町が出現した。

瀬戸内海を代表する産業のひとつは製塩業であり、近世には日本最大の塩生産をほこるようになった。しかし、島嶼部の木々は中世以降の産塩量の増大により伐採され、近世には「はげ山」となり、生活用の薪を遠隔地から輸送しなければならなくなった。木々が伐採された後の島々には段々畑がつくられ、甘藷などの救荒作物が植えられたが、近代になるとミカンをはじめとする瀬戸内特有の産物に転換していった。

一方、沿岸各地では、明治政府の富国強兵政策の下、紡績・造船などの工業が発達し、鉄道や道路、港湾などのインフラも整備されたが、陸上交通の発展に対して島々は「離島化」し、これまで展開していた島々の間の細密なネットワークが変質していくこととなった。瀬戸内沿岸部が近代化していくと、一九三四年には、瀬戸内海は雲仙・霧島とともに日本最初の国立公園に指定され、その美しい景観は法的保護を与えられることとなった。しかし、第二次大戦後には沿岸埋立地に工場群が進出し、公害問題が発生した。現代においては内海の島々の一部は、ゴミの投棄場所とされ、環境問題はさらに深刻となっている。八八年には四国と本州を結ぶ連絡橋のひとつが開通し、九九年には尾道―今治ルートが開通した。道路交通の整備は生活を便利にする側面がある一方で、沿線以外の島々との格差を拡大した。開発にともなって貴重な文化財が破壊される場合もある。例えば中世の潮待ち港として発展し、現在も古い町並みを残す鞆の浦が、埋立・架橋のため破壊されようとしており、我々は貴重な遺産を失う危機に直面しているのである。

尾道大会では、右に記した各時代の諸事象をふまえて、「多島海地域」という史的概念を設定し、その固有の特徴と考えられる、情報伝達の速さ、内海に展開する細密なネットワークの存在形態を明らかにし、社会・経済・文化など多様な面で展開された特色ある歴史像を追究する。

二　大会実行委員会および研究会の記録

第五二回（尾道）大会開催に向け、大会実行委員会、大会実行委員会と同運営委員会との打ち合わせ、大会テーマにそった研究会を、つぎの日程で開催した。

二〇〇〇年七月一日　広島県立文書館
　第一回実行委員会
二〇〇〇年七月二十二日　広島県立文書館
　第二回実行委員会　大会日程、テーマなどについて打ち合わせ。
二〇〇一年一月十三日　広島県立文書館
　第三回大会実行委員会　大会実行委員の構成、大会の後援依頼、テーマ、趣意書案について検討。
二〇〇一年六月一六日　広島県立総合体育館会議室
　第四回実行委員会　公開講演者、共通論題、自由論題討論報告者、懇親会、巡見コース等を検討。
　研究発表
　下向井龍彦「九世紀の海賊について―『調庸雑米未進』問題と関連づけて―」
　松井輝昭「中世後期の港湾都市と海賊―西瀬戸内海地域を中心に―」
二〇〇一年七月二十一日（土）広島県立文書館
　第五回実行委員会　大会後援、詳細な日程等を検討。
　研究発表
　片岡智「大正デモクラシー期の島嶼振興運動―融解する島々―」
　西向宏介「近世後期尾道商人の経営と地域経済―橋本家の分析をもとに―」
二〇〇一年八月四日　広島大学
　研究発表（地方史研究協議会研究例会と合同）
　橋詰茂「中世瀬戸内における地域権力―戦国期讃岐の香川氏と秋山氏―」
　山本秀夫「近世瀬戸内の浦と地域運営―讃岐高松藩領引田村を中心に―」
二〇〇一年八月五日
　巡見下見
二〇〇一年九月二十二～二十三日　広島県立生涯学習セ

ンター

大会準備報告会（プレ大会）

第一日目　①下向井龍彦「九世紀の『海賊』について」、②西向宏介「近世後期尾道商人の経営と地域経済―橋本家の分析をもとに―」。

第二日目　③佐竹昭「広島藩沿海部における林野の利用とその林相」、④落合功「芸予島嶼部における交易と展開」、⑤片岡智「大正デモクラシー期の島嶼振興運動」、⑥森正康「芸予地域の民俗文化構造」。終了後、共通論題討論司会者打ち合わせ。

三　大会共通論題への問題提起

先述の大会趣意書に基づき、『地方史研究』二九〇号において、共通論題に対する問題提起・関連論文を募集した。その結果、つぎのような一八本の問題提起と二本の関連論文が寄せられ、つぎのように『地方史研究』二九二、二九三号に掲載された。

［問題提起］

1　井上　淳「瀬戸内海の情報ネットワーク―松山藩津和地御茶屋を中心に―」
2　山本秀夫「近世瀬戸内の流通史に関する一視点―櫓材流通を事例に―」
3　真鍋篤行「近代讃岐香西浦のサワラ瀬曳網漁業について」
4　松原弘宣「備後灘・燧灘交易圏について」
5　山内治朋「芸予諸島と伊予一宮大山祇神社」
6　畑野順子「中世尾道と『しまなみ海道』一帯の水運上の役割と結びつき」
7　清水正史「近世伊予の海上交通について」
8　定兼　学「近世領主の無人島利用―備前国和気郡日生諸島の場合―」
9　長谷川博史「港町における『名所』の創造―鞆の浦を事例として―」
10　中山富広「近世瀬戸内海地域の経済発展と他国稼ぎ」
11　伊藤昭弘「近世瀬戸内塩業と地域経済」
12　引野亨輔「芸備地域の宗数的風土」

13　布川　弘「近代日本社会史研究と瀬戸内海」
14　印南敏秀「海産資源をめぐるすみわけと交流」
15　山内　譲「中世瀬戸内海航路の変遷」
16　藤　隆宏「出漁小漁民からの自発的関係形成」
17　西向宏介「幕藩制解体期における芸備の社会経済について」
18　小川徹太郎「海民モデルに対する一私見」
19　西海賢二「島は狭いが世間は広い―漂泊者たちを抱きとめた地域―」

四　自由論題研究発表、特別報告、公開講演

大会第一日目の十月二十日の午前九時三〇分より、自由論題の研究報告として以下の五報告が行なわれた。

1　畑野順子「鎌倉後期一円領創出としての下地分割」
2　三好昭一郎「徳島藩の寛政改革と盆踊対策―伊予国弓削島荘の事例―」
3　倉持　隆「化政期宇和島藩政の展開―『財政上存慮書』の分析を中心に―」
4　上廣尚子「明治期岡山県南部地域における花莚業の展開―浅口郡玉島村の場合―」
5　大川篤志「近代における地方産業の転換と副業―鳥取県の事例―」〇

畑野報告の内容は、本書に論文が掲載されているので、そちらに譲ることとする。

三好報告は、現在の阿波踊りに継承されている徳島城下の盆踊りについて、一〇代藩主蜂須賀重喜の時代、中間期、一一代藩主治昭の改革を検討し、中間期を断絶としてとらえるのではなく連続してとらえるものであること、そして、盆踊りの規制が武家に対するもので、町人に対するものではないという新視点を提示した。最後に、城下と郷村の規制のあり方、規制の各地の比較検討、改革が武家各層にどのような影響を与えたのか、これらの規制が城下の盆踊りをどのように変化させていったのかということを考えていきたい点を今後の検討課題とした。

倉持報告は、近世後期の宇和島藩を考察するために、宇和島伊達家文書「財政上存慮書」におさめられている意見書の

作成者・作成時期などを再検討し、藩政の展開とも関連させながら、「財政上存慮書」を総合的に検討した。その結果、財政難の影響が藩主・藩の威光を衰えさせたこと、家格上昇による奢侈が財政難の原因であること、政策の一貫性が求められ、藩主の直裁許を求める声が多いこと、文政期に、藩主が意見書の認識と一致した見解を示し、家中の理解を得ながら改革を実行しようとしていたことを明きらかにした。

上廣報告は、岡山県南部地域における花筵業について、浅口郡玉島村の花筵製造所「和莚館」を事例とし、明治二十年代の花筵輸出拡大を支えた花筵製造所への資金供給源について検討した。そして、花筵業の急激な拡大要因は、地主による資金供給が大きな役割を果たしていたことを実証した。今後の課題して花筵業と金融機関との関連、花筵の直接生産者の実態分析が必要であることを提示した。

大川報告は、近代日本における経済発展には、小規模な在来産業が貢献したが、これらは、副業（農家による余業）という形態が大きかった。鳥取県を事例に地方産業の転換過程を農家副業について検討し、就業機会や交通機関などにより、そのあり方がどのように変化したのか検討した。地方産業が盛衰が副業就業機会の増減を通じて農村の経済に与えることが大きいことを明らかにした。今後の課題として大地主などの資産家の投資活動が、その後の工業化にどのような影響したことを検討することを掲げた。

特別報告・広島県における資料保存・
景観保存問題について　長谷川博史

自由論題終了後、広島大学の長谷川博史氏より、広島歴史資料ネットワークの活動について報告があった。とくに芸予地震における歴史資料の救出活動、福山市鞆の浦の埋立架橋計画についての報告であった。以下にその概要を記した。

(1)広島歴史資料ネットワークの活動

二〇〇一年三月二十四日に発生した芸予地震後、広島県立文書館を中心に情報収集がはじまった。三月二十九日には呉市の沢原家の資料救出に入り、その後も同市の相原家、柳原家などの資料救出活動を行ない、解体予定の蔵などから別の蔵へ歴史資料を移す作業を行なった。また、五月には「広島歴史資料ネットワーク」をたちあげ、資料に関する情報収集や救出の対象と考える歴史資料として、①古文書、②古い本、③明治・大正・昭和の記録、④農具・機織り・養蚕の道具・古い着物など物づくりや生活のための道具、⑤其他、木造建築物や石造物など文化財一般を掲げた。活動の方針としては、①緊急避難活動に限定し、②現場保存の原則、③現地主導の原則を貫き、④現状記録と現状維持に細心の注意を払うこととした。

⑵福山市鞆の浦の埋立架橋計画

鞆の浦は、近年の調査により「中世の面影をとどめる」町割が存在し、街路や海岸線が江戸時代前期の姿を受け継いでいるなど、大規模かつ優れた港と町並みが残されている稀有な港町で、それが現在なお人々の生活と切り離されることなく残っている貴重な文化遺産である。広島県はトンネル案などを正式に検討しないまま、架橋計画を進めている。計画では鞆の浦の中心部分に架橋するものであり、これは歴史的景観の破壊を意味する。

反対運動としては、住民団体が要望書の提出、署名活動を展開し、鞆の浦を世界遺産にする目標を掲げている。さらに、芸備地方史研究会などの学会からの運動などもあり、市民レベルに運動が広がっている。しかし、広島県は反対運動には苦慮しているが、計画は着実に進んでおり、町内会の連合組織には埋立架橋計画の強力な推進派の意向も存在する。ここに運動の難しさがあらわれているのである。

十月十一日には、ニューヨークの世界文化遺産財団が、鞆の浦を危機に瀕している人類遺産のひとつとして選定した。しかし、これをもって世界遺産に登録されるわけではない。現在、大切なことは、鞆の浦がもっている価値をできる限り多くの人に知ってもらうこと、実際の鞆の浦をみてもらうことである。そして、外からの地元の埋立架橋反対をしている住民たちを支援していくことが重要なのである。

同日午後二時よりつぎの公開講演が行なわれた。

頼　祺一氏「地方文化の発展と瀬戸内海」

山口　徹氏「瀬戸内文化の個性」

以上、二本の公開講演の内容については、本書に掲載しているので、それを参照されたい。

五　共通論題研究報告と討論

1　共通論題研究報告

本年度は、大会二日目の午前九時三十分より以下の八本の共通論題研究報告が行なわれた。森重報告以外の報告の詳細は本書に掲載されているので、ここでは報告毎に受け付けた基本的な質疑を記すにとどめた。

森重彰文「尾道周辺の製塩遺跡」
下向井龍彦「九世紀の『海賊』について」
松井輝昭「中世後期の港湾都市と海賊―西瀬戸地域を中心に―」
西向宏介「近世後期尾道商人の経営と地域経済―橋本家の分析をもとに―」
佐竹　昭「広島藩沿海部における林野の利用とその『植生』」
落合　功「芸予島嶼部における交易と展開」
片岡　智「大正デモクラシー期の島嶼振興運動―融解する島々―」
森　正康「芸予地域の民俗文化構造」

森重報告は、以下のように尾道周辺の遺跡として松永湾にある満越遺跡を中心に紹介した。満越遺跡は、古墳時代から七世紀にかけての製塩遺跡であり、現在もそのまま残っている。松永湾は現在は陸続きであるが、島から水道に入る水路に面した位置にあり、砂嘴地形の上にあった。出土した製塩土器は四期に分けられ、I期出土の土器は脚部分が出土する。II期はわずかに出土したのみである。III期は砂嘴の付け根部分に集中して出土し、数もわずかである。IV期（七世紀～）の出土がもっとも多い。遺跡からは製塩に関する緑釉陶器片が出土し、製塩にあたる際に行なわれた祭祀に使用されたものと思われる。また、笠岡沖の大飛島や、鞆沖の宇治島の製塩遺跡でも奈良三彩が出土されており、祭祀にかかわる一連の遺物と考えられ、潮流が関係しているのではないかと思われる。その他、松永湾奥部の遺跡と岬の遺跡を紹介し、そして松永湾周辺の製塩遺跡が、地域を循環しながら遺跡が移っていくのではないかという指摘を行なった。

下向井報告に対しては、広島の西別府元日氏より、海賊は帳簿上の存在なのか、実際にいたのか、海賊の実態は何だったのかという点と、貞観四年の『日本三代実録』の解釈の仕方について質問があった。下向井氏は、政府の認識は帳簿上の海賊という認識で、海賊は偽装海賊を含めて実際に存在した。実態については慎重に段階をふまえて迫っていくと答え、『日本三大実録』の理解について説明した。

松井報告に対して、兵庫の宇佐見隆之氏より、上乗と警固、関との違いについて質問があった。松井氏は関は通行税をとる場、上乗りは兵士役みたいなもの、上乗りは警護ほど武力をもっていなかったのではないか、と答えた。

佐竹報告に対して、広島の川崎茂氏が、瀬戸内の植生を論ずる場合、腰林だけではなく、野山について考察しなければならないのではないかと指摘した。これに対して佐竹氏は、報告で腰林をとりあげたのは、ここに地域の特性がもっても出てくるであろうと思われたからで、野山についての考察も当然やらなければならず、今後の課題としたい旨を述べた。

落合報告に対して、青森の三浦忠司氏（司会）より、銀行業に手を出して破産するのは、堀内家の個人的経営の問題でなく、日本経済の関連も強いのではないかと質問した。これに対し落合氏は、この時期は大正期の金融危機がつづいており、合併問題がとりざたされていたが、広島においても豊田銀行なども広島銀行と合併するなどの動きがあったと答え、さらに、西備銀行も合併する動きがあったが、合併しないうちに休業する。堀内調右衛門も経営参加するうちに休業してしまったと付け加えた。

片岡報告に対しては、北海道の寺島敏治氏が、①島嶼運動というものは広島県政側からみると、どのように位置づけられたのか、また、県政レベルでどのように取り組んできたのか、②国立公園化構想が具体的に進み出すことと瀬戸内とかかわりはどうなのか、③昭和恐慌期に人返し運動が各地で行なわれていくが、それと島嶼運動とのかかわりはあるのか、と質問した。これに対して片岡氏は、①島嶼会は町村長レベルのまとまりで、そこから県庁へもっていくというものであり、制度的に県から認められていたことはない。②島嶼会は島嶼部の要求を実現するためのものであり、国立公園化構想とは要求項目が異なる。③島嶼会の振興運動は地方改良運動の影響はうけてないと答えた。さらに寺島氏は、広島県政にとって島嶼会は利用できるものだったのか、そうでなかったのかと質問した。片岡氏は、県政レベルからみると、最初の頃は島嶼部の運動が目に入っていなかったと答えた。

森報告に対しては、東京の塩野雅代氏が、通婚例について地域を具体的に教えてほしい述べた。これに対して森氏は、今治沖の大島の吉海町の集落と高輪半島先端部に西よりに菊間町亀岡の地域間の通婚が近年まで存在したと答えた。

2　共通論題討論の概要

共通論題発表の終了後、午後四時から大会実行委員会の勝部眞人氏（広島）と本多博之氏（広島）、地方史研究協議会の國雄行が議長となり、共通論題討論が行なわれた。

討論の進め方として、まず、共通論題発表の中における個別の問題を明らかにし、その後に共通論題のテーマ「海と風土」に沿って討論を展開することとした。

議長団では、瀬戸内海地域に展開するネットワークに着目して、瀬戸内海の歴史的特質を解明していくこととした。そして、第一に島嶼部のネットワークとその実態は、どのようなものであるのか、第二に島嶼部のネットワークはどのように変容していくのか、第三に島嶼部のネットワークが変容していく過程で、島嶼部のアイデンティティはどのように形成、または変容するのか、という問題を設定した。これにそって「島嶼部のネットワークとその実態」、「島嶼部のネットワークの変容」、「島嶼部のアイデンティティ」という三つのキーワードを設定し、討論を進めた。

①個別報告の討論の要約

森重報告　広島の西別府元日氏より、七世紀の製塩土器の出土に関して、早くても八世紀後半以後にしか出現していないと考えられる緑釉陶器を報告において紹介したことの意味が問われた。

これに対して森重氏は、緑釉陶器については満越遺跡の製塩にかかわる祭祀の中で使用された経緯から紹介した。すなわち、瀬戸内海の潮流が鞆の沖約一〇キロの幅で出合うといわれているが、その範囲内にある笠岡沖の大飛島、あるいは鞆沖の宇治島では製塩にかかわる祭祀の中で奈良三彩が出土しており、満越遺跡でも緑釉陶器が出土したということは、潮流が合う場所で行なわれた塩づくりの集団は、特殊な集団であったのではないかということを暗示する意味で緑釉陶器を紹介したと説明した。

つぎに、広島の住本雄司氏から、弓削荘などの中世の製塩業も潮流の影響が作用したのかと疑問が呈された。

これに対して森重氏は基本的に、潮流が中世の製塩業にまで影響を与えたとは考えていない。むしろ沖積作用がどこで行なわれたのかということが、製塩業に影響を与えたのではないかと答えた。

下向井報告　愛媛の山内譲氏より、調庸物の運送にあたる郡司富豪層が損失物を海賊被害と偽って申請すること、また、海賊被害が口実として通用するということは、その前提として専業集団としての海賊の広範な存在があったのではないかという疑問が呈された。

これに対して下向井氏は、虚偽の報告がリアリティをもつには本当の海賊が存在しなければならないが、それが海賊を専業とする集団がいたことに直結するとは限らない思うと答えた。

この件に関して広島の西別府元日氏から、海賊行為がときどきあったことは事実で、そういった実態がないと虚偽報告も真実性をもたないと思われるが、それではそういう海賊行為は、中央の政府に報告されないのかどうか、また、実態として海賊行為が存在したならば、国司、あるいは郡司が政府に報告するというのが律令のきまりだったのではないか、という指摘があった。

これに対して下向井氏は、寛平年間の官符には、しばしば、綱領が盗犯して逃げたとあるが、この行為そのものは法に照らしてみれば、預かった調庸物をもって逃げたので海賊ということになるが、国司はそれを海賊として政府に届けていないようである。寛平期の官符の内容は、寛平期の実態というよりも寛平期に暴露された実態であって、その内容そのものは、貞観・元慶期の実態を反映しているとみなしてさしつかえない。国司は自国内で海賊が多く出没したことになると、自分の成績にもかかわるので、報告を控えるようなこともあったのかもしれない。政府が調庸物を受け取るさいに、海賊被害のために支払いができないという報告が殺到して驚いたというのが政府の海賊認識だと思う。

さらに西別府氏は、下向井報告で引用された寛平八年の官符（『類聚三代格』）は、調庸物受け入れのシステムの中で、綱領たちが自分たちが送ったリストとは違うリストをつくって、それに印鑑をもらって戻ってきたので、讃岐国の国司が大変問題であるといっている史料である。このシステムができたのは海賊問題がおこった後の貞観十年である。したがって寛平八年の史料を貞和・貞観期の海賊問題とつなげて理解するのはまちがっているのではないかと指摘した。

これに対して下向井氏は、寛平の官符の実態は、讃岐国の国司が提出した時期の実態であり、史料の「非常漂出之類令進公験随状被定」という部分は、貞観十二年に法制化されており、実際に海賊からうけた被害分を、それまでまったく弁償を免除されていなかったとは、いえない。すなわち、寛平五年の官符の調庸の受け取りシステムと、「賊害公験」の提出とは同じではなく、貞和・貞観年間に溯らせて推定してもさしつかえないと思う、と答えた。

これに対して、西別府氏は、システムとして違う問題なのでつなげられないのではないか。たとえば貞観十年以前は、綱領がもっていたものがリストより少なかった場合は突き返され、そうした場合、国司は国元に帰ってもう一度そろえてもっていくしかないわけであり、こういうレベルと海賊問題とは違うのではないかと、指摘した。

下向井氏は、本当に海賊被害にあって払えない場合も、突き返されることがあるのか、また、海賊被害にあった場合は特例事項があってもおかしくないのではないか、と答えた。

西別府氏は、そのような、ごまかしのシステムでもあるかもしれないが、実際に被害届が出たという史料もないので、そこを推論でつなげていけば歴史学でなくなるのではないか、と指摘した。

これに対して、下向井氏は、それは見解の相違であるとした。

ここで、議長団より、政府認識と実態の問題をどうとらえるかということが、大変難しいところであり、史料の出てくる時機の問題と解釈の違いによって評価がわかれるのではないかとした。

さらに下向井報告について、広島の宮本氏より、『豊町史』にて古瀬清秀氏が報告した中世の大崎下島沖友の積石塚を引用し、平安期の事象に結びつけている論拠はどこにあるのかという質問が出た。

これに対して下向井氏は、論拠はなく、二次的な利用として中世に使われたとするならば平安期のものと考える余地があるのではないかとした。

松井報告　愛媛の山内譲氏より、宇賀島海賊は尾道の町人や港とはどのような関係にあったのかという質問が出された。

松井氏は、史料がないので明確な答えはできないが、海賊は港に入らないということでは無関係である。しかし、当然、港には船が出入りし、尾道町人の船も水道を航行しなければならず、当然、海賊と関係をもたなければならないが、両者にもめごとがあった徴証はみとめられない。そうすると室町時代以降、つづいている海上関に対して尾道町人、あるいは港にかかわる人たちも、関役というものを支払い、そして友好関係にあったのではないかと推測できる、と答えた。

広島の住本雄司氏より、周防大島の宇賀島水軍と能島村上氏との関係はどのようなものであったのか、来島海峡や船折瀬戸は幹線航路ではなかったのか、能島城、来島城の立地条件をどのように理解したらよいのか、という質問があった。

松井氏は、宇賀島水軍と能島村上氏との関係は、わからないと答えた。また、能島城や来島城がなぜ潮の流れの激しいところにあるのかという問題については、能島城や来島城は守護の手の届きにくいところ、海の難所という評価があるが、船折航路も実態をみれば幹線航路と位置づけることはできないので、なぜここに能島城ができたのか明確な答えはない、とした。

西向報告　香川の山本秀夫氏より、橋本家と尾道の関係について、行政組織上および地域社会の中での位置づけという観点から教えてほしいという要望があった。

西向氏は、橋本家は尾道の町年寄を担い、尾道に町政面でかかわっており、商家としても尾道として最大である。また、明治期なると銀行経営に乗り出すとともに、当主の橋本吉兵衛が、当時、広島県で唯一の貴族院議員となったということで、尾道では行政面においてかなり有力な存在であったといえる、と答えた。

個別報告への質問はこれで終了し、これより全体討論に移った。

②共通論題討論

まず、趣意書に掲げている内容である、多島海地域という史的概念を設定して議論を進めることとし、最初に原始古代から中世の間に、島嶼部のネットワークが存在したのかという点について討論した。

第一に、島嶼部の遺跡出土や分布によって、ネットワークの特徴がみられるかという点ついて、森重氏が、満越遺跡は当時は島であり、製塩遺跡等についても航路に面している向島側にも製塩遺跡は見つかっている。また、向島、因島あたりでは標高五〇〜六〇メートルにかけて、生口島では緩斜面に弥生時代の大集落があるだろうといわれており、土器も出ている。残念ながら、考古学的には四国の土器と中国側の土器を細かに観察しようという試みは端緒についたばかりであり、それらを比較する段階に入っていない。しかし、それらの高地集落と、別の一般住居と思われるものが、島嶼部では標高五〇から六〇メートルの範囲に存在する。それらが、高地性集落や朝鮮式山城などとどのように関連するのかというのがこれからの課題である、と答えた。

さらに議長団（本多）から、潮の流れが人の生活に影響するというが、製塩遺跡と潮流の関係ではどういうことがわかるのかと、問いかけた。

森重氏は、松永湾に限っていえば、瀬戸内海の潮が合流する地域、潮がつねに入れ替わる地域が、土器製塩にとって有利であったと思われると答えた。

つぎに、議長団（本多）から、平安期における瀬戸内海の多島海地域において、生活・情報・文化の有機的連関が存在するのかという点について報告者に問いかけた。

これをうけて下向井氏は、瀬戸内海島嶼部の自生的ネットワークを考えるさいには、国家権力によるネットトークの編制、分断をへた政治的社会の中で、ネットワークをとらえることが必要であるとした。たとえば芸北は近世に鉄山でさかえたが、安芸国には調として鉄がかけられてない。またこの地域には製塩遺跡も少なく、製塩土器もあまり出ていない。これは仮説であるが、安芸は森林国で遣唐使船の造船国として国家的に指摘されており、森林資源の育成という国家的な要請により、莫大な燃料を必要とする製鉄や製塩が規制をかけられていたのではないかと、考えられる。このように国家権力による編制ということがネットワークにどのようなかかわりをもつのかという視点が必要である、と答えた。

議長団（本多）から、国家問題は地域との対極としてとらえる必要があるが、中世考古学の成果として、尾道の遺跡に途中が空白の時期があるが、これは瀬戸内の沿岸部と島嶼部で違いがあるのか、と疑問を呈した。

これに対して、森重氏は、現在の尾道駅の東の本通商店街から東側に地下二〜三メートルに中世遺跡がうまっているが、そこに平安時代の土器が三点ほど出ている。しかし、これを別にすれば、それより古い時代の遺物はまったく出土していないことになる。それより古い遺物は尾道の浄土寺と西国寺にはさまれた谷筋に限定されて出てくる。出土遺物に関しては鎌倉時代にかけての遺跡のあたりでは、ほぼ常滑焼に限定され、備前焼は出土していない。十四世紀のある時期に常滑焼が少なくなり、逆に九州の彼杵半島にある滑石でできた石鍋が入ってくる。そして石鍋が姿を消す頃にようやく備前焼が入ってきて、それ以後は、基本的には備前焼に統一される。しかし、残念ながら、この時期の島嶼部の発掘調査はされていない、と答えた。

議長団（本多）からは、備前焼より常滑焼が早く、また九州北部から島嶼部に入っているということは、島嶼部の物流の方が沿岸部より早く進んでいたといえるのではないかと指摘した。

つぎに、中世において瀬戸内海地域のネットワークを体現するものとして海賊がいるのであり、海賊そのものが多島海地域の特色といってもよい。その海賊の実態をどう理解するのかということに尽きるが、海賊の実態というのは定まっていない。そこで、以下の論点について松井氏に問いかけた。①能島村上氏の海上支配権は範囲どう理解するか。②上乗制度の成立年代について。③港の権利構造をどのように理解するのか。

松井氏は、①については、能島村上氏の支配権は塩飽までだと思うが、これは、和歌山県立博物館に収蔵されている、雑賀氏がもっていた能島村上氏の過所旗をどのように理解するかということにつながると思う。これは雑賀氏が塩飽以西に船を出すときに使った旗だと理解すれば、むりなく位置づけることができる。また、キリスト教宣教師の書を読むと、能島村上氏の縄張りは塩飽までであると思われる。海賊の一員であり廻船をいとなんでいる人は塩飽までしかいけないと思われ、さらに、塩飽から堺までは頻繁に船の往来があり、天正五年三月六日の織田信長の朱印状においても、航行を安堵するというものがある。また、キリスト教宣教師の書に、天正十一年以降、織田信長が亡くなった後、小西行長がこれを管理する司令官に任命されたという記事がある。そこで、塩飽を能島村上氏の東端と位置づけたいと思う。②戦国後期以前に上乗があるが、これが一般化したのかということとは別問題であり、上乗が制度として成立したのは戦国時代後期として認識している。③港の理解については、赤間関のような例外はあるが、海賊は一般的には港に攻め込まない。また、尾道は町衆による自治的な都市であり、町衆と国人との力関係により、微妙に変化するものであり、鞆の場合は尾道とは違った実態を示していたように思う、と答えた。

これに対し、香川の橋詰茂氏より、①能島村上の勢力範囲はなぜ塩飽までなのか、②東瀬戸内海の拠点となるのが塩飽以東であり、東瀬戸内海は畿内の経済圏に含まれているところが西瀬戸内海と大きく違うので、東瀬戸内海の状況を念頭において能島村上をみなければ、全体像はみえないのではないかと指摘した。

これに対し、松井氏は、①充分な答えを用意できないが、古代以来の長い歴史が関係し、讃岐あたりまでが交易圏のかたまりであり、その東端が塩飽近辺であると推測されるとした。②に関しては、その通りであると思うが、充分にわかっていない状況であると答えた。

つづいて、愛媛の山内譲氏から、上乗を理解するためには二つの海賊のタイプを考えるべきであり、浦々にいる土着の海賊がおり、彼等による略奪、通行料の徴収のようなものがあって、そして有力な海賊がいて上乗によって航行の安全が保証されると理解すべきである。そのような浦々の海賊は、九世紀には専業集団とはいえないが、必ず存在したはずであり、これが前提となって海賊という言葉が、ごまかしのための口実にもなるというように理解すべきである。下向井氏の指摘は今まで知られていなかったかたちの海賊を示されて、深い関心をもったが、海賊全体を理解するには平安期の場合も、土着の海賊も含めて政治面であらわれる海賊と、からませながらみていく必要があるのではないかと思うと述べた。そして、尾道と宇賀島海賊の関係は興味深い、尾道側の史料に宇賀島海賊が出てこない。松井氏は友好関係にあったのではないかというが、もう少し詳細に教えてほしいと要望した。

これに対して松井氏は、宇賀島海賊は、尾道の豪商はそう大きな軍事力をもっているので、海賊が恐れて手が出せないという可能性があるが、なにも明証となるものがないので、答えが出せないと述べた。

つぎに、近世・近代に移り、議長団（勝部）より、議論の進め方について説明を行なった。共通論題討論の後半では、瀬戸内海のネットワークの実態とその重層性、そしてネットワークがいかに変容するか、その中で島嶼部のアイデンティティはどのように形成されていくのか、さらに、瀬戸内の地域としての特質をどのように考えていくのかという点について討論する。とくに地域的特質の問題、瀬戸と灘がおりなす複雑な地形の中でネットワークがどのように形成されていくのかを解明する。議論を進めていくうえでは、近世に西廻り航路ができて、瀬戸内を通って畿内と東北をむすぶ大動脈ができた点、この大動脈にリンクするかたちで、毛細血管のようなネットワークが形成されていく点、すなわち、島と島を結び、人や物を運ぶ日常的なネットワークが新しく発生し、ネットワークが変容していくことと点に留意する。さらに、明治時代となると、国家によるインフラ投資が行なわれ、鉄道、蒸気船が通り、船が大型化し、これにともなう港の整備され、これがさらにネットワークを変容させる。こうした変容から島嶼部がどのようなアイデンティティをもっていくのか。または孤立化していくのか、などの問題を考えていくと述べた。

そこで、まず、藩の領域を越えて藩札が流通していたことに関して、ネットワークの変容にからめて西向氏に意見を求めた。

西向氏は、尾道とその周辺という限られた地域においてネットワークの問題を考えると、広島藩札が暴落した後では福山藩領との取引では福山藩札が使われるようになってくるという変化があるが、多様な藩札の流通はあまり見受けられない。ネットワークの問題では、尾道のような交易港として発展してきた港は、もともと鞆のような港との間で緊密な流通関係があり、たとえば商品流通において、尾道の酒造家は鞆の問屋を介して福山藩の蔵米を購入する関係があった。また、雲州廻米については、もともと出雲藩から尾道へ廻米されたものを、鞆の方から買いにくるという流通関係が存在する。その後、関係が希薄化していくが、幕末期になって断絶するのではなく、在浦の発展により小規模廻船による緊密な流通関係が形成されていたということが指摘されている。また、これとは別に商品流通構造の全体像をみた場合、明治初年の段階では芸備地方では広島、尾道という二大市場が形成されていく過程である、と述べた。

落合氏は、ネットワークについていえば、報告では開かれた島嶼部と閉じられた島嶼部という話をした。たとえば、開かれた島嶼部という点については、藩札流通について尾道沿岸部では広島藩札が使われ、生口島といった島嶼部は、むしろ藩領域を越えた信用性のある今治藩の藩札が流通している。さらに生口島の人々は、いわゆる「鎖国」時代においても海外にいっており、かなり広範なネットワークがあったのではないかと思われる。近代となり、県を越えたかたちで大きな経済圏が形成されていくが、情報や交通が陸に集まっていったので、しだいに島嶼部が孤立化し、島嶼部における活発なネットワークが経済的要素や交通的要素で分断されていくと考えられると述べた。

つづいて片岡氏は以下のように述べた。島嶼部のネットワークは明治大正期までは、まだある程度命脈を保ちえたといえる。船もまだ機帆船であり、そのための新しい港がつくられることもあり、時代毎にネットワークが切れて変容していくわけではない。近代において国民国家という言説的な空間ができる中で島が孤立していくのである。均質化がともなう国民国家の形成過程で、島嶼部は孤立化させられていくのである。経済的なネットワークは非常に可変的であるが、ネットワークが経済的な状況の中で分断されることはない。

つづいて森氏は、明治時代になり、近代交通が発展して島が離島化していくが、この件に関しては、規模的に大きな島と小さな島とは分けて考えなければならないと述べた。また、因島や大三島といった大きな島の場合、農村社会として継続していくことが可能であり、内なる世界を形成していく中で、近代としての島社会ができあがってくる。しかし、小さな島の場合、安定した社会として維持できず、生活が成り立たず、朝鮮海域への出漁等、外への誘致がおこってくる。また、陸上交通の発達の中で、北向きの島（四国側に属しながらじつは中国側を向いている島）が存在してくる。これは山陽地域が急速に発展していき、北向きの島へ変容がおこるという、近代社会の所産でもある。島において民俗というものが維持されていく状況が可能であれば、島社会もそのまま維持されていくが、その島だけでは民俗が維持できなければ、新たな生き方を模索していくのである。しかし大きな島だから安定しているわけではなく、明治以降は行商、職人集団を形成し、その中で次三男が生きていく活動を見つけていくといった多様な生き方がある。とにかく一元的な理解ではなく、多元的な理解の方法が必要であると述べた。

つづいて佐竹氏は、ネットワークをとらえる場合、流通問題が基本となると思うと述べた。そして、島嶼部に限定していけば、流通を支える人々、あるいは流通に吸着する人々、島や半島で生産される米や芋だけでは支えきれない多くの人々が、ある段階で島嶼部に蓄積されてくる動きがあって、そのような島々が瀬戸内にはひしめき合っているのである。瀬戸内には非常に多くの入り江があり、したがって海岸線が非常に長いので、多くの人がそこに居住することができるのである。そこでは商品流通の展開を片目でにらんでいる人々の暮らしがある一方、畑を山の上まであげていくような勤勉な生き方もあり、島嶼部には両方の生き方、暮らしぶりが考えられるのである。広島藩領内の十九世紀の人口をみてみると、島嶼部において急速な人口増加がみとめられる。おそらく、しまなみ海道あたりから東方では、もう少し早い段階で人口が増え、西の方はそれを追いかけるように十九世紀から増加していくと思われる。このような島嶼部に人口を集めていったエネルギーというものはなんだったのかということが、ネットワークを考えるうえで重要なのではないか。島嶼部の過剰人口により、金を稼ぐ方法として段々畑に桃やミカンを栽培するようになる。別の見方をすると流通の大動脈に吸着する生き方ができなくなっていくのである。そのあたりの大きな変化の中に瀬戸内らしい暮らしの本質を考えてみる鍵があるのではないかと思うと述べた。

つぎに、愛媛の白石通弘氏から、片岡報告における副題「――融解する島々――」で指摘された問題点は、そのまま現代に持ちこされ、今日、再び全国的な町村合併をひかえて芸予地域では「しまなみ」と呼ばれる大橋架橋を得て問題はさらに切実さを醸し出しているが、昨今の町おこし、村おこし運動は、独自性をうち立てることができるのであろうか、という疑問が提示された。

この問題に対し落合氏は、報告で明らかにした島嶼という地域は、人が住んでいたり、史料が残されている地域であり、現実には無人化した島やゴミ投棄所となった島もあり、このような問題も忘れてはいけないのではないかと思う。一〇年後、二〇年後に瀬戸内海の島嶼部の問題を振り返ったとき、現在が大きな画期となっていることはまちがいないと思う。

その画期は町村合併やしまなみ海道の開通によってあらわれると思う。また、中央の論理だけではなく、島嶼部がもつ固有の論理や性格を念頭におかなければ、これまでの島嶼部の歪み、過疎化などの諸問題は解決されないのではないか。この問題も尾道大会のテーマである「風土」や歴史性の中で明らかにしていかなければならないのではないかと考えている。具体的な解決策については不明であるが、地域固有の歴史問題を検討していくことが、今、問われていることなのではないだろうか、と述べた。

片岡氏は、ここ一〇年、二〇年の第三世界の開発論の中で、サスティナブル・ディベロップメントということがよくいわれ、日本においても持続型社会の形成のあり方が模索されている。近代の島嶼部では山が切られていく中でなにを植えるか、すなわち危機的状況の中ではじめて、それぞれの島が内発的発展のプログラムを作成するようになるのである。そこで、現在、過疎化や超高齢化社会が島嶼部を襲っているという危機的状況の中で、持続可能な社会のプログラムが生まれうる可能性があると思う。その中で、近世をへて近代の内発的発展の中での変容がひとつのヒントなるのではないか。たとえば、広島県下では漁業に特化した豊島、ミカンに特化した大崎下島、機帆船に特化した大崎上島、その他、塩の瀬戸田、鉄鋼船の因島といったように、島の産業がそれぞれ個性をもち、お互いが競合しないように棲み分けしていくのである。現在、島嶼部はミカンの単作であり、お互いが競争相手となり、住民意識としても軋轢を生じてしまう。ここで近代をひとつのヒントとし、産物を特化させて地域として自立していくのである。ひとつの島でマルチなかたち産業を興すことは不可能であるので、ひとつひとつの産業をもった多くの島が集まって、マルチなかたちでの産業発展を遂げていくような方策を求めなければやっていけないのではないだろうか。歴史を振り返えると近代の産業の展開のあり方というものが、大きなヒントになるのではないだろうか。その意味では合併というものを逆手にとって、それぞれの島が個性的な産業を興し、それぞれの島が依存関係のもとにひとつの地域として成り立たせていくことが、今後の生き残る道のひとつではないかと思う。しかし、超高齢化、過疎化の中で地域自治の基礎体力がなくなってしまっている問題がある。そこをどうするのかということが、これからの根本的な課題ではないかと思う、と提言した。

議長団（勝部）は、ネットワークの変容にともなう島嶼部の孤立を解決するヒントとして、改めて歴史を学び、島嶼部のアイデンティティを確立していくことが、今回の大会において、我々がいえる答えのひとつではないかと提言した。

そして大会初日に公開講演をお願いした山口徹氏に意見を求め、山口氏は以下のように答えた。

人間は一人で生きていくことは不可能であり、人間と人間がかかわりながら生きていくしかない。その人間が生きる社会というものを広くいえば、一種の社会的集団であり、その中のひとつが地域社会である。私はその人間的なかかわり方の存在というものを、ネットワークと考えた方がよいと思う。しかし、正直にいってネットワークという言葉は騙させやすくて好きではない。瀬戸内海の自然環境は、他の地域とはかなり違ったものである。その中で、多くの人が増加してくるというのはなぜであろうか。たとえば、戦後、都市では仕事がないので漁村に人が集まり、その一方で漁業における資源枯渇がおこり、争いも生じる。この人間が争いあうということを、今まではある種の領域や、アイデンティティを共通にもちえるような領域社会の形成における排他的側面としてみてきた。しかし、漁場権争いや入会権争いなどの「争い」というものを、新しい段階における、アイデンティティの形成という問題として考えてみてはいかがなものか思う。これらの問題を、各時代毎で討論していくことが必要ではないかと思う。このような発表・討論の機会がさらに繰り返されることは地方史研究の発展によいことではないかと思う。

最後に議長団（國）より、以下の提言を行ない、共通論題討論を終了した。

一九九九年に尾道と今治を結ぶ「しまなみ海道」が開通した。このことは橋によって陸続きとなった島々と、そうではない島々を生んだ。橋が架かったという事実は、今後、島嶼部の生活や交流に大きな影響を及ぼうであろうと考えられる。本日は多島海地域の特質を解明してきたが、これらの過去の事実だけではなく、インフラ整備などにより変容していく瀬戸内海を今後もみつめていかなければならないのではないか。

おわりに

二〇〇〇年三月十八日、尾道大会への具体的準備は、この日からはじまった。当時、地方史研究協議会常任委員長の佐藤孝之と準備委員長の國雄行が、広島市婦人教育会館にて、はじめて広島の研究者の方々と打ち合わせを行なったのである。それより、一年と七か月、準備研究会や尾道市のテアトロシェルネでの大会をへて、成果刊行ができあがった。

共通論題討論を進めていくうえで、議長団の最大の課題は、大会テーマ「海と風土―瀬戸内海地域の生活と交流―」と、共通論題発表者の報告とをいかに結びつけるかにあった。広島の勝部眞人氏と本多博之氏のご教示を得て、ネットワークをキーワードと定めて進めていくこととなり、海岸線がいりくむ多島海地域である瀬戸内海のネットワークの実態と変容、そしてその中で醸成されていく島嶼部のアイデンティティとはいったいなんなのか、追及していくことになったのである。

さて、大会には多くの会員や地元の方がたが来場された。大会の内容や雰囲気については、『地方史研究』第二九五号に、計六名の方がたの参加記が掲載されたので、こちらも参照されたい。

本大会が多くの参加者を集め、ぶじに終了したのは、ひとえに大会実行委員会をはじめとする地元の方がたのおかげである。とくに渡辺則文委員長、中山富広事務局長の指揮のもと、実行委員会のメンバーの方がたのご尽力によるところが大変大きかった。事務局補佐の長谷川博史氏は大会全般を統括され、新名一仁氏は巡見や宿泊施設の手配に奔走していただき、引野亨輔氏には成果刊行原稿の整理にご尽力いただいた。その他、お名前をあげることはできないが、数多くの方々のご協力がなければ大会は結実しなかったであろう。ここに感謝の意を表したい。また、大会には以下の後援をいただいた。

尾道市　尾道市教育委員会　瀬戸内しまなみ海道周辺地域振興協議会（しまなみ大学）　伊予史談会　芸備地方史研究会　中国四国歴史学地理学協会　広島県郷土史研究協議会　広島史学研究会　中国新聞社

なお、本大会成果の刊行にあたっては、地方史研究協議会の第五二回（尾道）大会成果刊行特別委員会が担当した。委員会は、委員長國雄行、上田敍代、牛米努、鍛代敏雄、櫻井昭男、佐藤孝之の各委員で構成した。刊行に際しては、株式会社雄山閣の佐野昭吉氏に大変お世話になった。記して感謝の意を表したい。

（文責　國　雄行）

執筆者紹介（五十音順）

稲葉靖司（いなば　やすし）
一九七二年十一月四日生まれ。現在、㈶愛媛県埋蔵文化財調査センター派遣調査員
〒790-0056　愛媛県松山市土居田町二八四－一一

落合　功（おちあい　こう）
一九六六年一月十九日生まれ。現在、広島修道大学助教授
〒733-0843　広島市西区井口鈴が台三－三－三五－二〇三

片岡　智（かたおか　さとし）
一九六一年六月三十日生まれ。現在、豊町教育委員会
〒734-0301　広島県豊田郡豊町大長五六七四－一

佐竹　昭（さたけ　あきら）
一九五四年三月四日生まれ。現在、広島大学総合科学部教授
〒739-0144　東広島市八本松南四－二四－一九

下向井龍彦（しもむかい　たつひこ）
一九五二年六月六日生まれ。現在、広島大学教育学部教授
〒730-0822　広島市中区吉島東二－四－二五－四〇一

西向宏介（にしむかい　こうすけ）
一九六五年九月十一日生まれ。現在、広島県立文書館副主任研究員
〒730-0014　広島市中区上幟町八－三四－九〇四

畑野順子（はたの　じゅんこ）
一九五五年三月二十六日生まれ。
〒739-0321　広島市安芸区中野五－一三－三〇

松井輝昭（まつい　てるあき）
一九四八年四月七日生まれ。現在、鈴峯女子短期大学教授
〒730-0047　広島市中区平野町一二－一二－八〇一

森　正康（もり　まさやす）
一九五三年五月二十五日生まれ。現在、松山東雲短期大学助教授
〒791-0522　愛媛県周桑郡丹原町田野上方一四四三

山口　徹（やまぐち　てつ）
一九三一年十一月二十四日生まれ。現在、神奈川大学名誉教授
〒249-0001　神奈川県逗子市久木五－三－一

頼　祺一（らい　きいち）
一九四一年二月二十六日生まれ。現在、広島大学大学院文学研究科長
〒739-1734　広島市安佐北区口田三－五－一六

海《うみ》と風土《ふうど》——瀬戸内海《せとないかい》地域《ちいき》の生活《せいかつ》と交流《こうりゅう》

発行　2002年10月10日

編者　地方史研究協議会《ちほうしけんきゅうきょうぎかい》

発行者　村上佳儀

印刷　株式会社興英文化社
製本　協栄製本株式会社
装幀　小芝　稔

発行所　株式会社雄山閣
〒102-0071　東京都千代田区富士見2-6-9
電話　03(3262)3231㈹
振替口座　00130-5-1685番

ISBN4-639-01776-6 C3021